樂律

龍種盛世

開疆拓土

獨尊儒術

巫蠱之禍

一個屬於權謀
鐵血與英雄的時代

朱耀輝——著

漢武帝的功過交織，漢王朝的盛衰並行

這場王朝盛宴從何開始，又該如何落幕？

◎轉型不是靠運氣，而是鐵腕！

◎將星璀璨，生死沙場共鑄大漢榮光！

◎不僅是邊疆狼煙，帝王心術更是驚心動魄！

榮光與血淚交織的年代，在戰火中重塑的大漢疆域

從初露鋒芒到晚年荒唐，閱盡武帝波瀾壯闊的一生

目錄

目 錄

第八章　功越百王

第九章　帝王心術

第十章　荒唐晚年

目錄

代序

朱耀輝是一位熱忱且有想法的青年作家，早前我也讀過他的不少作品，文筆通俗幽默，涉及的歷史時間跨度也比較大。應該說，他的基本功是扎實的，能夠精準解讀相關歷史事件。

當朱耀輝邀請我為他的新作代寫一篇序的時候，說實話，我的內心是比較忐忑的。漢武帝在歷史上是個比較有爭議的人物，歌頌他的人很多，非議他的人也不少。當然，這也帶給作者寫作的困難，但是同時也帶給我好奇感，究竟他筆下的漢武帝是怎樣的一張面孔。

在漢武帝治下時期，可以看作是漢朝乃至整個中華歷史的一個重要轉折點。從正面講，漢武帝麾下的大漢軍隊降服宿敵匈奴、平亂南蠻、西夷，再至征伐交趾，漢軍鐵騎無往不勝。其中，也湧現了許多彪炳史冊的將星，諸如衛青大破龍城、霍去病封狼居胥等。應該說，漢武帝的武略影響是相當深遠的，不僅在當時穩定了邊疆局勢，也無形中在後世人的精神基因裡，鑄造了大漢榮光的家國自豪感。這種強漢自信，至今依然留存。

然而，誠如硬幣有兩面一般，頻繁用兵及漢武帝好大喜功的性格，同時為西漢帝國的社會經濟帶來了顯而易見的負面影響。漢武帝登基之前，西漢經過文景兩代皇帝的休養生息，國內生產得以發展，人民生活富足，經濟環境總體向好。但是歷經漢武一朝，直接造成的結果便是「海內虛耗，戶口減半」。而發生在漢武帝晚年的「巫蠱之禍」，也為帝國政權的穩定過渡帶來了隱患。此類種種，均為西漢王朝後來的頹落埋下了伏筆。

從深層次講，漢武帝治下的漢朝，是繼秦始皇之後，對高度中央集權政治模式的又一次嘗試，並取得了成功。當然，漢武帝也吸取了秦朝滅亡的教訓，大刀闊斧地修飾法家思想，正式確立了儒家治國的政治體系。即便如此，法家的政治手腕仍潛藏在他的治國基因裡。當然，這也為後世歷代王朝治國提供了明確而可行的模板。

據我了解，為更好地還原漢武帝這個人物及當時的時代特徵，朱耀輝翻閱了大量史料，尤其對於戰爭場面的描寫，作者更是下足了功夫。就寫作風格而言，作者融合了史實性、文學性及趣味性，文字通俗幽默，且符合現代讀者的閱讀習慣。

打個比方，在霍去病帶領漢軍徹底擊敗匈奴時，作者這樣描寫：「蒼茫的暮色中，匈奴人收起了自己的帳篷，驅趕著牛羊牲畜，在轔轔的車馬聲中，迎著如晦的風雨，投入無邊的黑暗。匈奴的歌手彈著嗚咽的馬頭琴，唱起了哀慟的輓曲：失我祁連山，使我六畜不蕃息；失我焉支山，使我嫁婦無顏色。」

這種富有詩意的文字，極容易引起讀者的共鳴。

此外，朱耀輝尤其重視且擅長對筆下人物心理的描寫。書中曾有一處，講的是漢武帝在彌留之際，曾反思一生功過。作者這般描寫：「身為劉氏子孫，他又怎能忘記高皇帝在白登山的七天七夜、呂后被匈奴單于調戲的憤怒？一次次屈辱的和親，換來的又是什麼？是殺戮，是擄掠，是蔑視！這是漢朝的屈辱，更是劉徹的屈辱！」

可以說，漢朝政權組建前期，在無為思想指導下，對外採取保守的態度，一次次和親，只能換來匈奴一次又一次的侵擾，讓邊疆百姓苦不堪言。對於漢武帝而言，屈辱感油然而生，也激發了他開疆拓土的雄心。

順著朱耀輝的筆觸，我們很容易感受到漢武帝內心壓抑且有著強烈證明自己的情緒，並隔著時空與書中人物產生共鳴。而這樣的文字，在全書中比比皆是。作者擅長引導讀者，與書中人物命運產生同理心，這也讓我忍不住要一口氣讀完全書。

白馬晉一

第一章

潛龍在淵

天人三策

想想看，十六歲的時候，你在做什麼？

對於我們普通人而言，大部分人十六歲都還在上高中，要麼埋首書桌，在題海中苦戰；要麼在球場上大汗淋漓，肆意揮灑青春。總之，十六歲正是風華正茂、書生意氣的年紀。

那麼古人呢？他們十六歲的時候在做什麼？

我們不妨來看幾個例子。

十六歲的慕容恪成為無敵將。

十六歲的拓跋珪趁亂重興代國，即位稱代王。

十六歲的李元吉鎮守太原。

十六歲的李克用隨父出征，軍中人稱「飛虎子」，被授為雲中牙將。

對於漢朝的劉徹而言，十六歲也是人生的一個分水嶺，就在那一年，他登基了。

劉啟帶著遺憾和不甘，將帝國的基業交給了少年劉徹。然而，真正接手後他才知道，這是一塊燙手的山芋。

帝國建立已有六十多年，經過了文、景兩代皇帝的休養生息，國內生產得以發展，人民得以富足，經濟得以繁榮。

然而，表面的繁榮之下，危機也在悄然顯現。

黃老之治，說好聽點叫無為而治，說不好聽就是政府不作為。在這種制度下，對內，中央政權對地方勢力姑息縱容，造成地方藩王勢力逐步壯大，最終釀成了吳楚七國之亂，也滋生了眾多的地方豪強；對外，在無為思想指導下的一次次「和親」，只能換來匈奴一次又一次的侵擾，邊疆百姓苦不堪言。

真正接手的那一刻，劉徹才感覺到自己肩上的擔子有多重。

怎麼辦？

帶著無數的疑問，劉徹登基做的第一件事，不是忙著替父親評職稱、定功德，而是在各地組織開展人才應徵工作。

這場思想和文化界的選拔活動在全國引發了轟動，因為優勝者有機會面對皇帝，發表自己對治國理政的見解。通知一經釋出，各地的知識分子和學術大家聞風行動起來。經過地方官的層層考察選拔，共有一百多人被推薦到中央。

在這百餘人的隊伍中，有一個中年人顯得格外引人注目，他叫董仲舒。

董仲舒，廣川人，當地有名的大學者。據說他家有一座後花園，裡面假山奇石錯落有致，春天有浪漫的玫瑰，還有滿園的映山紅；夏天有出淤泥而不染的蓮花，還有芬芳的茉莉；秋天有十里飄香的桂花，還有清雅的秋菊；冬天有傲雪的寒梅，還有紅豔豔的一品紅。

然而，年輕的董仲舒卻一門心思投入故紙堆中，潛心研究儒學，這後花園他三年都沒有去過。

學成之後，董仲舒在老家正式收徒講課。隨著知名度逐漸開啟，跟隨董仲舒學習的學生也越來越多，雖然不及孔子的三千之數，但是幾百人還是有的。

由於學生太多，董仲舒不能一一面授，為了保證教學品質，他將這些弟子按知識水準分成不同的班級，類似於今天的大學、碩士及博士，然後在教室內拉了一道簾子。博士和碩士坐在裡面，大學生坐在外面。

那時候，司馬遷就坐在簾內，聽講臺上的董仲舒指點江山，激揚文字。

董仲舒是研究《春秋》的學術大家。更具體一點說，是《春秋公羊傳》的專家。

為什麼要特地強調公羊傳？

我們都知道，《春秋》是魯國的編年史，據傳是由孔子親自修訂的，為儒家「五經」之一。不過很可惜，孔子寫文章實在是惜字如金，書中語言極為簡練，基本上是一句話一段。

因為《春秋》記事過於簡略，而幾乎每個句子都暗含褒貶之意，所以很多人看不懂，只能用猜的。

正因為如此，後來出現了很多《春秋》的解讀版，比較有名的是被稱為「春秋三傳」的《左傳》、《公羊傳》和《穀梁傳》。

那麼這三種解讀版有什麼區別呢？

《左傳》偏重「講史」，就是故事說得多、講得好，因此你完全可以把它當作歷史書來讀。《公羊傳》和《穀梁傳》最早是一代代人口耳相傳，這兩本書不但體例相同，內容相似，就連書名都很像。據考證，兩者極有可能出自同一個源頭，後來異地相傳，方言口音上的差異導致一個成了公羊，一個成了穀梁。

這種細微的差距往後越來越大，公羊風格比較狠辣，穀梁更重宗法親情，風格偏溫婉。

董仲舒就是研究公羊學的專家。

讓我們將鏡頭聚焦到西元前 140 年的長安城。

面對從各地推薦來的知識分子，劉徹丟擲了自己的第一個問題：

「聽說三皇五帝的時候實施政治改革，銳意創新，天下由此大治。後來的君王紛紛效仿，可是到了夏桀和商紂的時候王道完全敗壞了，直到商湯周武接了這兩個人的班才好起來，這是怎麼回事呢？

是他們丟掉了當初治國的大道，還是老天爺就這個脾氣呢？

三代受命於天，到底有沒有憑證？

人壽命長短，是不是有天意？

我該怎麼做，才能讓百姓安樂、國家風調雨順，長治久安下去？」

看得出，這位少年天子心中的困惑還真不少。而現在，考題已經出了，就看大夥兒怎麼答了。

在這眾多的答卷中，有一個人的答案引起了劉徹的興趣。這個人正是前面介紹過的學術大家董仲舒。

董仲舒是這樣答的：

「眾所周知，我的主業是讀《春秋》。我研究了春秋記載的歷史，也研究了天人之間的關係，結果驚人的準確：如果國家『失道』了，老天爺會發個黃牌，提醒你。你要是假裝看不見，老天爺就會發個紅牌，弄些靈異現象出來。如果老天爺接二連三地發下警告，統治者還不悔改的話，老天爺就真的生氣了，大災大難就全降下來了。

你看，老天爺還是很講道理的。

天子治國，關鍵在於弘揚『道』。老百姓就像是草，風往哪邊吹，草就往哪邊倒。只要好好教育，他們就可以被塑造成你想要的形狀。」

問題在於，這「道」到底是什麼呢？

董仲舒直截了當地說：「所謂『道』，就是通往理想政治的道路。這可是一條真正的康莊大道，路上每隔三五里就有仁義禮樂。

最好的治國方法就是沿著這條大道一直開下去，只要認路，再加上駕駛技術扎實，距離目的地就會越來越近。要是你半路上開車玩手機，或者酒後駕車，不好意思，那就要翻車了，這就是『失道』。」

緊接著，董仲舒繼續說《春秋》：

「《春秋》開篇的第一句話就是『春王正月』。你以為這僅僅是記載時間嗎？其實可沒這麼簡單，這四個字裡蘊含著非常深刻的意義，待我一點一點挖出來。

『春王正月』，王道之端就在『正』，而『正』次於『王』，『王』次於『春』。你看這四個字的排列順序，難道不是這樣嗎？『春』是什麼，是季節呀，是老天的所作所為；『正』是什麼，是『王』的所作所為。這就是說，君王向上要效法老天，在人間要端正自己，走上正大光明的王道。」

看到這裡，有沒有被董仲舒的神邏輯繞昏頭？

別急，後面還有。

「你知道《春秋》裡的『一』和『元』是怎麼回事嗎？所謂『一』，就是萬物的開始；所謂『元』，就是『大』。《春秋》紀年，把第一年稱為『元年』，意思是說這是個重要的開始。

這裡可暗示著《春秋》的核心思想，一切的根源都從最尊貴的那個人開始，君主端正了才能正萬民，用仁來教育人民，用義來感化人民，用禮來管制人民，然後才會風調雨順，祥瑞接二連三，這才是王道該有的樣子。

秦朝已經把天下禍害成這樣了，我們漢朝怎麼想辦法治理，都是抱薪救火，越救越糟糕。那怎麼辦呢？正如琴弦走音了，你得拆下來重新修一下。

政治也一樣，如果損壞得太嚴重，必須破舊立新，才能治理。漢朝開國也有六十多年了，應該與時俱進，做一次真正意義上的改革了。」

這是「天人三策」的第一策，原文太長，我在這裡只是歸納總結一下。

對於董仲舒的答案，劉徹非常滿意，緊接著又丟擲了第二個問題：

「我聽說，舜的時候無為而治，他經常在宮殿的走廊上晃來晃去，天下也太平無事。可是大聖人周公做的是另外一套，天天忙得不可開交，連吃飯的時間都沒有，天下一樣也太平無事。

我又聽說，上古時禮儀簡樸，朝廷沒有玄黃旌旗之類的陳設，那些勤儉的領導者們說美玉不需要雕琢，出門也沒排場。而到了周朝，朝堂就裝修得富麗堂皇，說是沒有華麗的排場就不足以輔德政。

還有刑法，商朝是嚴刑峻法，發揮了良好的效果；周朝寬刑簡律，社會也很安定，路不拾遺；而到了秦朝再用嚴刑峻法，結果就不行了。

我一直想不通，這些聖王們治理國家的方法怎麼都是矛盾的啊，治國難道就沒有什麼規律可循嗎？

你說我也天天學、天天做，怎麼就不見效果呢？看看現在這世道，不用提了，陰陽不調不說，到處都是寡廉鮮恥之人，所以就問問你們這些來自五湖四海的書生們，我到底該怎麼做才好？」

董仲舒輕咳一聲：「別著急，聽我慢慢道來。舜接的是堯的班，按照前人的路繼續走就行了，因為堯打的底子太好了。周公就不一樣了，商紂王留下來的爛攤子，任誰也沒有辦法垂拱而治。正因為如此，領導者才不得不風風火火、廢寢忘食。

至於周朝是不是奢靡，那肯定不是。周朝禮儀器物比上古更多，是為了明尊卑等級，加強制度建設，不是為了君王個人享樂，所以不叫奢靡。而刑罰輕重的問題，歷代的實踐已經證明，光有嚴刑峻法是沒有用的。刑罰是社會的底線，道德才是社會的理想。要導之以德，齊之以禮，天下才能大治。

具體到我們大漢朝，我認為，要想求得天下大治，有一點很重要：人才！

漢朝這麼大，光靠您一個人沒日沒夜地做，顯然是不行的，只有培養一批人才，讓他們幫助您治理天下。

可是問題在於，人才從哪兒來？總不會從天上掉下來吧？人才是需要培養的，而培養人才的關鍵，就在於教育。

太學是產生賢士的地方，希望陛下能興辦太學培養人才，加大師資力量的投入，聘請優秀的老師培養學生。

眼下，帝國的官僚侵奪百姓的事情時有發生，致使貧窮孤弱的人含冤受苦，流離失所。我建議讓各地郡守推薦本地的人才到朝廷來，由朝廷考核任用。如果真是人才，那就重點培養；如果達不到標準，適當懲戒一下。

對於現任官員，朝廷要建立績效考核制度，不能讓他們混吃等死熬資歷，一定要考核合格後再授予官職。」

這是「天人三策」的第二策。

董仲舒洋洋灑灑，長篇大論，可是劉徹顯然還不滿足，他又提出了第三個問題：「天人感應到底是怎麼回事？前兩天你們和朕說天人感應的問題，可是沒有說清楚，是我太笨了，還是你們有什麼顧慮？

上古三王的教化，最初各不相同，又都有不足，似乎『道』是可以改變的。但是又有人說，『道』從來都是一成不變的，究竟哪種說法是對的？希望大家積極舉手，踴躍發言。」

董仲舒心想：「皇帝的求知欲很旺盛嘛，不行，得使出殺手鐧了！」

「孔子作《春秋》，上察天道，下驗人情，網羅古事，考察現實。所以《春秋》所譏諷的，也就是災害所侵犯的；《春秋》所憎惡的，也就是災異所降臨的。

孔子把國家的過失與災異現象寫在一起，目的是彰顯善惡，因為人的行為是和天地相通，並且互相感應的。

古代掌管文教的官員致力於以道德感化萬民，百姓被感化後，監獄自然也就空了。而如今，古風不存，百姓得不到教育感化，心裡已經沒有仁義了，為了賺錢可以連命都不要，所以犯法的人才這麼多，一年裡攤上官司的人成千上萬。這樣看來，古法還是很有用的，所以《春秋》對改變古代制度的事情總是大加譏諷。

至於上古三王的教化，似乎一代代都在不斷調整，讓人感覺似乎『道』是改變的。但是其實，變的不是道，而是教化、制度，正所謂：天不變，道亦不變！三位聖人繼承的都是同一個道！

如今漢朝意識形態領域很混亂，諸子百家的研究方向各有不同，法令和制度變來變去，老百姓不知道該遵守哪個。這些問題該如何解決？

三個字：大一統！

在此，我呼籲大家以孔夫子儒家學說為準則，統一思想，廢黜其他亂七八糟的學術。只有這樣，國家才有可能走上強盛之路。」

「大一統」三個字，彷彿有一種神奇的魔力，一下子就吸引了少年天子劉徹的目光。

畢竟，統一對於一個帝王而言，簡直太有誘惑力了，這是所有帝王的終極目標。

所謂統一，不僅僅是指國家版圖的統一，人心的統一也相當重要。

董仲舒的「天人三策」徹底征服了少年劉徹的心，董仲舒本以為，自己即將走上人生的巔峰，卻不料，這已是他人生中最風光的時刻。劉徹最終沒有留董仲舒在身邊，以備時時詢問討教，而是把他發配到了江都，讓他去輔助江都王。

之所以說是發配，是因為這位江都王可不是什麼好人，仗著自己是劉徹的哥哥，在自己的地盤上為所欲為，《漢書》對他的評價是「素驕好勇」。董仲舒到他的地盤上任，顯然是入了狼穴。

更出乎意料的是，劉徹卻聘用了參加此次策問的另外一個儒生為博士。

他叫公孫弘。

不過此時歷史的舞臺上還沒有公孫弘的位置，你只需要知道他比較有心機就行了。

宮闈角逐

劉徹雄心勃勃，立志要做一番大事業。可是眼下，朝中卻是一片死氣沉沉，大臣們尸位素餐、飽食終日的大有人在，最顯眼的是丞相衛綰和御史大夫直不疑。

這二人正是景帝的忠實大臣，也是老好人。想當初，景帝託付自己的兒子和江山給他們，是希望將無為而治的治國理念繼續貫徹執行下去。

不過很可惜，這兩人唯唯諾諾、老實本分的做事風格顯然不合劉徹的胃口。劉徹一即位，就找了個藉口，貶職這兩人了。

朝廷三公的位子空了出來，大夥兒躍躍欲試，都等著競聘。然而劉徹根本沒給他們公平競爭的機會，他直接宣布了人選。

丞相：竇嬰。

太尉：田蚡。

御史大夫：趙綰。

除此之外，劉徹還任命了新一任的郎中令：王臧。

在這裡，有必要翻一下這幾個人的履歷。

竇嬰前面已經介紹過，他是竇太后的姪子，不過他推崇儒學，跟崇尚黃老學說的老太太不是同一類的人，好幾次跟老太太起了衝突。

田蚡是漢景帝皇后的弟弟、劉徹的舅舅。竇嬰當上大將軍之後，聲勢很旺，當時的田蚡只能靠外戚關係混了個普通的郎官，由於他本人個子矮小，長相又普通，所以在朝中默默無聞。

為了巴結竇嬰，田蚡沒事就到竇嬰的府中徘徊，只為了在他面前多曝光。在竇嬰家的酒宴上，田蚡主動充當服務生的角色，端茶倒水傳菜，一會兒跪，一會兒站，就像竇嬰的兒孫輩。

雖然長相差了點，但是田蚡也不是一無是處，他最大的優勢是口齒伶俐，嘴皮子比較厲害，很得王太后的賞識。景帝晚年，田蚡終於熬出了頭，當上了中大夫。

趙綰和王臧背景相似，兩人有一個共同的老師：大儒申公。

想必你已經看出來了，這幾個人有一個共同點：都是儒學的忠實擁護者。劉徹這麼做，很顯然是想打造一套屬於自己的儒學團隊。

領導團隊組建好了，下一步就該做點正事了。經過討論，劉徹定了一個初步的目標：設明堂，巡天下，改曆法，易服色。

有沒有感覺很眼熟？

當初漢文帝在位時，就曾想過改曆法、易服色，可惜一腔熱情卻被新垣平的案子澆滅了。從那以後，漢文帝就對這些事情不太上心了。

巡天下，明顯是劉徹少年心性作祟，天下那麼大，他想出去看看。

設明堂是眼下的頭等大事，要知道，這明堂乃周天子接受諸侯朝見的場所。劉徹進行土木工程，除了重申上下尊卑之禮，還因為明堂乃儒家之周禮，這麼做明顯是想提高儒學的地位。

為了更好地開展工作，趙綰提了個建議給劉徹，請他的老師申公出山，主持明堂。

在當時，儒學雖然還沒有取代黃老之學，在民間卻有著廣泛的基礎，也出了不少大師級的人物。濟南伏生，以研究《尚書》而聞名，想當初，中央派晁錯到齊國留學，學的就是伏生的學問。齊人轅固生，以研究《詩經》而聞名。魯人申公，「魯詩學」之開創者，同時也是荀子的再傳弟子。這三人都是國寶級的人物。

對於這個提議，劉徹很快就答覆了，他派了趙綰和王臧，帶著厚禮，駕著豪車去迎接他們的老師。

劉徹好不容易盼來了申公，結果一看，這老頭已經八十多歲了，鬚髮皆白，走路都需要人攙扶，這讓劉徹大失所望。

「年齡這麼大，還能做事嗎？不過，既然把人家請來了，總得聊聊吧。」

劉徹向申公請教治亂之策，結果申公翻來覆去就一句話：「治國其實沒那麼複雜，空談誤國，實幹興邦！」

劉徹很失望：「這就是你的答案？你看看人家董仲舒，一個『天人三策』，洋洋灑灑數千字的論文，你怎麼就不能多說幾句，提點有建設性的方案呢？」

申公一攤手：「我要說的就這些，沒了。」

劉徹或許不會明白，申公活了八十多歲，閱世較深，空談誤國，實幹興邦看似簡單而又樸素，實際上是他一生的經驗總結。

解決一切問題的關鍵就是實踐，如果你不去做，那麼一切都是枉然，比方法更關鍵的是行動。離開實幹，再漂亮的口號也是空談，再有分量的擔當也難以落地生根。

然而，年少的劉徹並沒有領會申公的意思，他對這老頭很失望。不過，人都來了，總不能馬上轟走吧？於是，劉徹只好給申公一個太中大夫的頭銜，安排在魯國「駐京辦」居住。

劉徹雖然很想有一番作為，可是他很清楚，他雖然是皇帝，但是他身後還坐著一位深愛黃老之治且高壽的老祖母。

可別小看這位老太太，她歷經三朝，是黃老之治的堅定擁護者，又位居權力核心。劉徹要以儒家取代黃老，竇太后就是最大的難關。

轉眼就到了建元二年（西元前 139 年）。

新年伊始，趙綰就燒了上任後的第一把火，他建議劉徹以後乾綱獨斷，大事不必向東宮彙報。

東宮，也就是長樂宮，位於未央宮的東邊，簡稱東宮。劉徹平時就在未央宮辦公，竇太后住在長樂宮。不向東宮彙報，指的就是不必向竇太后彙報工作。

丞相竇嬰和太尉田蚡聽完，倒吸了一口冷氣：「這麼大的事，怎麼也不提前跟我們商量一下？竇太后歷經三朝，她的權威是那麼能輕易撼動的嗎？趙綰把政治鬥爭想得太簡單了！」

一石激起千層浪，果然，老太太得知這個消息後大怒！

她雖然老了，眼睛也看不見，可是頭腦依舊很清醒。「你這麼做，不就是想剝奪我參與朝政的權力嗎？」怒不可遏的老太太當即斥責道：「你是想當第二個新垣平嗎？」

這話一出，大家都害怕了，畢竟，誰都知道，新垣平已經被打成了一個反面人物，老太太拿新垣平舉例子，明顯是要深入追查下去！

老太太不出手則已，一出手則必須一針見血。很快，在老太太的授意下，有關部門立即行動，嚴查趙綰、王臧等人貪贓枉法的罪行，在得到確實證據之後，命令兩人下獄。

作為團隊成員，丞相竇嬰和太尉田蚡也受到牽連，兩人被罷免了官職。申公一看情況不對，主動稱病告老還鄉了。

趙綰和王臧絕望了，深知得罪了竇太后，絕對沒有好果子吃，兩人最後在獄中自殺。

不僅如此，老太太為了進一步掌握軍隊，任命李廣、程不識二人為宮中衛戍司令，提拔柏至侯許昌為丞相，武強侯莊青翟為御史大夫，並廢除了一切改革事項。

面對這個不爭氣、不聽話的孫子，老太太一度有廢黜劉徹另立新君的想法。

第一次改革就這樣失敗了，劉徹內心的失落可想而知。經此打擊，他變得萎靡不振、提心吊膽，這種情緒帶到家庭中，與皇后陳阿嬌的關係也不如以前了。

劉徹與陳阿嬌的婚姻，是從「金屋藏嬌」開始的。

阿嬌集萬千寵愛於一身，竇太后寵愛她，漢景帝寵愛她，驕縱跋扈的館陶公主寵愛她，年幼的膠東王劉徹也寵愛她。

然而，當兩個人的地位發生轉變時，情況就不一樣了。

在館陶公主的扶持下，劉徹登上了帝位，阿嬌做了皇后，一切心願達成。然而，悲劇才剛剛開始。

首先，陳阿嬌驕橫任性。

她從小沒有吃過苦，她母親是館陶公主（以前叫長公主，現在稱為竇太主），是景帝時朝中炙手可熱的皇親國戚，其人潑辣大膽。陳阿嬌繼承了母親的基因，和母親一樣潑辣，要什麼就會有什麼，連要皇后之位都輕易得到了。

其次，陳阿嬌沒有生育能力。

陳阿嬌雖然當了皇后，可是她的肚子卻一直沒有動靜。劉徹本來就是一位好色之人，眼看後宮的妃子越來越多，陳阿嬌又心急又吃醋，卻毫無辦法。母親館陶公主也坐不住了，到處為阿嬌尋良醫覓好藥，前前後後總花了很多錢。可是大夫找了一大堆，補品補藥吃了一大堆，阿嬌的肚子卻是半點反應都沒有。

看過宮鬥劇的人一定知道，要想在後宮中站穩腳跟，除了皇帝的寵愛，還需要能生孩子。母憑子貴，如果沒有孩子，在後宮中將會備受冷落，甚至地位不保。

然而，面對這種不利的局面，陳阿嬌也拿不出什麼好辦法，她不懂如何維護一份感情，每一次只能跟劉徹大吵大鬧，最後鬧得不歡而散。

除此之外，館陶公主的摻和也加速了劉徹對阿嬌的反感。

幫過女婿的丈母娘很容易插手女婿的家事，當女婿的表現不盡如人意時，丈母娘就會忍不住提醒：「你能有今天，都是我們家幫忙的，沒有我，你還在膠東玩泥巴呢，做人可不能沒有良心！」

不過很可惜，這種提醒讓劉徹很生氣，一方面是自尊心受到打擊，另一方面是有種被限制自由的感覺。

面對驕縱的陳阿嬌和丈母娘，劉徹感覺自己壓力很大。

劉徹有時候會問自己，如果自己不是皇帝，阿嬌會嫁給他嗎？

應該是不會的，劉徹與陳阿嬌屬於政治婚姻，他們能走到一起，不過是各有所圖而已。館陶公主需要與皇帝聯姻來維持自己的權力和地位，而劉徹也需要館陶公主的大力扶持，以便在皇位爭奪戰中逆襲。

每一次，劉徹受了氣，總會到母親王太后那裡傾訴。這個時候，母親總會耐心勸他：「你現在剛剛即位，羽翼未豐，大臣人心不服，太皇太后那邊怒氣未消，還需要長公主協助，所以還得籠絡她們。」

沒辦法，劉徹回去後只能繼續哄阿嬌。

這種家庭生活讓劉徹感覺喘不過氣來，為了逃離，劉徹經常用除災求福的幌子，到外面馳騁遊獵，放鬆放鬆。偶爾，他也會到自己的姐姐平陽公主府上坐一會兒。有一次，劉徹打獵歸來，又去了姐姐家。

對於弟弟的駕臨，平陽公主早有準備，當即盛宴款待。酒至半酣，平陽公主雙掌一拍，但見無數俏佳人恍如天仙突降，翩翩起舞。一時室內香風四動，春色無邊。

劉徹身邊不乏美女，早已是閱女無數。不過這次，一位舞姿曼妙、容貌清秀的女子還是引起了他的注意。

眼前的這位女子，明眸皓齒，婀娜多姿，何止是傾國傾城，她的一笑一顰，都牽動著劉徹的神經。劉徹正當慾火熊熊之年，頓時欣喜若狂，只看得骨酥筋軟，鼻血如注。

平陽公主見狀，輕聲說道：「她叫衛子夫，陛下若是喜歡，我將她送你可好？」

劉徹高興得直點頭：「還是姐姐最懂我。」

就這樣，衛子夫離開平陽公主府，成了劉徹的女人。就在她即將登上車輦時，平陽公主撫著她的背說：「將來妳若是富貴了，可別把我給忘了呀！」

你沒有看錯，即便是一母同胞的姐弟，平陽公主還是要設法攀附和討好劉徹的。

在這裡，有必要介紹一下衛子夫。她是河東平陽人，出身卑微，年少時就被送進平陽侯曹府當歌女。她與劉徹的相遇，完全是平陽公主精心策劃的結果。

兩人有了魚水之歡，衛子夫原本以為，自己終於等來了出頭之日。然而，後宮中美麗的女子何其之多，她就像隱藏在森林中的一片樹葉，根本得不到劉徹的注意。那一日的臨幸，成了她一生中最為珍貴的記憶。當她在燈下獨自神傷，為自己的命運流淚之時，可曾有人留意這個可憐的女人，哪怕輕微的一瞥？

整整一年時間，劉徹都沒有來看過她一次，陪伴她的只有空蕩蕩的房間。

沒有愛情滋潤的女人，猶如沒有雨水澆灌的花朵，時間一長就會枯萎。一年後，宮中按照慣例，要清退一批久不承歡的宮女。衛子夫得知消息後，託各種關係，終於見到了劉徹。

一見到劉徹，衛子夫哭得梨花帶雨。既然不喜歡自己，當初為何要帶自己入宮？如果真的不愛了，不如放手，還自己自由吧！

對於男人而言，女人的眼淚是溫柔的武器，何況又是這樣一位楚楚可憐的女子。劉徹一時動了憐香惜玉之心，再次臨幸了她。

不久，衛子夫懷孕了。

自從衛子夫懷孕之後，劉徹對她更是寵愛有加，以至於冷落了陳阿嬌。

事實已經很明顯了，皇帝沒有問題，那麼問題自然是出在陳阿嬌身上了。為這事，陳阿嬌又哭又鬧，不過明眼人都看出來，陳阿嬌已經有點控制不住局面了。

為了挽回局面，陳阿嬌只能向她的母親館陶公主求援，請她為自己出個主意。

面對女兒的哭訴，館陶公主自然也很著急。不過眼下，衛子夫有孕在身，受到了嚴密的保護，要想從她身上下手，難度有點高。因此，她把目光投向了衛子夫的弟弟衛青。

衛青是衛子夫的弟弟，他們的母親叫衛媼，是平陽侯上的一個傭人。衛青的父親叫鄭季，是個縣級小吏，因為工作關係，經常出入平陽侯，認識了衛媼。兩人你情我願，一番乾柴烈火後，衛媼懷孕了。

有了身孕的衛媼只得將孩子生下來。因為母親姓衛，所以這個私生子就叫衛青。

由於生活艱苦，衛青稍微長大一點後，就被送到了生父鄭季家裡。可想而知，衛青的私生子身分在鄭家是得不到認可的，處處受到排擠打壓。

在鄭家，衛青永遠是做最苦最累的工作，放羊、種地、劈柴、挑水，幾個兄弟也從來不拿他當自己人看待。他如同一個無父無母的孤兒一般，在鄭家默默忍受著這一切。

有一次，衛青到甘泉宮裡辦事，一個在宮裡做苦力的犯人看見衛青身材魁梧、相貌不凡，稱讚道：「兄弟，我看你面相，將來注定是個貴人啊，相信我，你將來肯定能被封侯。」

衛青卻謙虛地說：「你說笑了，我就奴才命，每天不捱打就不錯了，哪裡敢想封侯。」

歷史書在提到一些大人物的少年時，總會有類似的記載。不過在我看來，這種稱讚實在不足為奇，在我們成長的過程中，總會有長輩們當面誇讚：「這孩子長得眉清目秀，將來一定有出息！」

在屈辱、孤寂、無助中長大的衛青，學會了一樣本事，那就是：忍！忍常人之所不能忍，才能得常人之所不能得，這份忍耐對他以後的發展發揮了至關重要的作用。

懂事後的衛青不願再受鄭家的奴役，回到母親身邊，做了平陽府的一名騎奴。

衛子夫和衛青姐弟倆非常要好，館陶公主的計畫是，派人抓住衛青，暗地裡殺掉他，以此來激怒衛子夫，進而致其流產失寵。

計畫很順利，衛青在半路上被一夥兒不法分子綁架，帶到一處偏僻的地方。如果不出意外，這裡將是衛青的喪命之處，大漢帝國也將失去一位卓越的將領。

就在這時，轉機出現了。

衛青雖然地位低下，但是平時人緣極好，結交了不少朋友，其中有一個叫公孫敖。得知衛青被綁架後，公孫敖二話不說，立即帶了一幫兄弟四處查訪，在找到綁匪的藏身之所後，直接殺進牢房把衛青救走了。

公孫敖用實際行動證明了兄弟情誼，他對衛青赴湯蹈火，無所畏懼。將來，他們還會共同走向戰場，並肩戰鬥。

此時的衛青十五六歲，小小年紀就已歷經人間疾苦、生死磨難。

劉徹知道這件事後，勃然大怒，他一眼就看出來這是陳皇后在針對衛子夫，索性一不做二不休，封衛子夫為夫人，提拔衛青為建章宮總管，後來又封為太中大夫。

從西元前 138 年到前 129 年，近十年間，衛青一直陪在劉徹左右。

他待人和氣，從不與人爭論計較，在官場上也不追求出風頭。在相當長的時間內，衛青在朝中並沒有引起任何人的注意，在眾人眼裡，他只是一個靠外戚身分吃閒飯的人而已。

然而，只有衛青自己知道，這絕不是他想要的生活。

閒暇的時候，他會一個人到郊外縱馬馳騁，心如滿月弓，志似穿雲箭，他在嚮往著天下，而天下也在等待著他。

很多時候，悲劇的開端，往往也是榮耀的起點。

來吧，偉大的事業正在召喚你！

狂生東方朔

不過，在作為未來的名將出場之前，衛青還要再等九年時間，所以讓我們把鏡頭轉回劉徹身上。

十八九歲，正是叛逆的年紀，劉徹也不例外。這兩年，他覺得自己過得很壓抑，做任何事都被竇太后束縛住了手腳，家庭生活也不和諧。

十九歲那一年，鬱悶的劉徹作出了一個重要決定 —— 離宮出走！

為此，劉徹約了一幫年輕的玩伴，穿上普通富家子弟的衣服，約定在城門口集合，趁夜出發。

幾個年輕人出了城，在迷離的夜色中一路縱馬馳騁，天快亮時，一行人抵達了南山。劉徹看著身後一個個精神抖擻的小夥伴，不禁喜上眉梢：「還是年輕好啊，跑了一夜，竟然毫無倦意。」

好不容易離開了氣氛壓抑的長安城，看著不遠處的巍巍青山，再看看眼前的一汪碧水，劉徹頓覺神清氣爽，胸襟寬廣了許多。這趟出門，劉徹打的是平陽侯的名號，平陽侯就是劉徹的姐夫，平陽公主的老公。

此刻的劉徹宛如剛出籠的野獸，帶著自己的小弟縱馬馳騁，追逐獵物。馬蹄翻滾之處，踐踏了不少田野莊稼。對於劉徹而言，他根本不在意地裡的這些禾苗，可是對於面朝黃土背朝天的農民而言，莊稼就是他們的命根子，容不得任何人肆意踐踏！

很快，劉徹的舉動就引發眾怒。

不斷有人向縣衙報告，說有一群公子哥兒肆意踐踏百姓的莊稼，懇求縣令派人抓捕。縣令不敢大意，經過縝密摸查，終於圍住了劉徹一行人。

眼見脫身不得，劉徹只得拿出皇帝的印信，向眾人表明自己的身分。堂堂國家元首竟然被百姓圍住，場面一度相當尷尬，劉徹趁著大夥兒發呆的工夫，一溜煙就跑了。

雖然鬧得很不愉快，但是劉徹並沒有就此收手的意思。他沒有折回長安，而是繼續四處蹓躂，一行人離開了陝西境內，向著河南方向漫遊而去。

很快，劉徹帶著一群小弟到了柏谷。

眼看著天色漸黑，一行人決定找個飯店住一晚。好不容易找到了一家民宿，結果老闆一看這些人，一個個趾高氣揚的樣子，憑藉多年的經驗，判斷這些人不是什麼好人，態度自然就不一樣了。

一群人在大廳大呼小叫，嚷嚷著要喝茶。老闆沒好氣地說：「茶是沒有的，我這人只有尿！」

劉徹大怒，小弟們早已按捺不住，揍了老闆一頓。老闆娘一看情況不對，趕緊出來賠禮道歉，並為大夥兒安排了房間。她早看出這些人一個個錦衣華服，非富即貴，絕不是普通人能招惹的。

好不容易安頓好了劉徹一行人，店老闆回來了，身後還跟著一幫持棍拿刀的少年。他吃了虧，外出招呼了一幫人，準備等劉徹一行人睡著後，來個突然襲擊。

如果真鬧出人命官司，那可不是玩的。老闆娘趕緊攔住了自己的老公，搬出一罈好酒：「既然你想學一回替天行道的綠林好漢，那就先喝幾碗酒吧，壯壯膽。」

幾碗酒下去，店老闆眼睛就開始迷離了，老闆娘趁勢將他綁了起來，告訴門口那群持棍拿刀的少年：「沒什麼事，大家都散了吧！」

大廳中發生的這一幕，劉徹在樓上看得清清楚楚，還沒等他回過神來，老闆娘親自下廚，準備了一桌豐盛的宴席，將劉徹一行人再次請出來喝酒道歉，並將內情一一道出。

大夥兒一聽，暗道一聲：好險，如果真和這些人發生衝突，傷到了劉徹，那他們可就百身莫贖了。

劉徹內心有點複雜：「都說江湖險惡，一不小心就會挨刀，果然如此啊！這江湖還真不是什麼人都能闖蕩的，沒意思！」

第二天，他就帶著一幫玩伴回了長安。回去後劉徹做的第一件事，就是將救他的老闆娘召來，賜之千金，並封她老公為羽林郎。

劉徹乘興出獵，敗興而歸。經歷了這件事，他總結出一條經驗，那就是，以後出門，絕對不能住那種私人旅店了，說不定就是個黑店啊！

為了做好保全工作，劉徹在自己常去玩的地方都修建了簡易行宮。

即便如此，劉徹仍覺得有些擔心，偷偷摸摸出去，萬一被老太太知道了，自己可就吃不了兜著走了。

既想出門打獵，又不想跑太遠，怎麼辦？

那就只能去上林苑了。

然而，劉徹在上林苑逛了一圈，總覺得上林苑太小了，根本跑不開。為此，他突發奇想，想要擴建上林苑，打通沿路的阻隔，一直通到終南山。

這是一項規模浩大的工程，要想連線終南山，勢必要對區域內的居民實行整體搬遷工作，絕對要徵發民夫，勞民傷財。不過，劉徹對此很有信心，他將這項工作交給吾丘壽王。

吾丘壽王年少時，因善於下棋而被召為待詔，跟隨董仲舒學習過《春秋》，因聰明好學，任侍中中郎。

吾丘壽王接下這份重任後，深入調查走訪，寫了一篇可行性研究報告，認為擴建上林苑可行。

劉徹一聽，大為高興：「既然論證沒問題，那就開工吧！」

就在這時，有一個人站了出來，投了一張反對票。

這個人，叫東方朔。

東方朔據理力諫：「聽說謙虛謹慎，天將降福；驕傲奢侈，天將降災。現在陛下嫌宮殿不高大，苑林不寬廣，要擴建上林苑。試想，關中一帶土地肥美，物產豐饒，國家賴以太平，小民賴以富足，劃地為苑，將上乏國家，下虧小民。為建造樂園而毀人墳墓、拆人房屋，將使小民無家可歸，傷心流淚，怨恨朝廷。昔日殷紂王建九市而諸侯叛亂，楚靈王造章華臺而楚民離心，秦始皇修阿房宮而天下大亂。這些都是慘痛的歷史教訓，希望陛下能三思而後行！」

不過很可惜，東方朔這番肺腑之言並沒有打動劉徹。在劉徹的眼裡，東方朔只是一個相聲演員，靠自誇當官，靠幽默得寵，他哪懂什麼治國之道？

對於東方朔的諫言，劉徹只是賞給他一些錢財，上林苑的擴建專案還是照常安排。

為什麼東方朔無法得到劉徹的重視？

關於這個問題，我們得從東方朔的履歷說起。

東方朔自小父母雙亡，靠兄嫂撫養長大。不過他才學淵博，酷愛旁徵博引，在歷史上的名氣很大。

劉徹即位不久，向天下訪求賢良方正之士。各地士人、儒生紛紛上書自薦，東方朔也是自薦中的一人。

我們都知道，履歷是求職者與面試官溝通的第一步。在求職面試時，一份漂亮的履歷總能迅速吸引面試官的注意。

為了準備這封自薦信，東方朔洋洋灑灑地寫了三千片竹簡！

他在自薦書中這樣吹噓自己：

「我，東方朔，少年時就失去了父母，在兄嫂的撫養下長大成人。我十三歲開始讀書，經過三年的刻苦學習，讀的書籍已經夠用。十五歲時學習擊劍，十六歲學《詩》、《書》，閱讀量達到二十二萬字。十九歲又開始學習兵法，懂得各種兵器的用法，以及作戰時士兵進退的鉦鼓，這方面的書也讀了二十二萬字，總共四十四萬字。我欣賞子路直爽的性格和言行。

我今年二十二歲，雙目炯炯有神，像明亮的珠子，牙齒潔白整齊得像編排的貝殼。除此之外，我身上還有很多優點，勇若孟賁，捷若慶忌，廉若鮑叔，信若尾生。我這樣的人，應該能夠做天子的大臣了吧？」

簡單總結一下就是：「我太有才了！我太帥了！我太完美了！像我這麼英俊瀟灑風流倜儻美貌與智慧並存的天才，皇上你不用我，簡直沒天理啊！」

這篇自薦信，劉徹日日讀，夜夜讀，坐著讀，站著讀，睡覺也讀，足足花了兩個月才讀完。

好不容易看完了自薦信，劉徹對這位求職者產生了濃厚的興趣，一個「待詔公車」就打發東方朔了。

什麼叫「待詔公車」？就是你被看上了，先到招待所等信吧！

時間一長，或許是劉徹公務繁忙，就忘了東方朔。

我們經常說一句話，是金子總會發光的。話當然沒錯，可是這個「總」字是漫長的，漫長的……

東方朔很著急，怎麼才能見到皇帝呢？

一次，他發現有幾個為皇帝趕馬車的侏儒，眉頭一皺，想到了方法。

這一天，他找到那幾個侏儒，故意嚇唬他們：「陛下說了，像你們這樣的人，做什麼都不行，吃什麼不剩，薪資沒少拿，沒有一點用，打算砍了你們。」

侏儒們一聽，嚇壞了，一個個都急得哭了起來。東方朔嘆了口氣，為他們出了個主意：「皇上一會兒要從這裡經過，你們要想活命的話，趕緊找皇上求情吧！」

侏儒們聽完後，在劉徹的必經之路上哭著。劉徹一頭霧水：「這些人要做什麼啊？」

「聽說陛下嫌我們沒用，要砍了我們？」

劉徹一臉糊塗：「我沒有，別瞎說！誰告訴你們的？」

「東方朔啊！」

劉徹大罵道：「別聽他的，趕緊叫他過來。」

東方朔終於見到了皇帝，有了一次與劉徹面對面的機會。

「老實交代，為何要借朕的名義去騙人？」

東方朔解釋道：「陛下啊，我是不得已才這樣做的。侏儒們身高三尺，每月薪資是一袋米，二百四十錢。我身長九尺餘，是他們的三倍，薪資竟然和他們一樣。這些糧和錢，根本就不夠我吃，能不被餓死就不錯了。

這話我很早就想對陛下言說了，只是一直沒逮著機會。既然今天來了，索性就開啟天窗說亮話。陛下如果覺得我能為您所用，就請替我漲薪資；陛下如果不願意重用我，就乾脆放我回家，我也不願在長安城裡浪費糧食。」

劉徹聽後捧腹大笑，於是命令他在金馬門待詔。

金馬門，官署名，因門旁有銅馬，得此名。

當時，宮裡流行一種「射覆」的遊戲，就是將一件東西放進器具中，扣過來放桌上，給很少的線索，讓大家猜裡面是什麼，其實就是猜東西。《西遊記》裡，師徒四人就曾在車遲國與三個道士鬥法，玩過隔板猜物的遊戲。

劉徹很喜歡玩這種遊戲，他經常把東西放在器皿下面，讓大臣們來猜，以此取樂。

有一次，劉徹在器皿下放了一隻壁虎，大臣們都沒有猜對。

這時，東方朔開口了：「我通曉《易經》，不妨讓我來試一試。」

「你行嗎？」

「試試不就知道了？」

東方朔擺出各種卦象，口中神神道道，一番故弄玄虛。

隨後，他說道：「我認為是龍但沒有角，說牠是蛇但是又有腳，善於爬牆，這東西不是壁虎就是蜥蜴。」

「還真神了！」劉徹大為驚訝，當即賜給他十匹帛。

劉徹又問他：「東方朔，你還敢再玩嗎？」

東方朔笑嘻嘻地說：「只要陛下有賞，臣就敢再猜。」

隨後的遊戲裡，東方朔每猜必中，劉徹連連稱奇，對其讚賞有加，賞了不少好東西。

東方朔在皇帝面前大出風頭，引起了寵臣郭舍人的妒忌。

郭舍人對此大為不滿：「我才是皇帝身邊最受信任的人，你東方朔在皇帝面前出盡了風頭，這不是來和我競爭嗎？不行，得把他趕走。」

於是，郭舍人逮著機會就在劉徹面前抱怨，說東方朔狂言：「他每次是僥倖猜中的，並沒有真本事。我想跟東方朔賭一把，如果他能猜中，我願受挨一百下鞭子。如果他猜不中，他捱打，我受賞！」

劉徹有心看熱鬧：「准了。」

這一天，猜謎比賽隆重舉行，郭舍人在盆下藏了一個誰也想不到的東西，喜滋滋地看著東方朔：「你就等著捱打吧。」

東方朔不慌不忙算了一卦，然後看著郭舍人說：「這裡面是竇藪。」

郭舍人頓時蹦了起來：「陛下您看，東方朔果然猜不中，快打他屁股！」

東方朔繼續說道：「生肉叫膾，乾肉叫脯，附在樹上叫寄生，蓋在盆子下面就叫竇藪。」

開啟一看，果然！

有人要問了，這竇藪到底是什麼東西？

據推斷，所謂寶藪，應該是芝菌一類的東西。

劉徹毫不客氣，讓人剝了郭舍人的褲子開始打屁股，直打得郭舍人鬼哭狼嚎。

東方朔在一旁譏笑他：「小屁孩嘴上沒毛，叫聲嗷嗷，屁股越來越高。」

郭舍人又哭了，向皇帝告狀：「東方朔竟敢隨便詆毀欺侮天子的侍從官，按大漢律法，應該判處死刑。」

劉徹責問東方朔：「你為何侮辱他？」

東方朔：「我沒有詆毀侮辱他，只是跟他說個謎語而已。」

劉徹：「什麼謎語？」

東方朔：「你看，嘴上沒毛，叫起來嗷嗷的，屁股撅得高高的，這不就是一隻鶴嗎？」

郭舍人不服氣，也希望問東方朔一個謎語：「如果他答不上來，也得被打屁股。」

緊接著，郭舍人胡編了個諧音謎語：「令壺齟，老柏塗，伊優亞，標畔牙，你來猜猜看！」

東方朔侃侃而談：「令是命令；壺是用來盛放東西的；齟是牙齒不整齊；老是老人；柏是鬼的廷府；塗是浸溼的路；伊優亞是言語含糊不清；標畔牙是兩條狗打架。」

講真的，以東方朔的智商，跟他玩猜謎遊戲，簡直就是自取其辱。

劉徹大為讚賞，更加佩服東方朔的才華。

有一次，劉徹發通知讓官員到宮裡來領肉。等了好久，分肉的官員還沒來，東方朔等不及，拔劍自己割了一大塊肉，並對同事們說：「天太熱，肉容易腐爛，大家快快拿回去吧！」

第二天，劉徹對東方朔說：「昨天賜肉，你擅自割肉回家，膽子挺大啊！」

東方朔脫帽跪地請罪，開始指責自己：「東方朔啊東方朔，你太魯莽；詔令沒下，擅自領賞；拔劍割肉，氣勢豪壯；割肉不多，廉潔禮讓；拿給妻子，仁愛無雙。」

聽到東方朔如此「自責」，劉徹又好氣又好笑：「你這傢伙，要你指責自己，倒是表揚起自己了。」

好在劉徹也沒有為難他的意思，反而又賜給他一石酒、一百斤肉，讓他拿回家去交給妻子。

劉徹好大喜功，喜歡臣下歌功頌德。

一次，劉徹問東方朔：「在你眼裡，朕是一位什麼樣的君主？」

東方朔：「聖上功德，超過三皇五帝，要不眾多賢人怎麼都輔佐您呢？譬如周公旦、召公都來做丞相，孔丘來做御史大夫，姜子牙來做大將軍……」

東方朔一口氣將古代三十二個治世能臣都說成了劉徹的大臣，他語帶諷刺，但是又裝出一副滑稽相，逗樂劉徹。

又有一次，建章宮後閣，有一隻動物跑了出來。消息傳到宮中，劉徹親自去看，問了身邊一群人，結果沒一個人知道這是什麼動物。

劉徹心裡一陣無語：「叫東方朔來看看吧。」

東方朔看了一眼就說：「我知道這是什麼動物，不過在說之前，我得先吃一頓大餐。」

劉徹准了。

吃過酒飯，東方朔又說：「某處有公田、魚池和葦塘好幾頃，陛下賜給我，我才願意說。」

劉徹又准了。

願望達成，東方朔這才說道：「這動物叫騶牙，只有遠方有人來投誠，騶牙才會出現。牠的牙齒前後一樣，大小相等而沒有大牙，所以叫騶牙。」

後來過了一年，匈奴渾邪王果然帶領十萬人來歸降漢朝。劉徹很高興，賜了東方朔很多錢財。

關於東方朔的故事很多，大多屬於傳說。很多志怪類小說裡，都記載了東方朔的故事。

有一次，劉徹在上林苑中見到一棵形狀很奇怪的樹，就問大家：「這是棵什麼樹。」眾人紛紛搖頭，表示不知道。

東方朔上前：「陛下，我知道，這棵樹叫善哉。」

緊接著，東方朔告訴大家一大堆這種樹的特性。

劉徹命人暗地標記了這棵樹。

幾年後，劉徹又一次路過這棵樹，問東方朔這棵樹的名字。東方朔早就忘了前面那回事，隨口糊弄劉徹說：「陛下，這棵樹叫瞿所。」

這下可被劉徹抓住了：「好你個東方朔，看來你是經常欺騙朕啊！幾年前你不是說這棵樹叫『善哉』嗎，怎麼現在又改名了？」

東方朔腦子轉得很快，馬上補救：「陛下，這很正常啊，您看，馬小的時候稱『駒』，大了稱『馬』；牛小的時候稱『犢』，大了稱『牛』；雞小的時候稱『雛』，大了稱『雞』。人也是如此啊，小的時候稱『小兒』，老了以後稱『長者』。前幾年的小『善哉』，現在已經長成了大『瞿所』，這不是很正常嗎？」

劉徹原想藉此揭穿他，誰知這個妙語如珠的東方朔具有難不倒的辯才，心中暗自佩服。

東方朔有個獨特的愛好，娶太太。

和一般人不同，他娶太太，有「三要三不要」原則：一要娶首都長安城的女子，外地的不要；二要娶年輕貌美的，沒有姿色的不要；三要一年一換，超過年限的不要。劉徹賞他的錢財，他全都用來換太太了。

東方朔這樣做，只會招來他人的羨慕嫉妒恨，被不少人稱為「瘋子」。劉徹聽說後，感慨道：「假如東方朔當官行事沒有這些荒唐行為，你們哪能比得上他呢？」

這幾年，東方朔雖然如願以償，留在皇帝身邊，可是他並不開心。他之所以來長安求職，不是為了追求榮華富貴，而是為了一展胸中抱負，不負平生所學。這和以後唐朝的李白一樣。

然而，由於當初那封「另類」的求職書，劉徹雖然多次向他請教問題，他的官職也逐步由待詔公車、待詔金馬門直至太中大夫，但是始終沒有成為劉徹的股肱重臣。在劉徹眼裡，東方朔就是個在自己心情不好時，逗樂自己的人。

「這種人哪有資格談論軍國大事？我只需要你帶給我快樂！」

對於這種尷尬的處境，東方朔也很無奈，他只能繼續裝瘋賣傻，一次次用無厘頭的滑稽表演來發洩自己心中的苦悶。

李白一生狂得不行，看不起很多人，但是對東方朔不一樣，他太崇拜東方朔了，甚至自比為東方朔，詩曰：

朝天數換飛龍馬，敕賜珊瑚白玉鞭。

世人不識東方朔，大隱金門是謫仙。

人生如戲，全靠演技

眼見東方朔勸阻不成，司馬相如出場了。

他寫了一篇〈諫獵書〉，勸劉徹不要沒事就到上林苑打獵。

劉徹讀完這篇文章，非常喜歡他的文筆，稱讚他一下，然後繼續到上林苑打獵去了。

作為漢朝文章寫得最好的兩個人之一，司馬相如值得隆重介紹一下。

司馬相如是蜀郡成都人，長得一表人才，又乖巧伶俐，頗討人喜歡，父母更是視若心肝寶貝，為他取了個小名叫「犬子」。他的父母顯然認為，取一個賤名，比較好養活。

長大後，他實在忍受不了這個小名，於是自己改了個名字 —— 司馬相如。

為什麼要起這個名字？說來也簡單，因為他的偶像是戰國時的名臣藺相如。

藺相如的故事我們都知道，他勇於當廷斥責秦王，最後使秦王不得不屈服，是一個雄辯多才的無雙國士，也是一個為國爭利的股肱大臣。司馬相如改名字，很顯然是想向自己的偶像看齊。

司馬相如善作賦，通音律，可謂才高八斗，詩情橫溢，尤其擅長寫散文和賦。

雖然司馬相如身上有很多優點，但是他也有短處，那就是口吃。

早在景帝年間，司馬相如花錢買了個官，成了景帝身邊的一個武騎常侍，也就是陪皇帝打獵。很顯然，這不是他的專長。

司馬相如的特長是寫文章，可是景帝不好文學，一直得不到青睞的司馬相如很是鬱悶。

職場上最痛苦的事，就是你在上司面前賣力表現，上司卻對你視而不見。

很快，他生命中的第一個貴人出現了。

這一年，景帝的弟弟梁王帶著一幫文人來朝述職，正好梁王也是一位文學愛好者，司馬相如跟這幫人一聊，頓時有一種遇到知音的感覺，內心就有了跳槽的想法。他索性辭去了工作，跟著梁王回到了梁地。

在梁地，他和鄒陽、枚乘等文人切磋交流，飲酒作賦，日子過得滋潤而瀟脫。在此期間，他寫下了名震古今的〈子虛賦〉。

在〈子虛賦〉中，司馬相如充分展示了他的雄辯之風。後世的班固、劉勰稱司馬相如為「辭宗」，王應麟、王世貞等學者稱他為「賦聖」。魯迅在《漢文學史綱要》評價：「武帝時文人，賦莫若司馬相如，文莫若司馬遷。」

不過，這樣的好日子並沒有過多久。梁王死後，身邊的文人沒了依靠，作鳥獸散，司馬相如也失業了，只好回到老家成都，投奔了好友：臨邛縣令王吉。

都說救急不救窮，王吉雖然暫時幫司馬相如安頓了住處，可是在家當個待業青年也不是長久之計。怎麼才能混出頭呢？

得有錢！

怎麼才能有錢？

最直接的辦法是，娶個有錢人家的女兒，後半生就不用奮鬥了。

兩人最終選定了一個目標人物：臨邛首富卓王孫的女兒，寡居在家的卓文君。

為了娶到卓文君，縣令王吉和司馬相如二人制定了一份詳細的行動計畫。

計畫第一步：造勢。

為了提高司馬相如的知名度，兩人自編自導自演了一場戲。

司馬相如拿出全部家當，買了一輛最新款的馬車，為自己置辦了一身亮麗光鮮的行頭，並僱用了四個幹練的隨從，高調入城。

緊接著，臨邛縣令王吉主動出城迎接，先是安排司馬相如到臨邛縣一家上等旅店，然後以縣令的身分，天天前來探望。司馬相如見過王吉幾次後，就對外宣稱：「我身體不好，叫王縣令別來打攪我了。」而王吉卻更顯恭敬，每天照樣登門拜訪，即便吃了閉門羹，也沒有絲毫怨氣。

臨邛縣的人紛紛討論了起來：「前些日子就聽說這裡來了個了不起的人物，想不到此人竟連縣令的面子都不給，更驚奇的是縣令卻不惱不怒，態度不是一般的好，這人絕對不一般啊！」

臨邛有兩個土豪，一個姓卓，一個姓程，卓家號稱家僮八百，程家也號稱有家僮數百。

兩個土豪聽說本地來了個大人物，而且眼看著縣令每天如此殷勤伺候，心中狐疑不安，便商量從王縣令那兒探聽點虛實。

聽了兩人的來意，王縣令哈哈一笑：「此人叫司馬相如，只是我的一個朋友而已。」

「僅僅是朋友嗎？」

看到王縣令遮遮掩掩之狀，兩位土豪心中更是好奇，對王吉說：「本縣來了貴客，不如我們就盡地主之誼，設宴款待，也好見識一下這位大人物，還請王縣令幫忙牽個線。」

「哎呀，我這位朋友不喜歡湊熱鬧，這套俗禮就免了吧！」

「這可不行，貴客肯蒞臨我們臨邛縣，我們面上也有光，還望王縣令代為問候。」

王吉被兩人纏得無奈，只好答應出面去請。

到了設宴這天，為了顯示排場和誠意，兩位土豪邀約了本縣有頭有臉的一百多人來捧場。眼看著客人差不多到齊了，這位傳說中的貴客呢？

一會兒，派去請客的人回來了，告訴大家，貴客說他身體不舒服，就不來了，對大家的熱情表示歉意。

好不容易湊了這麼多人，總不能說不來就不來啊，卓、程兩家急得直冒汗，只得哀求王縣令辛苦跑一趟。

「好吧，那我親自跑一趟！」

飯店裡，兩人經過一番討論：「聲勢已經造足了，接下來主角該出場了！」

經過漫長的等待，司馬相如這才帶著歉意姍姍來遲。大夥兒一看，果然是風度翩翩，氣宇不凡啊！

大夥兒整齊地站起來，一起鼓掌歡迎，場面十分熱烈。司馬相如口吃，不敢張嘴害怕露餡，只能保持微笑，頻頻揮手示意，就像登臺演出的明星一般。

酒過三巡，菜過五味，王縣令捧著一把古琴，恭敬地放到司馬相如面前：「聽說您喜歡彈琴，希望您能演奏一曲，哪怕我們不配欣賞您的音樂，您自己娛樂一下也好啊！」

此刻的司馬相如卻一臉不高興，直怪王縣令多事。不過，經不住大夥兒的懇求，只好答應為大家隨便彈一曲。

司馬相如輕撫琴身，深吸了一口氣，修長而優雅的雙手撫過琴弦，撫起了層層泛著漣漪的樂音。

那音色初如一汪清水，清清泠泠，似夏夜湖面上的一陣清風，引人心中鬆弛而清新，繼而又如鳥兒纏綿，動人心弦，眾人都聽得如醉如痴。

鳳兮鳳兮歸故鄉，遨遊四海求其凰。
時未遇兮無所將，何悟今兮升斯堂！
有豔淑女在閨房，室邇人遐毒我腸。
何緣交頸為鴛鴦，胡頡頏兮共翱翔！
凰兮凰兮從我棲，得託孳尾永為妃。
交情通意心和諧，中夜相從知者誰？
雙翼俱起翻高飛，無感我思使餘悲。

一曲撫罷，眾人更是驚嘆，又添了幾分拜服之情。

外行聽熱鬧，內行聽門道。絕大多數賓客只是來湊熱鬧，唯有隔壁廂房中的卓文君聽出了曲中真意。

這一曲，正是〈鳳求凰〉。

卓文君對司馬相如一見傾心，尤其聽到他彈奏的曲子〈鳳求凰〉後，心中愛慕之意更盛。

宴會結束後，司馬相如偷偷買通侍女，轉達他對卓文君的仰慕之情。戀愛中的女人都是盲目的，卓文君聽完，認定他就是自己苦苦等待的心上人，當天晚上就去找司馬相如了。

司馬相如大喜，帶著卓文君決定私奔！

「未來風裡雨裡，我都陪著你。」

兩人一路奔波，終於回到了司馬相如的老家成都。一進家門，卓文君就呆住了，風流才子家裡只有四面牆，破破爛爛的，連點像樣的家具都沒有。米缸裡是空的，灶臺上結滿了蜘蛛網，顯然很久沒有生過火了。

其實，司馬相如家世原本還不錯，不然也不可能買個官做。不過他在長安做官時，薪資很低，此後父母去世，家道中落，司馬相如不是一個善於營生的人，也不屑於在這方面傾注精力，除了寫文章外，更無他長，所以最後只能混成這樣。

司馬相如雖然文采斐然，相貌也很出眾，可是帥也不能當飯吃啊！

到了這一步，後悔已經沒有用了，路是自己選的，含淚也要繼續走下去。

好在新婚燕爾，你儂我儂，有情飲水飽，卓文君和丈夫一起變賣了車馬，過起了節衣縮食的生活。

不過，貧賤夫妻百事哀，沒過多久，家裡太窮了。卓文君只得跟丈夫說：「要不然，我們還是回臨邛吧！到了那邊，哪怕我向家裡借點錢，都比在這裡受苦強。」

司馬相如如釋重負，等的就是這句話！

兩人變賣了所有家當，回到了臨邛。老丈人卓王孫氣還沒有消：「你拐了我的女兒還想拐我的錢，你當我腦袋壞掉了！」

卓王孫惱怒司馬相如計騙愛女，堅決不認這個女婿，對小夫妻實施經濟制裁，不給一分錢！

「不給就不給！」

兩人索性開了個小酒館，卓文君站櫃檯，當街吆喝；司馬相如當起了店小二，忙裡忙外。

一夜之間，大夥兒議論紛紛：「老丈人不認自家女兒和女婿，小夫妻只能開個小酒館艱難度日，真是奇聞趣事啊！」

這些話像長了翅膀，一夜之間傳遍了臨邛縣，當然也傳到了卓王孫的耳朵裡。卓王孫索性把自己關在家裡，眼不見心不煩。

這時候，一些鄉親找上門了：「卓王孫，這麼僵持下去也不是辦法！你們家有一男二女，人也不算多吧？再說了，錢財對你而言根本不算什麼，何必那麼固執呢？

你那女婿司馬相如雖然拐跑了文君，可是他畢竟是個人才啊，人家還是王縣長的朋友，你這麼做很不好，外面都已經傳開了，何苦讓文君出醜呢？再說了，他們早已私訂終身，你也無法追究。我看那司馬相如很有潛力，你要是能在錢財上幫他一把，他將來絕對可以翻身！」

卓王孫一聽，沉默不語。算了，自己臉皮終究沒那麼厚，只能將二人叫回來，一家人吃了頓飯，分了百萬錢財和家僮數百人，讓他們關了那小酒館：「不要再丟人現眼了，好好過日子去吧！」

司馬相如轉眼之間，從一個窮光蛋變成了百萬富翁，美人在懷，簡直是飄飄欲仙！

財務自由的司馬相如，在官場上的好運也隨之而來。

景帝駕崩後，劉徹上臺。偶然一次，劉徹讀到了〈子虛賦〉，立刻被深深吸引住了，不由得感嘆：「可惜了，這麼優秀的作者，我竟然沒和他生在同一時代！」

有沒有覺得這句話似曾相識？

時間倒退到秦朝，嬴政在讀到韓非的文章時，也曾發出如此感嘆：「寡人得見此人與之遊，死不恨矣！」

正在身邊侍奉的楊得意是司馬相如的同鄉，趁機推薦了他：「這是蜀人司馬相如的作品，司馬相如還活著！」

劉徹大喜，馬上命司馬相如進京。

時隔多年，再次看到長安城，司馬相如有一種恍若隔世的感覺。

「長安城，我司馬相如又回來了。」

一見面，劉徹就問司馬相如：「〈子虛賦〉到底是不是你寫的？」

司馬相如立即抓住機會答道：「是我寫的，但是〈子虛賦〉寫的是諸侯遊獵，不足以呈現天子氣象，我其實一直想寫一篇天子遊獵賦，等寫好了就呈送陛下。」

這樣的回答，可以說是情商很高了。

幾天後，司馬相如上交了一篇文章，這就是〈上林賦〉。

〈上林賦〉是〈子虛賦〉的姊妹篇，也是司馬相如的代表作，代表了漢賦的最高成就。這篇文章以誇耀的筆調寫了上林苑的壯麗及天子遊獵的盛大規模，歌頌了統一王朝的聲威和氣勢，也指出皇帝終日縱情田獵的危害。全篇氣勢磅礴，鋪張揚厲，讀來極是暢快！

劉徹非常欣賞司馬相如的文采，封他為郎，做了身邊一名侍從官。

幾年以後，司馬相如以天子使臣、中郎將的身分回到蜀郡。

今時不同往日，老家出了這麼個大人物，蜀郡的人全都引以為豪，所有官員全到城外列隊迎接。

卓王孫也改變了之前的態度，送一大堆禮給司馬相如，又分給女兒卓文君大筆財產，使之與兒子等同。

與此同時，卓文君也成為姐妹們豔羨的對象。

司馬相如憑藉寫得一手好文章，很快混進了上流社會，在一群咬文嚼字的文人中嶄露頭角。春風得意之際，他認識了一個茂陵女子，那女子能歌善舞，又柔情似水，司馬相如的一顆心開始不安分起來。

他想納這個茂陵女子為妾，可是又不好直說，只得寫了一封加密了的數字信給妻子：「一二三四五六七八九十百千萬。」

卓文君見信後，一眼就看出了謎底：「這一列數字中，唯獨沒有億。言外之意是，對於我們的過去，我已經失去記『憶』了。」

卓文君知道丈夫已經變心，她不哭不鬧，攤開筆墨，平靜地回了一封信給丈夫：

皚如山上雪，皎若雲間月。

聞君有兩意，故來相決絕。

今日鬥酒會，明旦溝水頭。

躞蹀御溝上，溝水東西流。

悽悽復悽悽，嫁娶不須啼。

願得一心人，白頭不相離。

竹竿何嫋嫋，魚尾何簁簁！

男兒重意氣，何用錢刀為！

這就是大名鼎鼎的〈白頭吟〉！

詩的大致意思是，愛情應該像山上的雪一般純潔，像雲間月亮一樣光明。聽說你心裡有了別人，我特來與你分手。今日猶如最後的聚會，明日便將站在溝頭。我移動腳步沿水溝走去，過去的生活宛如溝水一般，一去不返。當初我毅然離家隨君遠去，以為嫁了個一心一意的郎君，沒想到最後卻是這樣一個結果。大丈夫應當重情重義，要那些錢財做什麼？

整首詩中，絲毫不見棄婦的哀怨，反而有一股決絕之情。

司馬相如被打動了，他想起了與卓文君同甘共苦的日子。沒有卓文君，哪有自己如今的生活？

可惜，她留住的，僅僅是一副軀殼，司馬相如的那顆心早已離她而去，再也喚不回來了。

小試牛刀

司馬相如的故事先告一段落，我們言歸漢朝正傳。

西元前 138 年，一封緊急軍情從帝國的東南邊境送至長安。

劉徹開啟一看，原來閩越國大軍出動，要打東甌國，東甌國節節敗退，只能向漢朝皇帝求救。

很多人看到這裡，會覺得迷糊，閩越國為什麼要打東甌國？

事情的經過是這樣的：想當初，吳王劉濞挑起了七國之亂，兵敗後逃到東甌國，結果被東甌王跟弟弟夷鳥將軍合夥殺掉了。事後東甌王被封為彭澤王，弟弟被封為平都王。

劉濞有個兒子叫劉駒，倖免於這場劫難，戰敗後獨自一人逃到了閩越國。在這裡，劉駒哭得稀里嘩啦，請求閩越王出兵為自己報仇，事成之後少不了他們的好處。

而當時，漢景帝剛打贏了諸侯，周亞夫正帶著部隊秋後算帳，無論劉駒怎麼糊弄，閩越王是絕對不敢在這個時候去招惹漢朝的。

少年天子劉徹即位後，閩越王覺得這是個不錯的時機，決定對東甌國發動偷襲。東甌國只好向漢朝求援。

消息傳到長安城，劉徹犯起了難。

對於打仗，劉徹是極有興趣的，自己登基兩年多，一直沒有機會證明自己。如果這一戰勝了，漢帝國的威望自然會提升一個等級，這可不就是自己的功勞嗎？

然而，打仗這種事，光劉徹一個人說了是不算的，還得聽聽大家的意見，問問大家支不支持。於是，劉徹組織朝中大臣召開了一次會議，討論要不要出兵援救東甌國。

國舅田蚡首先發言，說：「越人之間互相看不順眼，出門都帶砍刀，再正常不過了。再說了，那一帶是蠻荒之地，窮山惡水，秦朝的時候就放棄那塊地方，我們何必為他們勞民傷財呢？」

此時的田蚡已被竇太后撤了職，不過憑藉著國舅爺的地位以及與王太后（與田蚡同母異父）親密的關係，他在朝中依然極有權勢。他的意見代表了很大一部分人的想法，劉徹不能不重視。

很顯然，劉徹對這個答案不滿意，不過他沒有急著表態，而是想看看其他人的反應。

很快，隊伍中有一個人站了出來：「我反對！」

這個人叫莊助。後人為避漢明帝劉莊諱，又稱他為嚴助。

莊助這人很有水準，是文學家莊忌的兒子，精通辭賦，文筆極佳，在賢良對策中獨占鰲頭，被破格任命為中大夫。

他是這樣反駁田蚡的：「要不要救，不是看別的什麼，而是看自己有沒有這個能力。如果自己有能力救人，為什麼不救？秦朝放棄了越地，那是他們沒本事。他們連自己的首都咸陽都守不住，哪有精力去管別人的事？今時不同往日了，小國東甌向我們求救，我們不救它，那誰來救？如果不救，我們將來又憑什麼讓萬國臣服？」

莊助這一番話說得慷慨激昂，也讓劉徹有一種遇到了知音的感覺。援救東甌國不僅僅是一場戰爭，更關係到樹立負責任的大國形象，事關國家利益。如果能夠打贏這一戰，必定可以對南方的那些小國形成一種威懾。

趁著眾人還沒反應過來，劉徹趕緊抓住機會：「太尉不足與計！」

田蚡只能尷尬地退到一邊。

仗必定是要打的，但是劉徹有自己的顧慮。他告訴莊助：「我剛剛登基，不想動用虎符調兵。」

其實，所謂的不想動用虎符調兵，是一種委婉的說法，當時竇老太太總攬全國，她是黃老思想的堅實信徒，絕對不會答應發動一場戰爭的。

不過，劉徹還是給予了莊助力所能及的幫助：「為了方便開展工作，我賜你一支天子節杖，你拿著這節杖到會稽，藉助當地的武裝力量處理這次危機。我對你很有信心，不要讓我失望！」

此時此刻，莊助的心有多大，陰影面積就有多大。

不過，皇帝已經下令了，這工作必須接，誰讓自己站出來主戰了呢？

想到這裡，莊助深吸一口氣，躬身施禮：「保證不辱使命！」

莊助帶著一支天子節杖出發了，一路跋山涉水，終於到了會稽郡。

果然，這事沒那麼容易。莊助磨破了嘴皮，會稽太守不見虎符不調兵。

莊助只得把目光投向一旁的司馬：「太守不肯調兵，那麼你呢？」

司馬好整以暇地看著他：「沒有虎符，你就是說破了天，我也不可能調給你一兵一卒的。」

莊助冷哼一聲：「我乃欽差，手中持的是天子節杖，你不給我面子，就是不給皇帝面子。你連皇帝的面子都不給，留你何用？」說完一招呼，身邊的幾個大內高手一擁而上，斬了司馬。

隨後，莊助又看向會稽太守：「不發兵，司馬的下場，就是你的下場！」

太守害怕了：「算你狠，兵借你了！」

莊助如願以償拿到了兵權，接下來就是如何打好這場仗的問題了。

從會稽到東甌，一路上群山阻隔，道路很不好走。漢軍是客場作戰，本就沒有地利的優勢，如果按照原計畫翻山越嶺，耗時又耗力，後續的物資補給根本跟不上。等到了東甌國，自己人恐怕也沒力氣了。

更何況，漢朝大軍來攻，閩越王必定會有所準備，萬一他在沿途設下埋伏，漢軍必定會遭受重大損失。

怎麼辦？

莊助陷入了深深的思索。

如果再仔細看一下地圖，不難發現，會稽和東甌都有一個相同的地理優勢，它們都靠近大海。既然陸路行不通，何不試試水路？

想到這裡，莊助叫來部下，開始論證這套方案。

大夥兒聽完，都覺得可行。「畢竟，吳越之地本就臨海，百姓以善於鳧水駕船聞名，從海路進攻，完全沒有問題！」

「既然如此，那就這麼做！」

計畫很快付諸實施，莊助在當地徵調大船，帶著大軍從水路南下，登陸後又一路急行軍，氣喘吁吁趕到了東甌國。

然而，讓大夥兒愕然的是，東甌國的都城外空空如也，根本沒有閩越軍的影子。

「人呢？不是說閩越國大軍壓境嗎？」

東甌王從城裡出來迎接大部隊，告訴莊助：「聽說漢軍要來助攻，閩越王自知不是對手，早就帶著大軍跑了。」

「跑了？」莊助內心一陣失落，自己好不容易帶著大軍趕來，結果仗還沒打，東甌國就被解放了？

東甌王見他有點懊惱，又告訴他一個消息：「閩越軍雖然跑了，但是賊心不死。據可靠消息，等漢軍一走，他們還會來的。」

這下子，莊助幾乎要抓狂了，這閩越軍是鐵了心要跟他玩貓捉老鼠的遊戲，可是問題在於，漢朝大軍不可能在東甌國一直待下去。一旦撤退，閩越軍就會捲土重來，那麼這場勞師遠征還有何意義？

如果自己搞不定閩越國，皇帝那邊怎麼交代？

東甌王看出了他的心思，說出了自己的想法：「其實，我有個想法，閩越國常來騷擾，我們東甌國是小國，根本打不過。漢朝是大國，地大物博，所以我代表東甌百姓，正式向將軍提出內附申請，希望將軍代為向皇帝轉達。」

這個結果倒是大大超出莊助的意料，不過內附事關重大，遠不是他能決定的。莊助立即寫了一封信，向遠在長安的皇帝彙報此事。

劉徹組織大臣召開了一次會議，經通盤考慮之後，最終決定，同意東甌國的內附申請，並在江淮一帶劃撥了一塊土地，讓東甌國的百姓定居，讓他們享有漢朝百姓的待遇。

「不過，東甌國地處偏遠，漢軍不好駐守，這地盤我們漢朝就不要了，只要把人遷過來就行。」

就這樣，東甌國全體百姓換了國籍，集體搬家北上，從此正式成了漢朝的國民。東甌王降封為廣武侯，四萬多名百姓被安置在江淮流域的廬江郡居住。

這種事情，翻遍古今中外的歷史，恐怕也找不出第二個來。東甌國集體申請內附，彰顯的是漢帝國強大的軍事、經濟和文化影響力，這種影響力隨著劉徹的開疆拓土，也將得到進一步擴大。

第二章

初露鋒芒

鑿空西域

在武俠小說中，西域有天山飛雪、峰頂雪蓮，還有茫茫大漠。凡是寫到無救的劇毒、不可思議的事件、突然出現的絕世高手，都會推給西域，什麼乾坤大挪移、龍象般若功、蛤蟆功等皆來自西域。

不過，這些畢竟是小說家言，不足為信。

在很長一段時間內，西域一直是一個謎。

對當時的漢朝而言，西域這片土地離中原太遙遠了，中原才是他們施展抱負的舞臺。始皇帝平定天下，最西也不過甘肅臨洮。倒是西周的周穆王曾向西遠行，找到了崑崙山的西王母，但是那只是傳說而已，如何當真？

然而，一個匈奴俘虜的口供，改變了漢朝對於西域的認知。

這個匈奴俘虜告訴漢朝，在匈奴的西邊，還有一個游牧民族叫月氏，跟匈奴人是世仇。當年老上單于打敗月氏後，斬殺月氏王，將月氏王的頭蓋骨做成了酒器。月氏人自知不是對手，只能被迫西遷。

這個消息讓劉徹的心思開始活絡起來，漢朝跟匈奴是敵人，匈奴跟月氏也是敵人，敵人的敵人就是朋友，按照這個推論，月氏就是自己的朋友。如果能聯繫上這個盟友，雙方同時出兵夾擊匈奴，必定可以重創匈奴人！

「就這麼做！」

劉徹很興奮，召集大臣開了個內部討論會，然而與會的大部分人都不看好這個方案。

「西域那麼大，誰知道月氏到底在哪兒？祁連山以西的土地，漢人未曾涉足，只知道那裡沙漠廣袤，戈壁遍布。就算歷經千辛萬苦找到了月氏，當年那事都過去這麼久了，人家月氏還願意復仇嗎？總而言之，不確定因素太多了。」

反對的聲音一浪高過一浪，然而劉徹卻不為所動，他堅信自己的理想必能得到回應。為了尋找願意出使的人選，他釋出了一則全國的應徵公告，前前後後共有一百多人來應徵。經過筆試、面試一系列流程，一個叫張騫的人脫穎而出。

張騫是漢中郡城固人，早期履歷不詳，被徵召時是一個郎官，不僅身體素質好，而且極富人格魅力。這樣的人，無疑是最適合的。

為了配合張騫，劉徹還配給他一名叫甘父的匈奴人作為嚮導。事實證明，在此次出使中，甘父的確至關重要，只有他，陪著張騫走到了最後。

這是一次探險。

出使西域，必須通過匈奴人控制的河西走廊，穿越莽莽沙漠與戈壁，克服變幻莫測的天氣，面對隨時可能出現的土匪和強盜，以及懷有敵意的國度。

然而，危險並不能阻止冒險家前行的步伐。

晨光熹微，一支由一百多人組成的使團離開長安城，踏上了西行之路。

讓我們記住西元前 138 年這個年分。

這是注定要載入史冊的一年。這一年，劉徹十九歲，張騫二十七歲。

他們都很年輕。

張騫一定知道，西去的路上，必定充滿艱辛和不測。

他不知道的是，當轉身的那一刻，他的這次出行注定要被載入史冊。

而祁連山北側的河西走廊，從此也將進入劉徹的視野。

雖然西行路線經過細心籌劃，可是他們仍然難逃厄運。剛出了玉門關，使團就遇到了匈奴人，被綁到匈奴大營。

匈奴單于知道了他們的目的後，暴跳如雷：「什麼？還想和月氏國聯手對付我？想得美！月氏在我們的北邊，你不經允許就跑到我的地盤上，豈有此理？我要是派人出使南越，從長安借個道，你們漢朝給不給過？先把你關起來，看你還怎麼做！」

匈奴是個崇武的民族，對勇士很崇敬。單于十分欣賞張騫的勇氣，沒有處決他，而是將他扣留下來。

這一扣，就是十年。

十年啊，人生有多少個十年？在塞外一望無際的大草原上，張騫望著南歸的大雁，任滾燙的淚水肆意地流。「大漢，我的故鄉，我今生還有機會回去嗎？」

匈奴人似乎也看出了他的心思，對於這種意志堅強如鐵的人，靠威懾是沒有用的。為了讓他斷絕念想，單于配給他一個匈奴妻子。

幾年後，匈奴老婆為他生了個兒子，有了漢匈混血的骨肉，匈奴人這才漸漸放鬆了警惕。家人的陪伴，固然帶給張騫的生活許多快樂，可是他內心深知，這裡絕非自己久留之地。

這十年，他那一百多人的使團早已逃的逃、亡的亡，身邊只剩下甘父為伴。

這十年，他默默學會了西域語言和諸多荒野求生技能，並把自己的所見所學記錄下來。

這十年，張騫身在匈奴心在漢，始終惦記著自己的使命。

十年後，趁著匈奴人放鬆警惕，張騫終於看準了一次機會。他拋下妻兒，帶著甘父及其他幾人，一起踏上了西行之路。

匈奴人發覺張騫逃跑了，派騎兵拚命追趕。從草原穿越戈壁再到大漠，這是一場意志的追逐賽。生存的本能支撐著張騫等人死地求生，一路上，他們靠著甘父精湛的箭術獵殺飛禽走獸得以充飢。

就這樣，張騫等人餐風露宿，經過數十天的艱難跋涉後，終於抵達了西域的第一個國家 —— 姑師。

姑師國王聽說漢使來了，大吃一驚。

「眼下，漢朝與匈奴的戰爭正如火如荼地進行，雙方打得不可開交，漢朝與西域的交通線完全中斷，怎麼憑空冒出漢使來呢？」

張騫把來龍去脈說了一遍，國王聽了後非常欽佩，告訴他：「月氏國距離姑師尚有數千里，道路極為艱險，蔥嶺就是一道難以踰越的難關。要想到達月氏，只能繞道而行。

為了讓你們少走冤枉路，我派個嚮導給你們，你們先一路西行到大宛，然後從大宛一路南下，便可抵達月氏。」

在姑師嚮導的指引下，一行人沿著天山南麓向西行進，途經龜茲國、疏勒國，經過數月的艱難跋涉後，張騫一行人終於抵達了大宛。

大宛的位置就在今天的吉爾吉斯、烏茲別克、塔吉克等國交界地帶，首都就在費爾干納盆地，這是西域的一塊風水寶地。

雖然雙方相隔十萬八千里，但是大宛也聽聞過漢朝的富庶。大宛國王聽聞大漢使節不遠萬里前來，非常高興，熱情款待了張騫一行人。

張騫向大宛國王許諾：「我是代表漢朝皇帝出使月氏國的，倘若大王願意幫助我完成出使月氏的任務，將來等我回去，必定會向皇帝彙報，轉達貴國通好之意。到時候漢朝用絲綢換貴國的寶馬，讓兩國經濟互惠互利。」

通商一事過於遙遠，畢竟兩國相隔萬里，不太實際。不過，對於張騫的請求，大宛國王表示樂意幫忙。

他告訴張騫，大宛雖與月氏相鄰，但是受阻於高山，道路很不好走。為了幫助張騫，大宛國王派了嚮導和翻譯與張騫同行，先是繞道西北的康居國，然後再從康居南下，進入月氏。

就這樣，張騫一行人經過短暫的休整後，再一次踏上了西行之路。

當張騫一行人終於踏上月氏的土地時，他忍不住熱淚盈眶！

「十年了，我終於找到你了。」

為了這一天，他付出了太多太多。

然而，當張騫說明自己的來意後，月氏人卻對他聯合抗擊匈奴的建議毫無興趣。西遷之後，月氏人磨平了血氣，他們早已把國破家亡的舊事忘得一乾二淨。

當年，老國王的頭顱被匈奴砍下來，當作喝酒的酒器後，大部分月氏人被迫一路西遷。他們征服了居住在阿姆河北岸（今阿富汗和塔吉克交界處）的大夏人，重新建立了一個全新的月氏國。

這裡土地肥沃，氣候溼潤，遠離匈奴，大夏也很聽話，日子過得很舒服，自己又何必去跟匈奴人搶地盤呢？

沒道理嘛！

月氏國王雖對張騫客客氣氣，卻絕口不提報仇雪恨的事。

張騫在月氏待了一年多。在此期間，他去了很多地方，詳盡考察中亞地區的地理、政治、經濟、文化，並繪製了完整的西域地圖。

眼見月氏無意與漢帝國合作夾擊匈奴，張騫最後決定啟程回國。

這一次回程，為了避開匈奴人，張騫沒有走原來的路，而是走南道歸國，準備從羌人的領地中穿過。不過很可惜，此時的羌人早已歸順了匈奴人，張騫一行人又被擒獲了，輾轉送到了匈奴的王庭。

單于以詫異的眼神看著他：「張騫，別來無恙乎？」

張騫：「……」

「沒什麼可說的，繼續扣著吧！」

張騫絕望了，歷經千辛萬苦，任務沒有完成不說，反而再次落入狼窩，難道這就是自己的宿命嗎？

不戰而勝

在張騫失聯後的那些日子裡，劉徹依然過著不鹹不淡的生活。在竇太后的嚴密監管下，劉徹無所事事，只能等待時機。

在熬過了漫長的等待後，機會終於出現了。

西元前 135 年，歷經三朝的太皇太后竇漪房逝世。

劉徹長舒了一口氣：「熬了這麼多年，總算熬出頭了。現在，我該放開手腳，大幹一場了。」

喪禮一過，劉徹立刻找了個藉口，撤掉了老太太選定的丞相許昌和御史大夫莊青翟，改任自己的舅舅田蚡為相、韓安國為御史大夫。

田蚡這個人前面介紹過，他雖然身材矮小、長相普通，但是仗著外戚的身分，在朝中身分日益尊貴。

在田蚡看來，諸侯王們普遍年事已高，劉徹剛剛登基，年紀還小，自己既是至親心腹，又是大漢丞相，正是自己大顯身手的時候。

田蚡的豪宅在長安城，除了皇宮，就屬他家最豪華；田地莊園都是最肥沃的地塊；他家到各地去採購的人員，有如現在的外送員，在大道上絡繹不絕；他養在後院的美女，數都數不完；諸侯王孝敬他的好東西更是無可計數。

每次入朝彙報工作，田蚡往往一待就是大半天。他的方案劉徹全部點頭通過，他推薦的人，昨天還閒居在家，今天一下子就成了高官。

終於有一天，劉徹實在忍不住了，說：「我的舅舅啊，你的人安排完了沒有？要是安排完了，留給我的人幾個位置可以嗎？」

還有一次，田蚡要求把兵工廠的地盤劃給自己擴建住宅，劉徹當時就怒了，說：「你乾脆把武器庫也占了算了！」

話說到這個份上，田蚡發現，自己這個外甥似乎也不是軟柿子，這才略加收斂。

就在劉徹磨刀霍霍，準備一展身手之際，有一個人跳了出來，要欺負漢朝的小弟：南越國。

這又是怎麼一回事呢？

先說南越國。

前面說過，南越國最早是由秦朝的將領任囂經營，後來天下大亂，趙佗依照任囂的臨終囑咐，封關、絕道，築起了三道防線，關門當起了土皇帝。

這個趙佗壽命特別長，從劉邦時期一直活到漢武帝建元四年，享年一百多歲，不僅熬死了幾任漢朝皇帝，甚至連兒子們都熬死了。他死後，只好讓孫子趙胡繼承南越王位。

再說閩越國。

閩越國老大叫郢，在趕走東甌後，閩越王野心膨脹，猥瑣發育了三四年，自恃兵強馬壯，又盯上了自己的另一個鄰居南越國，想把這片土地也占為己有。

趙胡好不容易登上了王位，屁股還沒坐熱呢，就遇到了閩越王率兵侵犯。他掂量了自己的實力，覺得不是閩越國的對手，迫於無奈，只得一邊堅守不出，一邊向漢朝皇帝寫了一封求救信：「南越國替漢朝守衛邊疆，一直都是漢朝的臣子，現在閩越國卻發兵侵犯，您可得替南越做主啊！」

劉徹接到求救信後，十分興奮，對於軍事，劉徹一直有著極大的興趣。既然南越國向自己表了忠心，那麼自己也該有點表示了。

劉徹立刻下令，派出兩位將軍兵分兩路前去救援南越。

這兩位將軍，一個叫韓安國，早年在梁王劉武手下做事。劉武死後，韓安國因為犯事丟了官，回家去了。

劉徹上位後，田蚡擔任漢朝太尉，受寵幸而掌大權。為了復出，韓安國開始四處活動，送給田蚡五百金的禮品。

拿人錢財，替人辦事。

田蚡很有契約精神，經常在王太后面前說到韓安國，說他如何如何能幹。久而久之，劉徹也聽說韓安國這個人很特別，於是把他召來擔任北地都尉一職。不久，又調他到首都長安做了大司農。

讓一名武將負責三農問題，明顯是放錯了地方。不過韓安國也不用灰心，因為很快，他就得到了出征的機會。

再說另一位，名叫王恢，長期在北方邊境任職，官居大行令，專門負責處理少數民族事務。

這次救援南越，王恢從豫章郡出兵，韓安國從會稽郡郡治出兵，準備與南越合力，正面迎擊閩越王。

但是這時，有一個人上書反對。

此人正是淮南王劉安。

劉安寫了一封長長的信，列舉了漢朝討伐閩越的種種困難，例如路途遙遠、地形不熟、糧草不濟等。如果漢軍進入閩越國的境內，越人必定震驚恐懼，認為漢軍要去消滅他們，必然像驚鳥脫兔一樣飛竄，進入深山密林之中。漢軍一旦離去，他們又會重新聚集；如果漢軍長期駐留鎮守，長年累月，則士卒疲憊，糧食匱乏，百姓因戰事而困苦，絕非長久之計。

在信中，劉安還說了一句話：「天子之兵，有征而無戰。」

什麼意思呢？

就是說，漢軍兵鋒所指，敵人就理當自動投降。如果發生了戰鬥，就算漢軍斬下了越王的首級，也不算什麼光彩的事。

「陛下以四海為境，溥天之下莫非王土，率土之濱莫非王臣。陛下要以民為本，光大王道，只有這樣，遠方之民才會來歸順。朝廷與其派出十萬大軍，還不如派去一個使者。」

劉安為什麼要極力反對漢軍征伐閩越呢？

原因也不難猜測，漢軍一旦出發，必定需要沿途供給糧草物資，這對劉安而言絕對是一筆不小的開支。

不過，劉徹顯然沒有理會劉安的奏疏，他堅持讓兩位將軍直搗閩越老窩。

聽說漢帝國派了軍隊來助攻，閩越王這次倒是硬氣了一把，沒有撤兵，而是堅守在險要之地，決定硬碰硬到底。

可是問題在於，漢帝國的軍力雄厚，要想負隅頑抗，談何容易？閩越內部因此發生了嚴重分歧。

閩越王的弟弟名叫餘善，他召集族人商量道：「我們國王糊塗啊！竟然不向漢朝皇帝請示，就擅自發兵攻打南越。如今漢朝軍隊兵多將廣，就算我們一時得勝，無非也就是招來更多的漢軍，打一場更加慘烈的戰爭而已，終究改變不了亡國的命運。

與其最後國破家亡，還不如殺掉國王，向漢朝皇帝謝罪。如果漢朝皇帝原諒我們，停止戰爭，我們國家就得救了；如果漢朝皇帝不理睬我們，堅持要戰，那麼我們再奮力抵抗不遲，大不了到海上討生活嘛！」

經過舉手表決，大夥兒都沒有異議。餘善最後決定：「就這麼做！」

有了族人的支持，餘善親自帶刀來見哥哥閩越王郢，趁其不備，殺死他。

除掉閩越王後，餘善將郢的頭顱火速送往王恢處，代表閩越國向漢朝道歉。

這個結果實在出人意料，王恢聞訊非常高興，自己來這裡就是為了誅殺閩越王郢，現在人已經死了，閩越國也謝罪了。「既然都認輸了，我們就不打了。」

王恢立即停止前進，一邊派人把情況告知韓安國，一邊派人攜帶閩越王的人頭急馳長安，報告劉徹。

既然人家都服輸了，再打下去就沒意義了，劉徹於是下詔撤軍。

閩越王郢一死，國王的位子空了出來，該扶持誰當國王呢？

按理說餘善在這次事件中立有大功，國王的位子非他莫屬，不過劉徹卻有其他想法。

餘善在閩越國內頗得民心，如果他當了閩越國的國王，不出數年，又會變成一個隱患，這是漢朝不願意看到的。為此，劉徹封了閩越國創始人的孫子丑當國王，而誅殺郢的首功餘善卻沒撈到任何好處。

得知這個結果，餘善氣壞了，他暗中拉攏了一批人，自立為王，決定對抗閩越王丑。

閩越王丑知道自己鎮不住這個地頭蛇，也懶得和他較勁，便寫信給漢朝皇帝，請求漢朝出面主持公道。

劉徹收到信也很無奈。部隊剛從前線拉回來，再打仗是不太可能了，如何才能平息餘善的不滿情緒呢？

前面說過，東甌王率領族人去江淮之地討生活，東甌那塊地盤正好空了出來，成了無主之地。劉徹思前想後，決定加封餘善為東甌王，把東甌那塊地盤劃給他。

餘善這才勉強受命。

解決了南越和閩越的矛盾，劉徹派了莊助去安撫南越王趙胡。「漢朝幫了你這麼大的忙，你是不是得有所表示啊？」

雙方舉行了深入、坦誠、建設性的會談，取得了一系列豐碩成果。趙胡高度讚揚了漢朝為反對霸權主義、維護地區和平穩定做出的突出貢獻，為了表忠心，他承諾讓太子趙嬰齊到長安去當人質。

莊助看趙胡是真心誠意，住了幾天便準備回長安覆命。臨走時，南越王又表示，自己將在適當的時候去長安城拜見漢朝皇帝。

事後，趙嬰齊如約來到長安，而趙胡則害怕自己被扣留，以生病為由，最終也沒去長安城。

不過劉徹也沒有計較，畢竟有南越太子在長安做人質，不怕南越王興風作浪。直到十多年後，南越王趙胡病死，南越太子才回到南越主持工作。

再說莊助，他從南越回來時，途經淮南國。

想當初，淮南王劉安曾上書反對過朝廷派兵救援南越，如今事實證明，救援南越是完全正確的決策。劉徹故意讓莊助路過淮南國，就是想告訴他：「怎麼樣？被現實打臉了吧？」

淮南王自然惶恐不安，熱烈歡迎莊助，殷勤招待，並作了一番深刻的自我檢討，這事才算翻篇了。

不好惹的諫臣

話題回到田蚡身上。

田蚡自從當了丞相後，感覺自己已經登上了人生的巔峰，對誰都是愛理不理的樣子。一般人想要見他，都得預約。

曾經那些不可一世、高高在上的上司，如今都被他踩在腳下，這種感覺很美妙，讓田蚡通體舒坦。每次有人帶著禮物來拜見，田蚡都是穩穩地坐在那兒，輕輕「哦」一聲，連屁股都不抬一下。

不過，有一個人卻不買他的帳。

這個人是汲黯。

每次汲黯來找田蚡，都是空著手進相府，草草作個揖。談完事，不等田蚡有何反應，就大搖大擺地離開。

每當這個時候，田蚡只能搖搖頭。「這汲黯是朝中出了名的倔老頭，只能任由他去吧！」

為了滿足大家的好奇心，我告訴大家汲黯的履歷。

汲黯是河南濮陽人，往上推七輩都是卿大夫。這個人倨傲嚴正，忠直敢言，從不屈從權貴，平時老是板著面孔，一副凶巴巴的樣子，大夥兒都不敢招惹他。

早在景帝時，汲黯就陪在太子劉徹身邊，當了他的老師。不過，汲黯喜歡的是黃老之道，而劉徹顯然對儒家文化更感興趣，不知道這兩人上課時是什麼場景。

劉徹登基後，汲黯被提拔為皇家禮賓官。

有一次，東甌族人起內訌，劉徹派汲黯前去調停。結果汲黯去是去了，走到半路卻又回來了。

劉徹臉色很不好看，問他為什麼不去處理。汲黯說：「東甌民風好鬥，打架鬥毆是常事。這種芝麻大點的小事，哪用得著天子派使者去處理？去了就是小題大作，是對天子使者的侮辱。」

劉徹很無語：「您老說得有理，是我多管閒事，行了吧？」

還有一次，河內郡發生特大火災事故，千餘戶居民房屋被燒，財產損失不計其數。劉徹派汲黯前往慰問群眾，不料汲黯又是象徵性地到事發地轉了一圈，就打道回府。

回去的路上路過河南郡，汲黯看見這裡正遭受百年不遇的旱災，波及萬餘人家，甚至到了父子相食的地步。汲黯冒著殺頭的危險，假傳聖旨，命令當地官員開倉放糧。

回到長安後，汲黯主動向皇帝請罪，他說：「河內郡的火已經被撲滅了，房屋燒毀了，再蓋就是，我去看了又能做什麼呢？相反，河南郡的旱情正在蔓延，如果不及時賑濟，死亡就會加劇，甚至可能發生民變，所以我才斗膽假傳聖旨，讓當地官員開倉放糧。現在我人回來了，符節交還陛下，陛下怎麼處罰，您看著辦吧！」

遇到這種下屬，劉徹也很為難，不過汲黯這次做得確實有點道理，沒有治他的罪，只是將他踢出長安城，貶為滎陽縣令。

接到調令，汲黯很生氣，自己的祖輩從來都是高官，什麼時候做過小縣令？索性寫了一封辭職信，回家養老去了。

劉徹很無奈，之後又將汲黯召回長安，提拔為中大夫。

那麼汲黯的工作能力到底怎麼樣呢？

我們來看一個例子。

汲黯曾經在東海郡做過太守，他那時候身體不好，挑選了幾個副手，讓他們放心大膽地去做，出事的話他來承擔。而他自己則整天躺在屋子裡不出門。

結果到底怎麼樣呢？

一年後，東海郡被治理得井然有序，百姓們交口稱讚，把汲黯當作東海郡的青天。

一次朝會，劉徹說了一些場面話，如我們要帶領人民創造幸福生活云云。

按照常理說，這種時候，做下屬的就應該配合，拍馬屁表忠心。

汲黯是個例外。

眼看著劉徹在臺上講得唾沫橫飛，汲黯實在聽不下去了，站出來反駁：「陛下嘴上說要施行仁義，內心的欲望卻很多，怎麼可能效法堯舜那樣治理天下呢？」

劉徹的臉色一下就變了，怒氣沖沖地宣布退朝。

回到內宮，劉徹餘怒未消，對身邊的侍從說：「汲黯這個人，憨厚而剛直，這次也太過分了！」

其他人也指責汲黯，有什麼話不能私底下說，非要在大庭廣眾之下讓皇帝沒面子？

汲黯卻滿不在乎：「天子設公卿百官來輔佐他，難道是讓你們天天來替他歌功頌德拍馬屁的嗎？只知道愛惜自己的羽毛，朝廷怎麼辦？」

雖然汲黯脾氣倨傲、心直口快，不過也正因為如此，皇帝才對他另眼相看。畢竟，很多時候，皇帝還是希望能聽到一點真話的。

汲黯身體不好，有一次，莊助幫汲黯請假，劉徹就問他：「你覺得汲黯是一個什麼樣的人？」

莊助說：「汲黯做官為人，初看似乎沒有過人之處。但是如果讓他輔佐幼主，或者交給他一座城池讓他堅守，那可是金石難摧。威逼不得，利誘不動，難以撼動他的意志。」

劉徹點點頭：「朕也是這麼想的，古人常說社稷之臣，想來，也應該是汲黯這樣的吧？」

汲黯是個眼裡揉不下沙子的人，只要是他看不慣的人，一定會當面斥責。劉徹見他時，都特別緊張。

劉徹這個人工作當中有些隨意，不太尊重下屬。比如有一次，劉徹在廁所接見衛青，一邊如廁一邊聽他彙報；接見丞相公孫弘時，他有時連帽子都不戴。

但是如果聽說汲黯來了，劉徹會立即把自己收拾得整整齊齊，不戴帽子絕不見他。

有一回，汲黯求見，劉徹恰好沒戴帽子。

劉徹遠遠看見汲黯就要進來了，情急之下找不到帽子，竟然躲了起來，讓手下人接待汲黯。

做大臣做到連皇帝都怕他，汲黯也不枉直臣的名聲了。

劉徹用人唯才，可是對這些人又相當殘酷，動不動就人頭落地。汲黯勸諫說：「陛下不辭辛勞地求賢，可未盡其用又殺了他們。我怕這樣下去，人才都被殺光了，還有誰能幫陛下治理天下呢？」

劉徹卻很淡定，笑著說：「何世無才？就怕不識貨的。只要能識貨，還怕沒人才為我所用？」

汲黯脾氣不好，在朝中混了很多年，官位卻一直升不上去。

想當初，汲黯享受高官待遇時，公孫弘、張湯這些人都還在基層默默無聞。後來，公孫弘發跡當了丞相，張湯做了御史大夫，汲黯卻還在原地踏步。

這樣一來，汲黯心裡就不平衡了，他打從心裡瞧不起這些人，可是人家職位都比他高，當年的屬下如今成了他的上級，這讓汲黯有些生氣。

有一天上朝時，汲黯對劉徹說：「陛下任用群臣，就好像堆木柴一樣。」

劉徹有點糊塗：「此話怎講？」

汲黯黑著臉說：「後來者居上啊！」

言語之間，透著一股牢騷和醋意。

劉徹半天沒說話。等汲黯走了，才緩了口氣說：「這老傢伙，說話越來越過分了。」

衛青做了大將軍後，群臣見了衛青，都行跪拜禮，唯獨汲黯每次見了衛青，草草拱拱手了事。有人勸汲黯行跪拜禮，汲黯反駁道：「難道我拱手行禮，就是不敬重大將軍嗎？」

衛青聽了這話，不由得感慨：「這才是直臣啊！」此後愈加敬重汲黯，遇到什麼難事都向他請教，待他勝過平素所結交的人。

公孫弘為相多年，位列三公，蓋的被子卻是用麻布縫的，一頓飯不吃兩種肉菜。

汲黯就對劉徹說：「朝廷每年發那麼高的薪資給公孫弘，他卻還用麻布當被子，擺明了是做給陛下看。」

「有這樣的事？」

劉徹回頭就把汲黯的原話告訴了公孫弘，公孫弘承認確有此事，不過他是這樣解釋的：「我跟汲黯私下裡關係最好了，他的話確實切中了我的要害。我這樣做，表面看的確有矯飾做作、沽名釣譽的嫌疑，也就是有汲黯，陛下才能聽到這些話。」

說這話的時候，公孫弘的表情無比真誠。

劉徹果然被打動了，開始懷疑汲黯的人品。

其實，汲黯與公孫弘的矛盾不僅是個人之間的矛盾，也是世家貴族與平民菁英之間的矛盾。汲黯代表了世家貴族，公孫弘代表了平民菁英。

這是一個大變革時代，世家貴族開始沒落，平民菁英快速崛起，兩者之間不可避免地發生了激烈的碰撞，平民菁英動搖了世家貴族對政治資源的壟斷，兩者間的矛盾是難以調和的。汲黯與公孫弘及後來張湯的矛盾正是這個時代大背景的生動反映。

三個男人一臺戲

時光荏苒，轉眼已是劉徹登基的第九年。這一年，國內發生了一件大事：黃河決堤。

黃河決堤是一件大事，沿岸十六個郡氾濫成災，百姓流離失所，苦不堪言。劉徹立即命汲黯、鄭當時兩人率十萬軍隊赴前線抗洪救災，可是水勢太大，剛剛堵好的堤壩很快又被沖開。抗洪官兵前前後後忙碌了好幾個月，總是不見效果。

丞相田蚡因為自己的地盤沒有受災的危險，便說：「長江黃河決堤都是天意，既然是天意示警，靠人力豈能阻止？就算好不容易堵上了，也是違背了天意。」

「那怎麼辦？」

「很簡單，什麼都不做。」

此時的劉徹正在為救災一事憂心忡忡，聽田蚡這麼一說，再聯想到董仲舒的天人感應理論，最終下令停止救災，就讓黃河自己氾濫，流到哪裡是哪裡。

直到二十多年後，劉徹去泰山封禪，路過一看，發現情況比自己想像的嚴重多了，這才派人將決口處堵好。

對於這樣的結果，老百姓自然不滿意，大夥兒開始在背地裡埋怨田蚡。

在眾多對田蚡不滿的人當中，有一個人叫竇嬰。

前面說過，竇嬰是竇太后的姪子，原本也是皇帝身邊的紅人，在七國之亂中立有戰功，比田蚡高好幾個等級。然而，自從竇太后去世後，竇嬰便沒了靠山，此後越來越不得劉徹的賞識和任用。反觀田蚡，仗著是劉徹的舅舅，地位水漲船高，很快就蓋過了竇嬰的風頭。

對於這種政治風向，朝中大臣自然看得清清楚楚，大夥兒很快就做出了選擇，紛紛接近田蚡。而當年位極人臣的竇嬰因為沒什麼權勢，此刻已是門庭冷落車馬稀，門客紛紛離開，甚至對他很怠慢。

竇嬰過慣了發號施令的日子，他已患上了權力依賴症。如今退居二線，空閒下來，再也沒有人向他彙報工作，再也沒有人等待他的決定。他頓時失了目標，沒了寄託，於是心境蠻荒，日夜漫長。

竇嬰被甩出了政治漩渦，成了一個孤家寡人。

在長安城獨居的日子裡，只有一個叫灌夫的朋友，一有空就過來看望他，讓竇嬰極為感動。

灌夫是潁陰人，名將灌嬰的老鄉。灌夫本不姓灌，而姓張。父親叫張孟，曾是灌嬰的家臣，因在工作中表現突出，被推薦當上了二千石的高官，改姓為灌。

灌夫在吳楚七國之亂時，帶著一千人跟隨父親灌孟從軍。灌孟年紀大了，在戰場上漸漸力不從心，在一次衝鋒戰中不幸身亡。

按照當時的軍法規定，父子一起從軍參戰，有一個為國戰死，活著的人可以護送靈柩回去。但是灌夫不肯隨同父親的靈柩回去，他在陣前發誓：「不殺吳王劉濞，不報殺父之仇，絕不回去！

說完，灌夫披甲上馬，對屬下吼道：「不怕死的跟我來！」

當下便有幾十個人站了出來，表示願意跟他同去，結果剛出了大營，一看對面殺聲震天，不少人打退堂鼓。

好在灌夫還有兩個兄弟和自家十來個騎奴願意出戰，他帶著這十多個人一路狂奔，直指吳王劉濞的軍帳，殺死殺傷敵軍幾十人。由於吳軍太多，灌夫等人有被包圍的危險，這才撤退。

經過一番激烈的衝殺，最後飛奔回營的，只剩灌夫一個人，還受了重傷。軍醫立即為他救治，總算撿回了一條命。

剛包紮完傷口，灌夫再一次向主將請命，要出去繼續殺敵。主將有點糊塗了：「見過怕死的，沒見過這麼不怕死的。」他趕緊攔住灌夫，並向太尉周亞夫報告。周亞夫將灌夫叫過去狠狠訓了一頓，灌夫這才頭腦冷靜下來。

這一戰後，灌夫成了全軍知名的戰鬥英雄，名聲大震，先後任中郎將、淮陽太守、燕相等要職。

不過很可惜，灌夫只是一個粗人，沒什麼文化，而且酗酒，酒後總是鬧事。雖然此後兩任皇帝都很照顧他，讓他當了不算小的官，但他還是動不動發酒瘋。沒過多久，他就因為觸犯法律，被開除公職。

雖然被罷免了官職，但是灌夫家裡非常有錢，養了幾百名食客，不愁吃不愁穿。他在老家的宗族兄弟也仗著他的名聲橫行鄉里。當地百姓深受其害，為他編了一首歌謠：「潁水清，灌氏寧；潁水濁，灌氏族。」

什麼意思呢？就是說，如果潁水清澈，灌氏家族就平安無事；如果潁水渾濁，灌氏家族恐怕就要被滅族了。

灌夫和竇嬰同是官場失意人，在關鍵時刻，竇嬰清楚地看到了灌夫的為人，對他更加器重。兩個人相見恨晚，一見如故，引為至交。

一日，灌夫的親人去世，灌夫居家服喪，在家裡悶了幾天，想著出門透透氣，就到丞相田蚡家裡去串門。

此時的田蚡正紅得發紫，討好他的人不少，只是跟灌夫卻很少打交道。不過，人家既然主動上門來了，自己也得表示歡迎。畢竟像灌夫這樣黑白兩道通吃的人，一般人還真惹不起。

三兩杯酒下肚，兩人逐漸熱絡起來。灌夫聊到了自己的好朋友竇嬰，田蚡隨口說道：「我本來想和你一起去拜訪竇嬰的，沒想到你正在服喪，真是遺憾啊！」

正常人都能看出來，田蚡這麼說，不過是敷衍而已，可是灌夫性格直率，從不考慮太多，一聽就充滿幹勁了。本來他就為竇嬰遭受的冷遇而抱不平，聽說田丞相想去拜訪竇嬰，就想極力促成此事。

灌夫當即拍著胸脯保證：「您要是想去竇嬰家裡，我服喪算什麼事呀？我這就去通知竇嬰，讓他準備好酒好菜，我們明天中午不見不散！」

「呃……」

田蚡有點尷尬，抿著唇沉默了半天，用關愛智障的眼神盯著灌夫，可是灌夫此刻還處於激動之中，完全沒有體會到田蚡的眼神。他一拱手，風風火火就出了門。

等灌夫消失在視野盡頭，田蚡立刻就後悔了，自己明明是隨口那麼一說，這傻大個怎麼就相信了呢？這可怎麼辦？

灌夫出了門，跑到竇嬰家裡，告訴竇嬰說：田蚡明天一早要過來拜訪。竇嬰有點激動，作為一個過氣已久的權貴，如果丞相能大駕光臨，是不是意味著自己也將迎來出頭的機會？

他趕緊全家總動員，買酒買肉，打掃庭院，準備酒宴，忙碌了整整一夜。天一亮，就派人去打探，看田丞相什麼時候過來，結果一家人等啊等，一直等到中午，還沒看到田蚡的影子。

這就讓人尷尬了。

竇嬰覺得有點沒面子，問灌夫：「你不會耍我吧？你看看這都什麼時候了，田丞相怎麼還沒來？」

灌夫也覺得有點尷尬：「不應該啊，我昨天去他府上聽他親口說的。這樣吧，我去看看他在搞什麼鬼。」

灌夫坐著馬車來到田府，結果底下的人告訴他：「田丞相還沒起床。」

「都這個時間了還沒起床？」

灌夫當時就火了，直接闖了進去，找到田蚡，劈頭蓋臉地數落起來：「你昨天答應我要一起去拜訪竇嬰，結果人家忙了一整夜，就為了等你大駕光臨，你還好意思在家裡睡大覺！」

田蚡猛然醒悟：「我怎麼忘記這件事了？」只好帶著歉意說道：「不好意思，昨晚喝多了，早上沒起來。」

灌夫壓著一肚子火：「那就趕緊換衣服準備走吧！」

田蚡本來就不願意去，被灌夫在一旁催促著，心裡自然是老大不爽，動作也是慢吞吞的，讓灌夫很著急。

好不容易出了門，灌夫心急火燎地在前面趕路，田蚡依然一副雲淡風輕的樣子，不緊不慢地跟在後面。灌夫只得繼續催促，像趕鴨子一樣，硬把田蚡趕到了竇嬰家。

竇嬰好不容易看到田蚡的車隊，趕緊擠出笑容，邀請田蚡進來。

前面說過，灌夫的酒品不好，喝多了就開始鬧事。這不，氣鼓鼓的他三兩杯酒下肚，本性就露出來了，他提著酒壺，一個勁地勸田蚡喝酒。

田蚡看著臉紅脖子粗的灌夫，笑著擺了擺手：「實在喝不了了，你就饒過我吧！」

灌夫卻不依不饒，他離席起舞，用酒場上的最高禮儀向田蚡施壓：「感情深，一口悶；感情淺，舔一舔。這酒你喝還是不喝？」

一般來講，遇到這樣的敬酒，被敬的人不僅要把杯中酒喝完，還要陪敬酒者一起甩甩袖子。

田蚡心裡已經有點不爽了，他完全沒有反應的看著灌夫。

場面一度陷入了尷尬。

灌夫感覺自己沒面子，嘴裡開始咒罵起來。一旁的竇嬰看情況不對，趕緊讓人扶灌夫去休息，總算控制住了局面。兩人繼續把酒言歡，直到月上柳梢頭，宴會才結束。

這場宴會，竇嬰與田蚡雖然表面上其樂融融，其實裂痕已經顯露。

一波未平，一波又起。

有一次，田蚡看中了城南的一塊田產，找人一打聽，原來是竇嬰的。於是田蚡讓門客籍福去竇嬰府上說這事。

按理來說，田蚡要買竇嬰的地，如果竇嬰不願意，好好說清楚就行了。不料，竇嬰一聽，被迫害妄想症發作了：「老夫現在雖然遭到棄置不用，沒有田丞相這麼顯貴，可你們也不能這麼欺負人！」

這就屬於反應過於激動了。

籍福只得灰溜溜地出了門，不料他剛走到半路，迎面撞上了灌夫。灌夫得知此事，又劈頭蓋臉罵了籍福。

籍福心裡很委屈：「我招誰惹誰了？」

不得不說，籍福真是一個厚道的人，他回去後，沒有在田蚡面前挑撥是非，反而勸田蚡：「竇嬰老了，活不了幾年了，我們不必和他爭一時的短長，田產終究是我們的。」

籍福雖然只是田蚡的門客，能力卻很好。想當初，竇嬰正紅的時候，田蚡為了壓制竇嬰的勢力，處心積慮的想方法，但是籍福卻潑了一盆冷水給他的主子。

籍福準確分析了當時局勢：「竇嬰已經顯貴很久了，天下有才之士一向依附他，你只是剛剛起步，和竇嬰沒辦法比。從資歷上來說，你比不過竇嬰，從朝中的人脈來說，你也比不過竇嬰。」

田蚡一臉無奈：「那怎麼辦？」

籍福說了自己的建議：「你要是能推薦竇嬰當上丞相，你自然就能當上太尉，丞相和太尉都是一個等級，你還能撈個讓賢的好名聲，一舉兩得。」

田蚡覺得這話有理，決定去找姐姐王太后。在王太后的提議下，劉徹最終任命竇嬰為丞相、田蚡為太尉。

田蚡後來得知了事情的真相，生氣地說：「竇嬰的兒子過去殺了人，是我出手相救的。我田蚡幫竇嬰做事，有問過事情的大小嗎？而他竟捨不得幾頃田地！再說這事跟灌夫有什麼關係？他來瞎攪和什麼？這塊地我不要也罷！」

從這之後，田蚡就把竇嬰和灌夫拉入了黑名單。

雙方矛盾越積越深，最終徹底爆發。

這一年，田蚡展開了報復行動，他在收集到足夠的證據後，向劉徹檢舉灌夫，說他在老家潁川橫行霸道，百姓深受其害，請求朝廷嚴查此事。

劉徹讓田蚡自行處理。與此同時，灌夫也不甘示弱，找到了田蚡的一些醜事，開始威脅田蚡。

雙方手上都有證據，誰也奈何不了誰。好在籍福等眾門客從中勸和，雙方暫時和解。

表面上講和了，兩邊的仇恨卻越結越深，都在找機會給對方致命一擊。

這年夏天，田蚡迎娶燕王的女兒。王太后下詔，要列侯和宗室前去祝賀。

竇嬰也接到了邀請函，他找到好朋友灌夫，想和他一起去。

灌夫不想去，推辭說：「我好幾次因喝醉酒而得罪丞相，況且丞相近來又跟我有些嫌隙，我就不去了吧。」

竇嬰說：「那事不都已經和解了嘛，不要緊的，一起去吧。」

拗不過竇嬰的強烈要求，灌夫只好跟著一起去。

酒宴上觥籌交錯，推杯換盞，大家喝得很痛快。田蚡身為主人，起身為客人們敬酒，賓客們也都離開座席，伏在地上答禮。

輪到竇嬰坐莊時，他也起身向大夥兒敬酒，這時候就看出人情淡薄了，只有幾位過去跟他有交情的人離席回禮，而其他人只是在位子上欠了欠身，略表意思而已。

見到這種情形，灌夫很不高興，他起身向來賓一個個敬酒。輪到田蚡時，灌夫倒了一大杯酒，道：「請丞相滿飲此杯！」

田蚡只在位子上直了直身子，說：「我喝不了這麼多。」

灌夫心裡老大不爽，執意道：「丞相是貴人，怎麼好隨意呢？這杯酒必須喝完！」

田蚡搖搖頭，還是不肯喝。

一般來說，酒局喝的不是酒，是面子。

灌夫感覺自己沒面子，胸中憋著一口氣，又不好發作，於是又晃到臨汝侯灌賢，也就是灌嬰的孫子面前，拿起一杯酒，要為灌賢敬酒。不料灌賢此時正在與程不識將軍說悄悄話，壓根兒就沒理他。

灌夫憋了一肚子的氣沒處發：「田丞相我惹不起，在他那兒吃了癟也就算了，你灌賢算個什麼東西，也敢對我無理？」

想到這裡，灌夫索性破口大罵起來：「灌賢你平時批評程不識不值一錢，如今長輩到你面前敬酒，你卻像個娘兒們一樣在那裡說悄悄話，真噁心！」

這話一出來，全場都安靜了，大夥兒的目光全看向灌夫：「不知道這個莽夫又在鬧什麼。」

場面一度陷入尷尬中。

田蚡只得站出來好言相勸：「程不識和李廣是同事，你這樣當眾羞辱程將軍，李將軍的面子上恐怕也不好看吧？」

當時，李廣在軍中的威望很高，深受各方推崇。田蚡以為藉由程不識把李廣牽扯進來，能壓壓灌夫，不料灌夫牛脾氣上來，根本不吃這一套。

灌夫說：「你少來這一套！今天就算砍我的頭，用刀劍穿我的胸，我也不在乎，什麼程將軍、李將軍，老子才不管呢！」

田蚡無語了，臉上青一陣紅一陣。

在場的人看事情越鬧越大，藉口上廁所，紛紛離去。

竇嬰一看情況不對，也起身準備離去，同時揮手示意，叫灌夫跟著離開。

自己辛辛苦苦準備的婚禮被灌夫搞砸了，田蚡氣炸了：「你當這裡是什麼地方？想來就來，想走就走？都怪我平時把灌夫慣壞了，才讓他這麼驕縱！」

田蚡一揮手，下令把灌夫拿下。

一旁的門客籍福看情況不對，又出來打圓場，先是替灌夫道了歉，然後又按著灌夫的脖子，讓他跟田蚡道歉。

灌夫是一個耿直的人，說什麼也不肯低頭道歉。

「死到臨頭都不知悔改，那就別怪我不客氣了！」

田蚡叫來了在場的長史：「今天在這裡招待宗室貴賓，是太后特意下的詔。灌夫侮辱賓客，違逆了太后的詔令，是對太后的大不敬！」

說罷，田蚡命人以尋釁滋事罪將灌夫抓了起來。

這下子，灌夫成了田蚡砧板上的肉，想怎麼割就怎麼割。為了徹底打倒灌夫，田蚡組織人蒐羅灌夫的劣跡，派人分頭追捕灌氏家族所有的直系親屬，全部判處死刑。

竇嬰與田蚡

判決結果下來後，竇嬰坐不住了。

灌夫本來就不願意參加田蚡的婚禮酒宴，要不是竇嬰硬要拉著灌夫一起去，灌夫就不會酒醉鬧事，也就不會鬧成今天這個局面。而如今，灌氏族人早就不知逃往何處，只有灌夫一人囚在獄中，能為灌夫申冤的，只有自己了！

營救灌夫，自己責無旁貸！

可是問題在於，眼下的田蚡背後有王太后支持，正是炙手可熱的時候，竇嬰一個落魄的外戚，人脈和資源早已大不如前，如何救？

竇嬰的老婆勸他：「灌夫得罪的是當朝丞相，又和太后家過不去，這樣的人你怎麼救？根本沒得救！」

竇嬰不以為然：「灌夫是我的知己好友，救不得也得救！大不了就是削爵為民而已。這魏其侯是我一個人賺來的，就算救不出人，丟了這個爵位，也沒什麼可惜的。反正，只要我還有一口氣，必定要救出灌夫！」

為了營救好朋友，竇嬰背著家人，寫了一封奏書給劉徹。

竇嬰雖然失了勢，但是畢竟也當過大哥，累積起來的名望還是發揮作用的。接到奏書，劉徹立即召見了竇嬰，讓他當面陳詞。竇嬰於是將灌夫如何因酒醉失言、如何引發衝突的情況詳細說了一遍，認為灌夫不過是酒後鬧事而已，他是什麼樣的人，大夥兒都清楚，沒必要斤斤計較。丞相判他死刑，有點過了。

對於竇嬰的陳述，劉徹也表示認可。自己的那個舅舅是個什麼人，他太清楚不過了，眼下不過是借題發揮而已。

不過，這事畢竟自己一個人說了不算，還得聽聽大家的意見。「這樣吧，我們先吃飯，明天我會在宮裡召開會議，希望你準時參加，爭取說服大夥兒。」

竇嬰一拍胸脯：「保證完成任務！」

第二天，會議如期召開。竇嬰極力誇讚灌夫的長處，說：「他明明是酗酒鬧事，就算有錯，那也應該按照大漢的治安管理處罰條例來處罰，可是丞相卻以別的罪名誣陷，非要判他死刑，不知丞相到底是何居心？」

田蚡站了出來，說：「灌夫驕橫放縱，縱容其宗族在老家為非作歹，利用職務便利，為家鄉的族人謀取利益，是黑惡勢力的保護傘，這種人必須剷除！」

「這個……」

竇嬰有點心虛，灌夫的宗族在地方上巧取豪奪的事蹟，大夥兒都有所耳聞，這一點沒辦法洗白。

竇嬰感覺自己說不過田蚡，開始轉移攻擊目標，將矛頭對準了田蚡，攻擊他的短處。

田蚡也不是吃素的，他能混到今天的位置，絕不僅僅是因為外戚身分，對於整人，自己也有一套辦法。他使出了自己的殺手鐧：

「天下幸而太平無事，我才得以成為皇上心腹，平常沒什麼愛好，就喜歡音樂、狗馬和田宅而已。我所喜歡的不過是歌姬藝人、能工巧匠，不像你和灌夫那樣，召集天下豪傑壯士，不分晝夜商討，對朝廷心懷不滿，不是夜觀天象，就是在地上籌劃，窺測於東西宮之間，希望天下發生變故，你們好做大事！」

這話說得就有點誅心了，竇嬰說不過田蚡，只得向皇帝求救：「我竇嬰是個什麼樣的人，皇帝您是最清楚的，您可得為我做主啊！」

劉徹只好把皮球踢給大家：「你們說說，他倆誰說的對？」

大夥兒個個斂聲屏氣，不吭聲了。

劉徹看著韓安國：「你是御史大夫，你先起個頭吧！」

韓安國只得硬著頭皮發言：

「竇嬰說灌夫的父親為國而死，灌夫手持戈戟衝入到強大的吳軍中，身受創傷幾十處，聲名在全軍排第一，這可是勇士啊！如今因發一次酒瘋就要砍頭，確實是有些過分了。

可是，田丞相的話也沒錯，丞相說灌夫與奸商勾結，發黑心財，累積家產鉅萬，灌夫還橫行鄉里，所以我認為竇嬰有理，田蚡也沒錯。至於怎麼處理此事，只有陛下才能英明決斷了。」

劉徹很無語：「原本指望著你能說句公道話的，沒想到你處理事情卻一點原則都沒有。下一個，汲黯！」

此時的汲黯正擔任主爵都尉一職，相當於諸侯接待處處長。他素來直言不諱，站出來表態：「這事兒我挺竇嬰！」

「果然是那個硬脾氣的倔老頭，一點都沒變。」

劉徹又點名：「鄭當時！」

鄭當時時任內史一職，他一向沒什麼主見，他先是說灌夫混到今天不容易，殺了可惜；然而一看到田蚡拉下了臉來，又改口說，其實田丞相說的也沒錯。

支支吾吾了半天，還是沒把話說清楚。

這下子，劉徹更生氣了。「你平日不是經常對田蚡和竇嬰說長道短的嗎？今天當廷辯論，怎麼在關鍵時刻出差錯？我真想連你一起斬了。」

劉徹氣鼓鼓地一甩袖子：「今天的會議就到這裡，散會！」

剛回到寢宮，還沒來得及換衣服，劉徹就接到通知，要他去見母親王太后。

對於今天朝堂上發生的一切，王太后也在密切關注。一場辯論沒有得出結果，王太后的心裡很不爽。劉徹一看到她的臉色，趕緊坐下來陪她吃飯。

不料，王太后根本沒有心思吃飯，她指著劉徹的鼻子就罵開了：「我還沒死呢，就有人敢在朝堂之上欺負你舅舅；哪天要是我死了，是不是隨便一個人也能欺負到我們王家頭上來了？你這個皇帝難道是石頭嗎？做事怎麼沒有一點主見？」

媽媽發火了，劉徹只得趕緊道歉：「怎麼會呢？田蚡是外戚，竇嬰也是外戚，我一時不好作決定啊，所以才開了這麼一場辯論會。不然的話，我找一個獄吏就能搞定了，何須我親自出馬。這樣吧，您不了解情況，我找個人來說給你聽。郎中令石建，你說說具體情況給太后聽吧！

石建於是把二人的恩怨糾葛仔細說了一遍，王太后這才聽了個大概。「既然是這樣子，那你自己看著辦吧！」

另一邊，田蚡下朝後，招呼韓安國，兩人上了同一輛車。

一上車，田蚡就埋怨了：「我們說好了聯手對付竇嬰那老不死的，剛才你為什麼模稜兩可，猶豫不定？」

韓安國聽田丞相罵完了，才慢條斯理地解釋道：「丞相怎麼不多動動腦子呢？竇嬰急赤白臉地和皇帝爭來爭去，你當時該立即承認自己的錯誤，請求辭職啊。你們現在爭來爭去，像個潑婦一樣罵大街，哪裡像個大臣該有的樣子？」

田蚡一聽這話，趕緊向韓安國作揖拜謝：「我不是爭糊塗了嘛，薑還是老的辣，多虧您老人家提醒。」

與此同時，劉徹派御史按照文簿上所記載的罪狀，調查灌夫，結果發現竇嬰的供詞中許多關鍵性的內容都查無實據，倒是田蚡所列舉的灌氏家族的罪狀，都有根有據。

「原來欺君的人是你竇嬰！」

竇嬰被逮捕下獄，一夜之間淪為階下囚。

灌夫的判決結果只有一個字：族！

在這場新舊外戚的政治鬥爭中，竇嬰完敗！

事情就這樣結束了嗎？

當然沒有！

竇嬰雖然身在獄中，但是他還有最後一張免死金牌：密詔。

這封密詔是幾年前景帝在彌留之際留給他的，內容是：事有緩急，可便宜論上。也就是說，在劉氏江山面臨危機的時候，景帝授權竇嬰可以持密詔面君，以匡扶漢室。

在竇嬰看來，此刻就是公布詔書的最佳時機！

聽聞竇嬰手上有先帝密詔，劉徹心裡咯噔了一下。很快，竇嬰就接到了皇帝召見的通知，正當竇嬰信心滿滿邁入未央宮時，劉徹問他的第一句話卻是：「你這詔書究竟是怎麼來的？」

竇嬰有點糊塗了，他將詔書的來龍去脈仔細講了一遍，劉徹仍是將信將疑：「可是宮中並沒有這封詔書留檔。」

「這……」

竇嬰欲哭無淚：「這種密詔，沒有副本也是很正常的啊！」

劉徹搖搖頭：「既然沒有存檔，那就是偽詔無疑了。」

很快，竇嬰因涉嫌矯詔，被彈劾下獄。

竇嬰和灌夫，這對難兄難弟，終於殊途同歸。

灌夫及其族人很快被斬首棄市。竇嬰過了很久才得知灌夫的死訊，悲傷之餘，他知道自己離死亡也不遠了，於是開始絕食，並拒絕配合治病。

就在這個時候，一些對他有利的消息又透過各種途徑傳到了竇嬰的耳朵裡，說皇帝雖然很生氣，但是並不想殺他，事情還有轉機。竇嬰的求生欲又被撩撥起來，他在獄中強打起精神，等待皇帝開恩。

然而就在這時，一些對竇嬰極其不利的流言蜚語迅速在市井中流傳開來。這些謠言查不到來源，不過我們用腳指頭都能猜到，此事跟田蚡絕對有關係。

劉徹最終下定決心，將竇嬰斬首棄市。

在這場政治鬥爭中，田蚡用他的智謀與策略擊敗了灌夫和竇嬰，成了最後的贏家。然而，田蚡並沒有因此走上人生的巔峰。

自從竇嬰死後，田蚡就生了一場大病，以致神智昏聵。在昏亂中，田蚡就像被惡鬼纏身，神神道道，總是含糊不清地說認罪的話。家裡人只得找來一個巫師，讓他看看究竟。

巫師作完法後，告訴田蚡家屬，他在田蚡的身後看見了兩個人，一個是竇嬰，另一個是灌夫，這兩個冤鬼正在向田蚡索命！

沒過多久，田蚡就在憂懼中離開了人世。

在這場曠日持久的外戚之爭中，竇嬰和田蚡都是輸家。如果一定要挑一個贏家，那就是皇帝劉徹！經歷了這件事後，以竇氏為代表的舊外戚勢力徹底退出了歷史舞臺，以田蚡為核心的新外戚勢力也受到了打壓。從此，劉徹在朝廷中少了許多掣肘，徹底取得了政治主導地位。

這一年，劉徹二十六歲，是他即位的第十年。

屬於劉徹的時代終於到來了。

失寵的阿嬌

朝堂上的外戚終於下臺了，劉徹活動了一下筋骨，準備一展宏圖。只是，這治理天下，該從何處著手呢？

這個問題在劉徹的腦海中徘徊已久。事實上，他早就選好了一個目標：自己的姑姑，劉嫖。

劉嫖曾是西漢時期的風雲人物，是劉徹的姑媽，因為女兒陳阿嬌嫁給劉徹當了皇后，所以她還是劉徹的丈母娘。漢文帝時，劉嫖被封為館陶長公主，後升為館陶大長公主，尊稱竇太主。

劉徹之所以要挑竇太主下手，是因為她做了一件不知羞恥的事：豢養男寵。

事情的經過還得從頭說起。

一次家庭宴會中，劉徹看見竇太主身邊有一位年輕男子，長得眉清目秀，兩人舉止親密，如同熱戀中的情侶。細問之下才知道，原來他是竇太主的男寵，名叫董偃。

自從丈夫去世後，竇太主倍感孤單。這時，一個叫董偃的男子闖進了她的生活。

董偃的母親以賣珠為業，經常帶他出入竇太主所住的駙馬府。他雖然只有十三歲，卻長得英姿帥氣，無人不喜。

常年守寡的竇太主一眼就看中了這位小帥哥，厚著臉皮對董偃的母親說：「這孩子一看就是個有出息的人，我來幫你養著吧！」

董偃家境貧困，如今有人幫忙撫養自己的兒子，而且還是一位公主，母親立刻就答應了，董偃自此便住在竇太主府中。

為了培養他，竇太主重金請名師教董偃騎射，同時也注重在文學方面的培養。一晃五年過去了，董偃已經出落成一個英俊瀟灑的美男子，對竇太主更是百依百順。董偃帥氣的樣子讓竇太主著迷，這一著迷，就和董偃發展為情侶。

這一年，竇太主已經六十歲了。

董偃由此成為竇太主的男寵，還被人們風趣地稱為「董君」。

得知竇太主有了新的男朋友，劉徹的惡趣味一下子被調動了起來。「嘿嘿，真是看不出來，姑媽都這把年紀了，居然還喜歡這樣！」

有一次，竇太主請了病假，沒來上班，劉徹親自到府上去探望她。進門後，劉徹開門見山告訴姑媽：「我是來拜訪主角的。」

「主角？誰是主角？」

「自然是你的男朋友董君呀！」

竇太主一聽，萬分羞愧，卻又不敢隱瞞，忙跪伏在地叩頭請罪，讓人把董偃叫出來見駕。

劉徹也喜歡年輕男子，不但沒有怪罪董偃，還賞賜給他一些東西。不僅如此，劉徹此後不直呼董偃的名字，一直叫他主角。很快，主角的名號在長安城不脛而走，董偃因此聲名鵲起，成了京城交際圈中的紅人。

劉徹雖然默認了竇太主和董偃的不倫戀，可是朝堂之上很多人早就看不下去了。有一次，劉徹在宮中設宴，請竇太主和董偃喝酒，正好趕上東方朔在門口值班。東方朔攔住了董偃，跑到劉徹面前彈劾董偃的罪行。

東方朔說：「董偃有三條罪狀，不得入內！」

劉徹問：「這話從何說起？」

東方朔說：「僕人和主人私通，其罪一也；敗壞男女風化，而亂婚姻之禮，傷王制，其罪二也；整天逗引陛下去玩一些聲色犬馬的東西，其罪三也。」

「這……」

劉徹有點尷尬，在他的印象中，東方朔平時挺幽默的，今天怎麼突然一本正經講起大道理來了呢？劉徹只得改用商量的口氣對東方朔說：「酒席都擺好了，現在趕人家回去多不合適，要不就下不為例？」

東方朔不依不饒：「不可。宣室是先王的正殿，是君臣共商國是的地方，是國家權力的象徵，不是議論正當的國事就不能進去。今天陛下若破壞了這個規矩，就開了一個惡劣的先例，淫亂會逐漸演變為篡逆大禍，豎刁、易牙、慶父之類的人會層出不窮，國家恐怕也會衰弱。」

「有這麼嚴重？」

「禮不可廢！」

劉徹只得虛心接受指責，將宴會地點改在了北宮，讓董偃從司馬門進宮。這事過後，劉徹就很少叫董偃到宮中來了。

而如今，劉徹想起當初東方朔的諫言，覺得他的話很有道理。竇太主和董偃的不倫戀已經傳遍了長安城，如果再這樣下去，皇家的顏面何在？

必須要整治這種不正之風了。

問題在於，該從何處著手呢？

竇太主的女兒正是陳阿嬌，婚後多年無子，而且動不動就耍小性子，發脾氣，讓劉徹很不爽。隨著衛子夫生下皇子，阿嬌的失勢是遲早的事。「既然如此，那就從阿嬌入手吧！」

「召張湯進宮！」

張湯是長安郊區杜陵縣人，西漢時期著名的酷吏，主張嚴刑峻法，是劉徹手中打擊豪強勢力的一把利劍，令無數人聞風喪膽，成為後世酷吏的代名詞。

張湯最著名的故事是審鼠。

話說，張湯的父親有一次出門，讓張湯看家，回來後發現家裡的豬肉被老鼠偷吃了。父親大怒，拿起鞭子暴打了兒子。

沒來由被老爸揍一頓，張湯自然氣得牙癢癢。「不行，必須出這口氣！」他挖地三尺，找到了老鼠洞，抓住偷肉的老鼠，還取回了老鼠偷竊的證據 —— 沒吃完的一塊肉。

緊接著，張湯立案審查老鼠，揭發並歷數了老鼠偷肉的罪行，當堂出示起獲的贓物，驗明確屬張家丟失無誤後，嚴刑拷打老鼠，記好問訊筆錄，然後撰寫判決報告。

最後，他開始宣判：「被告老鼠，犯盜竊罪，根據大漢律法，判處磔刑（分屍），就地正法，立即執行！」

父親看了兒子的判決書，大吃一驚，這份判決書語言凝練，文筆老到，絕不輸於職業獄吏，自己的兒子是個律法人才啊！

父親由此決定，要讓兒子繼承自己的事業。

成年後的張湯果然沒有辜負父親的期望，他接過父親的衣缽，成了一名獄吏。

張湯常年跟在父親身邊，耳濡目染，讓他對官場生態諳熟通透，要想往上爬，除了本事，還需要一點關係。該怎麼辦呢？

有一次，田蚡的弟弟田勝因為一點小錯被拘押，正好落在了張湯手裡。張湯不僅沒有落井下石，反而對他照顧有加。田勝出獄後，為張湯多方引薦，張湯也由此開始了自己的權力之路。

劉徹罷黜百家獨尊儒術，張湯看準時機，一邊上書請求選派儒家博士為廷尉史，協助自己辦案，一邊將重大案件直接上報皇帝，請劉徹拍板。只要是皇帝認可的大案，那就往大了辦；如果皇帝不認可，那就主動承認錯誤，大事化小，小事化了。

除此之外，張湯也很懂皇帝的脾氣，劉徹若是想辦某個人，張湯就把案子交給心狠手辣的下屬；若是皇帝想放過某個人，張湯就把案子交給好好先生去處理。

這樣辦事牢靠又貼心的下屬，皇帝能不喜歡嗎？

憑藉著出色的業務能力和對人心的洞察力，張湯的仕途順風順水，先後晉升為太中大夫、廷尉、御史大夫。

這一次，劉徹安排了一項重要任務給他：調查皇后！

阿嬌有什麼問題呢？

劉徹告訴他：「陳皇后最近和一個叫楚服的老巫婆走得比較近，我懷疑她在背後搞一些小動作，你幫朕查一查。」

張湯沒有辜負皇帝的期望，很快，他就查到了一起惡性事件：扎小人。

這是非常嚴重的罪行，簡單來說就是把寫有對方姓名、生辰八字的木偶人埋在地下加以詛咒的巫術。

陳阿嬌為什麼要這麼做？

很簡單，衛子夫得寵，陳阿嬌受不了。她多次大吵大鬧，尋死覓活，令劉徹非常惱怒。出於嫉妒、怨恨、焦慮、無奈，阿嬌偷偷找了一個巫師，以巫蠱詛咒衛子夫等得寵的嬪妃。

劉徹得知後，勃然大怒，要求張湯徹查此事。在皇帝的授意下，張湯順藤摸瓜繼續往下查，前後牽連出三百多人，大部分人被斬首示眾。

這是漢代後宮非常嚴重的一次巫蠱案，那麼多冤死的生命，只是殉葬了一個女人絕望的愛情。

可憐的阿嬌被廢，被打發到了長門宮。

得知皇后被廢，竇太主害怕了，她獨自一人到宮門前長跪不起，希望皇帝能饒過自己的女兒。

看在丈母娘的份上，劉徹信誓旦旦地表示：「阿嬌雖然被廢，但她畢竟是我的妻子，待遇不會減，住在長門宮裡也不會讓她吃苦的。」

陳皇后被廢後，衛子夫被冊立為皇后，兒子劉據也順理成章地被立為太子。

陳阿嬌退居長門宮後，孤獨寂寞，終日在長門宮愁悶悲思，以淚洗面。為了挽回這份感情，母親竇太主找到了當時正紅得發紫的文學大家司馬相如，給了他一筆豐厚的潤筆費，請他為阿嬌寫一篇文章，以打動劉徹。

司馬相如不負眾望，洋洋灑灑寫下了長篇詩賦〈長門賦〉，以阿嬌的口吻訴說一位深宮永巷女子的愁苦悲思之情，這也是阿嬌生前最後的美人心計：

「夫何一佳人兮，步逍遙以自虞。魂逾佚而不反兮，形枯槁而獨居。言我朝往而暮來兮，飲食樂而忘人。心慊移而不省故兮，交得意而相親。

伊予志之慢愚兮，懷貞愨之懽（同歡）心。願賜問而自進兮，得尚君之玉音。奉虛言而望誠兮，期城南之離宮。修薄具而自設兮，君曾不肯乎幸臨。」

這篇文章寫的是一位女子在深宮翹首盼望，久候情人不來的失落，塑造了一個美麗而哀愁的女子形象，紅顏憔悴，我見猶憐。

然而，人心終非如初見，帝王心腸不可挽，倒是讓司馬相如又紅了，以史上最貴的言情文稿費，留下一篇著名的怨婦文。

劉徹最終沒有迎回阿嬌。

殿外綠肥紅瘦，阿嬌獨自坐在長門宮中，憶及少年時，他意氣風發地說要為她蓋一間金屋，要她做自己的皇后。

可是如今呢？

這個世上真有忠貞不渝的愛情嗎？如果你拿這個問題去問司馬相如，恐怕他也有些心虛。

在帝王眼裡，所謂的白頭到老，不過是一時衝動發下的誓言，色衰愛弛才是殘酷的真相。

婚姻生活，總會遇到各種挑戰和誘惑，之所以能共同走下去，無非是男方不肯始亂終棄，女方能知分寸進退，雙方約束情感和慾望，共同完成一場終生的契約罷了。

不過很可惜，對於陳阿嬌而言，這樣一份美滿的婚姻注定只是奢望。

第三章

漢匈交兵

馬邑之謀

西元前 135 年，就在劉徹登基的第六個年頭，漢帝國的朝堂上來了一位匈奴人。

他此行的目的只有一個：和親。

漢朝自開國以來，最大的敵人便是北方的匈奴。當時，漢帝國還處於百廢待興的階段，面對匈奴的不斷騷擾，劉邦一開始想以武力解決邊疆問題，結果卻在白登山被圍困了七天七夜。

這之後，劉邦意識到敵強我弱，不宜力拚，於是馬上改變策略，採取了懷柔之術，以和親政策籠絡匈奴，來維護邊境安寧。

由此，漢帝國開啟了無奈的和親外交時代。

然而，都說欲壑難填，這種乞求來的和平注定無法長久。得了好處的匈奴依然時不時地來騷擾，屢興事端，邊疆百姓深受其害。

朝廷忍了這麼多年，這一次，輪到劉徹坐莊了。

與前幾任皇帝不同，劉徹是個不安分的人，他做夢都想馳騁疆場，與北方的匈奴人正面打一仗。可是問題在於，他即位沒多久，這種軍國大事不是他一人能決定的。

圍繞要不要繼續和親，帝國的朝堂上爆發了一場激烈的辯論。

大行令王恢第一個發言。他是燕國人，長期在邊境生活，熟悉匈奴的風俗習慣。

大殿之上，王恢侃侃而談：「所謂的和親，一直以來就是個笑話。漢匈和親幾十年，匈奴人從來不講信用，每次和親之後少則兩三年，多則四五年，他們又會捲土重來。如今我大漢國力強盛，何不硬氣一把，跟他們真刀真槍打一架？」

「說得好！」

劉徹很激動，對王恢投以讚許的目光。

「其他人還有要補充的嗎？」

底下的人開始竊竊私語。

就在這時，韓安國站了出來：「我反對！我們都知道，匈奴人逐水草而居，居無定所，他們的馬匹耐力好、速度快，我軍很難追上。在茫茫大草原上，我軍最大的難題不是打不過，而是根本找不到他們。就算找到了，我軍早已精疲力竭，匈奴人正好以逸待勞，這仗還怎麼打？

就算我軍僥倖取得了勝利，占領了匈奴人的荒涼之地，又有什麼意義？我漢帝國幅員遼闊、人口眾多，就算俘獲了匈奴的人口，也不能因此變得更強大。以我之見，與其跟他們開戰，還不如繼續跟他們和親。」

「還和親？」

劉徹的內心很鬱悶：「有沒有搞錯呀？」

不料，韓安國的看法，卻得到了朝廷中大多數人的支持。

劉徹無奈，只得同意繼續和親。

匈奴使者目的達成，心滿意足地離開了。

望著匈奴人遠去的背影，劉徹暗暗下定決心：「君子報仇十年不晚，我們走著瞧！」

對於這個結果，王恢心有不甘。

他雖然很想跟匈奴人開戰，在戰場上真刀真槍打一架，不過他也清楚，韓安國的擔憂不是沒有道理。匈奴人來去如風，他們可以隨時來騷擾，可是漢軍要想主動出擊，出了長城以北，只有捱打的份。

怎麼才能扭轉這種被動局面？

想睡覺就有人送來枕頭。就在王恢為此煩惱的當下，一封從北方邊境發出的密信，送到王恢手中。

寫信的人是雁門郡馬邑縣的一位豪門，名叫聶一。

他是個愛國人士，在邊境生活了很多年，深受匈奴人的肆虐，立志要驅逐匈奴。在經過多年的觀察與思索後，聶一的頭腦中逐漸形成了一個大膽的策略構想。

「既然主動出擊不可行，何不把匈奴人放進來，關門打狗？」

為了論證這個方案的可行性，聶一詳細分析了北方邊境的地緣情況，做出了一份詳細的可行性研究報告，寄到王恢這裡。

王恢仔細看完，深吸一口氣，然後吩咐車夫：「備車，我要入宮！」

朝堂之上，圍繞要不要與匈奴開戰的問題，王恢與韓安國又開始了一場激烈的辯論。

王恢首先發言：「臣聞，戰國時代，北方有個代國，北有強胡之患，南有中原列強之憂。就是在這樣的形勢下，代國還能抗擊匈奴，讓匈奴不敢輕易南下。而如今陛下四海為一，國富兵強，匈奴卻時常大舉入侵，這是為何？

很簡單，他們的入侵沒有付出過代價，對大漢毫無敬畏之心。所以這仗一定要打，要打出國威，讓他們知道害怕兩個字怎麼寫！」

韓安國還是老主意：「和親，不能打。當年高皇帝北伐匈奴，三十萬大軍氣勢如山，可是結果又如何？高皇帝身陷平城七天七夜，差點沒命。高皇帝突圍之後，對匈奴沒有記恨，也沒有採取下一步報復行動。這是為何？因為高皇帝明白，治理國家不能摻雜個人恩怨，必須以天下為重。

高皇帝這麼做，為我們換來了綿延幾代人的和平，國家的生產力得到進一步發展，這有什麼不好呢？」

韓安國的說辭很巧妙，他沒有說漢帝國打不過的問題，畢竟你要說開國皇帝無能，打不過匈奴，是很犯忌諱的事。

王恢反駁：「看來韓大夫還是沒有真正理解高皇帝。高皇帝當年為什麼不雪白登之恥？不是實力不夠，而是因為他不想在七年的戰爭之後，讓百姓受罪，故而選擇了隱忍。

可是如今，經過七十餘年的韜光養晦，漢帝國早已累積了足夠的實力。這個時候，我們怎麼還能忍見北方人民陷於匈奴的鐵蹄之中，忍見北方屍橫遍野而無動於衷？

「這一仗，必須打！」

韓安國說：「你說得倒是輕巧，與匈奴開戰，我方沒有明顯優勢。如果長驅直入勞師遠征，所耗費糧草輜重不計其數，就算僥倖打贏了，也是得不償失。以最高的代價獲得最小的勝利，依我看，這種仗根本就不該打！」

王恢自信地笑了。

繞了這麼大一圈子，韓安國終於入坑了。

王恢說：「韓大夫的言論我完全贊同，可是誰說我方要勞師遠征了？」

韓安國有點糊塗了：「什麼意思？」

「我所說的進攻，並非是深入匈奴境內的長途奔襲，而是在國內打一場伏擊戰。匈奴單于貪得無厭，我方正好可以誘敵深入，具體而言，我方挑選精兵強將，埋伏於險要之地。等匈奴進入包圍圈，我方斷其後路，四面出擊，必定可以全殲敵軍，一勞永逸解決北方邊患。請問韓大夫，你覺得這個計畫怎麼樣？」

韓安國很尷尬，這是不按牌理出牌啊！

劉徹大喜，當即決定，通過王恢提交的誘敵方案。緊接著，帝國的軍隊迅速動員起來，兵員、戰車、馬匹、武器、軍糧等源源不斷地送往前線。

伏擊的地點選擇在雁門郡的馬邑。

馬邑位於大同盆地西南端，三面環山，一面臨水，遙控長城，毗鄰大漠，是中原通往塞外的必經之處，地理位置得天獨厚。漢初，匈奴與漢朝就曾因爭奪馬邑進行過一場激戰，匈奴先得後失，一直耿耿於懷。

為了打贏這一仗，漢軍兵分五路，指揮分別是：護軍將軍韓安國、材官將軍李息、驍騎將軍李廣、輕車將軍公孫賀、將屯將軍王恢。五路大軍合計兵力約三十萬人，在馬邑外圍設下了一個伏擊圈。

一張大網徐徐鋪開，隨即又遇到了一個難題：三十萬人埋伏在馬邑外圍，如何才能保證不走漏消息呢？

為了解決洩密問題，漢軍採用了一個笨方法，他們遷走馬邑城外方圓數十里的全部百姓，人為製造了一個無人區。

準備工作已就緒，現在就等將匈奴主力誘引到伏擊圈內了。

「誰來做這個引子呢？」

馬邑豪強聶一站了出來：「我願往！」

聶一能在馬邑扎根多年，想來是有不少人脈資源的。他偽裝成叛逃者，求見軍臣單于。

一見單于，聶一立刻開始糊弄：「馬邑縣防守薄弱，我手下有幾百個人，可以找個機會殺了縣令，我們裡應外合，做一件大事。事成之後，所得財物五五分帳。」

軍臣單于一聽：「有這等好事？」

聶一小雞啄米似的點頭：「千真萬確！」

幸福來得太突然，軍臣單于樂得合不攏嘴：「天上掉餡餅的好事啊！這單生意我接了！」

六月，正是水草豐美的季節，碧綠的草原彷彿一條地毯，潔白的羊群就是地毯上移動的白雲。遠遠望去，那份壯美，絕對是中原人難以想像的。

漢帝國的長城邊境，匈奴鐵騎如期而至。軍臣單于帶著十萬大軍一路南下，越過長城邊境後，在武州塞駐紮下來。

在發起正式進攻之前，他要等待聶一的消息。

聶一回到馬邑，演了一齣戲。

他從死牢裡找了一個倒楣蛋，一刀砍了，拿人頭冒充縣令掛到城外，隨後告訴單于：「事已辦成，速速發兵！」

軍臣單于按捺不住欣喜，全軍盡出，直撲馬邑。

漢軍在外圍設下口袋陣，眼看著匈奴人逐漸接近，內心欣喜而又緊張。

成敗在此一舉！

匈奴鐵騎長驅直入，一路如入無人之境。然而，隨著匈奴人深入漢朝境內，單于卻覺得氣氛與以往有些不一樣。

以往南下的時候，只要匈奴大軍一出現，漢人百姓必定哭爹喊娘四處奔逃。可是這一次，匈奴大軍一路南下，竟然沒有遇上一個漢人。放眼望去，四周的山穀草地中，只有成群的牛羊在悠閒地吃著草，放牧的人卻一個都沒看到。

「不對勁！」

匈奴人雖然腦筋轉得慢，可並不是傻子。「只有牛羊沒有人，這裡面絕對有問題！」

單于馬上下令停止前進，派出一支小分隊，到周圍搜查。

很快，匈奴的搜查部隊就俘虜了一名小軍官。在單于的威脅下，小軍官將漢軍的圍殲計畫和盤托出。

單于聽完，驚出了一身冷汗。竟然有這種事？這些漢人的良心真是壞透了！幸虧自己多留了個心眼，要不然可真要被漢軍包圍了。

單于立刻調轉馬頭，下令大軍迅速撤退！

得知匈奴大軍跑了，王恢一顆心沉到了海底。

此次伏擊，他的任務是斬斷匈奴的後勤補給，封住口袋。可如今，匈奴人還沒進入包圍圈，就開始往回跑。怎麼辦？

如果對匈奴大軍發起攻擊，王恢是有可能追上匈奴主力的。可問題在於，他手上只有三萬人馬，而匈奴卻有十幾萬騎兵，一旦發起攻擊，誰打誰還不一定呢！

經過一番痛苦的抉擇，王恢放棄了對匈奴的攻擊。

等韓安國、李廣、李息、公孫賀四路大軍趕到時，匈奴騎兵早已出了長城，消失在茫茫大漠。

消息傳回長安城，劉徹大為震怒！

「幾十萬人花了幾個月，耗費錢糧無數，結果讓敵人跑了！馬邑合圍是你王恢提出來的，結果事到臨頭，你卻當起了縮頭烏龜，白白浪費了大好機會，你還有什麼臉面回來見我？」

一到長安，王恢就被判了死刑。

王恢不服氣，上書辯解，匈奴人沒進包圍圈就撤了軍，自己手上只有三萬人馬，這仗根本沒辦法打。自己之所以不出擊，是為了儲存有生力量。

除此之外，王恢託家人送丞相田蚡一份大禮，希望田蚡能救他一命。

田蚡收了人家的好處，開始動起了心思。眼下自己那外甥正在氣頭上，就算自己去求情，劉徹也未必給面子，只能找個更有分量的人去勸。

誰是那個更有分量的人呢？

劉徹的母親，王太后！

想到這裡，田蚡立刻去找王太后，讓她出面勸勸劉徹。

王太后對劉徹說：「馬邑這一戰是王恢一手策劃的，沒有功勞也有苦勞。你現在命他下獄，恐怕不妥吧？」

不料，劉徹的態度很堅決：「話不能這麼說。馬邑合圍確實是王恢提出來的，但是我們也動員了數十萬兵力，最後徒勞無功，這責任他不擔，誰來擔？

他但凡有點責任意識，就應該拚死拖住匈奴，這樣方能不負大家的期盼。可他卻貪生怕死，裹足不進，白白喪失了大好機會。不嚴懲他，不足以向天下人謝罪！」

說白了，馬邑之圍以失敗收場，劉徹必然要面對朝中的洶洶之口。畢竟，當初大夥兒都不同意跟匈奴開戰，只有劉徹一意孤行，動員全國數十萬軍隊，耗費了無數物資，想搞一場伏擊戰。可結果呢？

大家陪你玩了這麼久，結果還失敗了，你劉徹怎麼向天下人解釋？

面對朝中大臣們的詰難，劉徹只能找個人背鍋。而王恢在戰場上的糟糕表現，注定這口鍋只能由他來背。

王恢無奈，在獄中自殺身亡。

平心而論，王恢罪不至死，畢竟，這一戰的失敗並非偶然。漢帝國想靠一場守株待兔式的軍事冒險，解決漢匈兩個民族數百年的宿怨，怎麼可能？

更何況，像馬邑之圍這種大規模的伏擊戰，數十萬大軍同時調動，極易洩漏機密，戰場上也充滿變數，失敗的種子從一開始就已種下。

這之後，雙方就算是徹底撕破臉皮了，匈奴開始肆無忌憚地騷擾漢朝邊境。

漢朝在馬邑之謀失敗後，整整五年的時間裡，沒有再組織過大規模的反擊。也就是說，隨後的五年裡，漢朝北方邊境的百姓時時活在恐懼之中，朝不保夕。

打通西南

轉眼到了劉徹登基的第十一個年頭。

這一年的新年伊始，朝堂上舉行了一場討論會，會議的議題只有一個：要不要對西南用兵？

這又是怎麼回事？

事情的起因還得從幾年前說起。

想當初，閩越國對南越國大打出手，南越國向漢朝發出了求救訊號。出於維護地區穩定和平的願望，劉徹派出大軍，擺平了閩越國。

這之後，漢朝派出使者唐蒙出訪南越，告知他們此次用兵的結果。意思很明顯：「我們幫你擺平了閩越國，你是不是得有所表示了？」

有了老大為自己撐腰，南越國君非常高興，特意拿出了一罐珍藏已久的枸杞醬請唐蒙品嘗。唐蒙覺得口感很獨特，問他們：「這枸杞醬是從何而來的？」

南越人告訴他：「是商人們從牂牁江上運來的。」

「牂牁江？」

「對，就是城外那條大河。牂牁江與西江相通，從牂牁江出發，船隻可以一直到達番禺城。」

唐蒙回到長安，進一步向長安的蜀商打探枸杞醬的消息。蜀商告訴唐蒙：「你說的這種枸杞醬，只有蜀郡能生產。蜀郡南邊有一個國家叫夜郎國，夜郎國有一條江，江面很廣，可以行船，很多商人偷偷把枸杞醬賣到夜郎國。南越國一直想吞併夜郎國，不過由於路途遙遠，這個念頭也只是想想而已。」

綜合以上資訊，唐蒙得出一個結論：「夜郎國與南越國必定有一條水路相通！」

想到這裡，唐蒙立即上書劉徹，提出了他的策略計畫：

「南越雖然名為漢朝的小弟，我出使南越時，南越王卻當著我的面在儀仗中使用『黃屋左纛』，這是十分嚴重的違制行為，可見南越王只是表面上服從，內心並不認同漢朝。一旦南方有事，漢朝要想對南越用兵，只有從最南端的長沙郡出兵，翻山越嶺與之交戰，這種打法對我們很不利。

我聽說夜郎國有精兵十萬，如果我們控制了夜郎國，就可以沿著牂牁江順流而下，出其不意，直抵南越首都番禺，那麼南越指日可定。以漢帝國的強大和巴蜀兩郡的富庶，打通一條通往夜郎國的道路，就很容易控制這個地區了。」

經過一番激烈的內部討論，劉徹最終認可了唐蒙的計畫。

唐蒙被任命為中郎將，帶領一個千餘人的軍事外交使團，踏上了前往夜郎國的路。雖然出訪的使團只有千餘人，可是一路上搬運糧秣輜重的腳夫民工卻多達萬人。為了打通西南的道路，劉徹可謂下了血本。

一行人費了九牛二虎之力，翻山越嶺，終於抵達了夜郎國。

夜郎國的老大叫多同，得知漢帝國派了外交使團來訪，不敢怠慢，親自接見唐蒙。

雙方進行了深入友好的會談，多同表示，夜郎國雖然和漢帝國山川阻隔，但是自己早就想跟漢帝國加強溝通交流了。唐蒙表示，自己這一次出訪，就是代表漢帝國政府加深與夜郎國的友誼。

不僅如此，唐蒙還帶來了大量的金銀帛物，夜郎王開心不已。

唐蒙趁機向夜郎王宣揚漢帝國的強大，並且表示，漢帝國將向夜郎國委派官吏，準備將夜郎國納入漢朝管轄。

夜郎王臉上的笑容有點僵硬：「這個……有點早了吧？」

唐蒙說：「不早，這麼做也是為了促進兩國關係進一步發展嘛！」

夜郎王想了半天，也沒找到合適的藉口，只得說：「要不這樣吧，我讓兒子當漢朝的官吧！」

夜郎王的兒子當了漢朝的官，又從漢朝這裡得了一大筆財富。周邊的小國見夜郎國撈到了好處，十分眼紅，一個個都和唐蒙簽了協議。反正這裡和漢帝國隔著崇山峻嶺，山高皇帝遠，漢朝根本管不了他們，這便宜不占白不占。

唐蒙很清楚這些小國心裡在打什麼主意。他返回長安後，向劉徹彙報了情況，開始部署下一步計畫：修路！

很快，唐蒙召集了數萬當地的民眾，一場浩大的築路工程在巴蜀境內開展起來。

要知道，西南地區多是崇山峻嶺，要想在這裡修一條路，難度堪比登天。更要命的是，唐蒙對施工隊的管理相當嚴苛，凡是做事時偷奸耍滑、偷懶的，一律軍法處置，這種高壓做法讓巴蜀兩郡的百姓民怨沸騰，反抗聲一浪高過一浪。

消息傳到長安，劉徹很生氣，他原本對唐蒙寄予厚望，指望著唐蒙能夠在西南開疆拓土：「沒想到這傢伙把局面搞成了這樣子！既然不能指望唐蒙，那就換人！」

這一次，劉徹選中了司馬相如接替唐蒙的工作。

對於大文豪司馬相如，想必大家已經很熟悉了，他最為人稱道的是文學才華。不過，很多人不知道的是，司馬相如在政治上的表現同樣可圈可點。劉徹上位後，他擔任郎官多年，各方面的能力都被劉徹肯定。

更何況，司馬相如是蜀郡成都人，對西南的情況必定瞭如指掌，讓他去經營西南，再合適不過了。

為了平息民怨，劉徹派司馬相如作為使者出使西南。

司馬相如接手的是一個燙手的山芋，當務之急是傳達天子的旨意，讓百姓都知道唐蒙的所作所為並非皇帝授意，這樣才能消除民眾的恐慌情緒。

什麼方式最有效？

當然是寫文章了，這是他的特長。

司馬相如拿起筆，寫下了一篇〈喻巴蜀檄〉，一方面維護皇帝，斥責唐蒙；另一方面恩威並施，教育民眾。

緊接著，司馬相如又寫了一篇〈難蜀父老〉。他以高屋建瓴的氣勢，不可辯駁的口吻說道：「世有非常之人，然後有非常之事，有非常之事，然後有非常之功。」倘若巴蜀繼續封閉保守，不與外界交往，不改變自己的風俗，那麼巴蜀的發展與進步從何而來？

在司馬相如的安撫下，蜀地百姓逐漸安定下來，築路工程也得以繼續推進下去。

一次出使，一篇文章，就讓司馬相如圓滿地完成了任務。

後面的工作就順利多了，先是夜郎國被納入漢朝版圖，緊接著，邛都國、筰都國、冉駹國這三個小國聽說夜郎國與漢朝往來，得到不少好處，心中很是羨慕，紛紛表示願意歸附漢朝，接受中央政府的管轄。

這麼大的事，司馬相如不敢擅自做主，主動向劉徹彙報工作。

劉徹問他：「你對西南的情況比較熟悉，你怎麼看？」

司馬相如說：「邛都國、筰都國、冉駹國與巴蜀兩郡毗鄰，交通便利。早在秦帝國時，政府就在那兒設立郡縣，秦帝國滅亡後，那裡脫離中原。如果現在重新併入中原版圖，設立郡縣，絕對是件好事。」

劉徹正雄心勃勃地開疆拓土，於是任命司馬相如為中郎將，帶領使團出使西南各國。

這一次，司馬相如以中郎將身分衣錦還鄉，蜀郡的高級官員幾乎全員出動，到城門口列隊迎接。當地的富豪包括司馬相如的岳父卓王孫，又是獻牛，又是獻酒，迎接司馬相如。

司馬相如的工作開展得很順利，在與西南各國友好商談後，他代表漢帝國政府與各國簽訂了友好合作協議，雙方一致同意漢朝在此地設都尉一人、縣級行政單位十餘個，在行政區劃上歸蜀地管轄。這之後，漢朝在西南的領土得到了進一步擴張。

西南夷主動投靠漢朝做了附屬國，主要原因是山高路遠，漢朝的勢力根本搆不著他們。然而後來的事實證明，他們絕對低估了劉徹開疆拓土的決心。

為了打通西南的道路，漢朝繼續徵發民力，將四個郡的百姓全部投入到築路工程中，不達目的決不罷休。

眼看著道路漸漸延伸到了自家地盤上，西南諸部坐不住了。「當初我認你當皇帝，也就那麼一說，想不到你來真的，把手伸到了我的地盤上，有沒有搞錯啊？」

西南諸部紛紛鬧獨立，要跟漢朝斷絕來往。

劉徹冷哼一聲：「我中央政府的官印是那麼好拿的嗎？想賴皮，門都沒有！」

劉徹派出大軍，專治各種不服，但是由於西南夷山高路遠，部隊行軍艱難，所以這場平叛成效不大。

除了西南夷的叛變之外，築路工程的推進也非常緩慢。我們都知道，西南地區山地和高原居多，遇山鑿山，逢壑架橋，這條路修了好幾年，仍然未能完工。

與此同時，朝廷內部反對的聲音也逐漸興起，其中反對最激烈的當屬公孫弘。

公孫弘這個人，我在前面介紹過，他是薛縣人，自幼家境貧寒，年輕時曾在薛縣的監獄做過獄吏，後因為犯了錯被開除公職，最後只得靠在海邊養豬為生。

眼看著自己邁入了中年，不甘平庸的公孫弘開始發憤讀書，專心攻讀《春秋》，很快成了一名學術大家，深受鄉人推崇。

六十歲這一年，公孫弘時來運轉，被地方推選為賢良文學之士，在朝廷混了個博士。不過劉徹並不喜歡這個糟老頭，他弘派了一件苦差事給公孫——出使匈奴。

可憐的公孫弘一介儒生，年紀又大了，怎麼會和茹毛飲血的匈奴人打交道？結果差事果然搞砸了，劉徹很不滿意，公孫弘只好申請病退，回家養老去了。

六十多歲退了休，原以為自己一輩子也就這樣了，但是公孫弘的運氣實在太好了。西元前 130 年，朝廷下詔徵召賢良文學之士，七十歲的公孫弘再次被地方官推薦。

公孫弘說：「那長安城，老夫已經去過一回啦，差事沒辦好，你們還是選別人吧。」

然而地方官選來選去，還是覺得公孫弘最合適。

公孫弘只得勉為其難，再一次向首都出發。

參加朝廷的策問考試時，對做官沒抱希望的他把自己所想的全說了出來，希望皇帝能以德服眾。主持策問的考官看了他的卷子，覺得這位考生太耿直了，什麼都敢說，呈皇帝御覽時特意把他的試卷放到了最後。

結果劉徹竟然很欣賞他的答卷，列他為第一，並再次封他為博士。從此，公孫弘的仕途如魚得水，短短數年，他就升遷為御史大夫，位居三公。

對於劉徹開闢道路以通西南夷，又在北韓設滄海郡，在北方建朔方郡等國策，公孫弘並不贊成，他說：「西南夷、北韓和朔方對大漢都是沒有用的地方。發展這些地方，而使大漢本土疲憊不堪，實在划不來，懇請陛下作罷。」

劉徹說：「朕不和你爭，朱買臣，你來說說這些事的好處。」

朱買臣就講了興建朔方郡的好處，連著說了十條，公孫弘一條都無法反駁。

結果，公孫弘對劉徹說：「陛下，臣只是一個來自山東的鄙陋之人，不知道興建朔方郡有這麼多好處。既然如此，就請暫時放棄西南夷和滄海郡，把全部精力放在朔方郡的建設上吧！這一步其實是以退為進，你說朔方郡好，那我們就專門興建，其他兩個停了好不好？」

劉徹聽了，也就不再堅持，在西南方向上有所收縮。

衛青的崛起

西元前 130 年。

這一年，沉寂多年的邊疆忽然傳來消息：「匈奴騎兵大舉入侵，百姓及牲畜被劫一空，急需朝廷支援！」

劉徹看完奏報，腦子裡就一個字：「打！」

他篤信，進攻是最好的防守。

這一年是馬邑之謀後的第五年。想當初，馬邑之謀功虧一簣，朝廷的主戰派們心裡都憋著一股火。這一次，他們終於可以揚眉吐氣了！

部隊很快動員起來，只是在挑選將領時，劉徹頗費了一番心思。

劉徹首先想到了衛青，他目前擔任太中大夫一職，掌管朝政議論。雖然衛青此前沒有打過仗，但是在劉徹看來，衛青此人善騎射，平日做事沉穩，有膽有謀，必定可以在戰場上獨當一面。

緊接著，劉徹又點了三個人的名字。

李廣是沙場名將，也是匈奴人的老朋友了，此人打仗勇猛，讓他出征是眾望所歸。

公孫賀是衛青的姐夫，早年也曾與匈奴硬碰硬過，在馬邑之圍時曾統領一軍，也是個可用之人。

公孫敖是衛青的哥兒們，曾營救過衛青，極有膽略，這樣的人天生就適合上戰場。

這一年夏季，劉徹派遣四路大軍迎戰匈奴。

第一兵團由衛青指揮，從上谷出發。

第二兵團由公孫敖指揮，從代郡出發。

第三兵團由公孫賀指揮，從雲中出發。

第四兵團由李廣指揮，從雁門出發。

每路兵團各有一萬騎兵，沒有統一的主帥，各軍獨立作戰。

這一戰，朝中大臣普遍看好與匈奴硬碰硬多年的飛將軍李廣，普遍不看好靠外戚身分爬上去的毛頭小夥子衛青。

說實話，劉徹的這份作戰方略很糟糕。要知道，匈奴人此次入侵，必定是有備而來，人數定然不少，而劉徹不僅沒有集結各路大軍擰成一股繩，反而還分兵四路，每路只有一萬人，這更加劇了兵力上的不足。

劉徹為何會作這樣的安排？原因也不難猜測，漢軍根本摸不準匈奴騎兵的位置，只能出門撞大運了。

此時的李廣已經身經百戰，最資深，名聲最響亮，所以他並沒有把其他三人放在眼裡。大軍出了雁門關後，一路上急馳輕進，尋求與匈奴決戰，可是在外面繞了一大圈，連匈奴人的影子都沒找到。

相比於漢軍，匈奴方面則顯得胸有成竹。在匈奴人眼裡，漢帝國只不過是一隻溫順的小綿羊，偶爾發點小脾氣。只要狼一瞪眼，根本不用發出長嘯，剛才還有點小脾氣的綿羊，立刻就乖乖趴在腳邊。所以當得知四路大軍前來，匈奴人的第一反應是，小羊這次發的脾氣還滿大的，居然不怕瞪眼了。

匈奴人的計畫是，集中優勢兵力殲滅李廣、公孫敖兩路主力。

很快，李廣就遭遇匈奴人的主力部隊，滾滾的馬蹄捲起漫天的飛塵，向漢軍壓了過來。此時漢軍遠離大本營，外無援兵，實力懸殊。

所有的漢騎兵都傻眼了，臉色發青。「怎麼辦？怎麼辦？」

李廣一咬牙：「事已至此，沒什麼好說的，只有拚命了！」

一番廝殺後，漢軍損失慘重，幾乎全軍覆沒。李廣在戰鬥中負了傷，體力難支，難以突圍，最終被匈奴人擒獲。

對於這位素有威名的對手，匈奴人還是很尊重的，他們將昏迷的李廣放在網子裡，架在兩匹馬中間，準備將他帶回匈奴大營。

半路上，李廣醒了過來，發覺自己被俘了，心中有些失望。沒能死在戰場上，這是他最大的遺憾，如果落到了敵人手中，自己的一世英名豈不是要毀了？

「不行，一定要逃出去！」

李廣略微活動了下身子，感覺自己的傷勢並不重。在恢復了一點體力後，趁著旁邊的匈奴人放鬆警惕的當下，李廣突然一躍而起，把一個匈奴人推下馬去，搶了馬匹後掉頭狂奔。

匈奴人很快反應過來，派一隊騎兵玩命追趕。從草原穿越戈壁，這是一場意志的追逐賽，長距離的奔逃，使得李廣飢腸轆轆、口乾舌燥，然而他依然騎在馬背上，力挽強弓，擊退追兵。

生存本能支撐著李廣死地求生。

憑藉著勇氣、耐力、精湛的騎術，李廣穿越蠻荒之地，單騎返回了漢軍大本營。

就在李廣兵敗的同時，公孫敖也遭遇了匈奴人的圍攻，大敗而歸，一萬騎兵最後只剩下不到兩千人。

公孫賀這一路大軍在草原上逛了一圈，沒有遇到匈奴的軍隊，只好空著手回到了大本營。

三路大軍，要麼慘敗，要麼無功而返，只剩下衛青統領的這一路大軍了。他能否為漢軍贏回一絲顏面呢？

衛青帶著一萬人馬出了上谷，部隊一路北上，沒有遇到任何匈奴人，放眼望去，只有刺眼的陽光和滿目的荒涼。視野之內皆是黃沙，陣陣熱浪襲來，許多人體力近乎透支。

經過連續幾日的行軍，官兵早已飢渴難耐，要不要繼續走下去？如果返回，自己勢必是徒勞無功，皇帝那邊怎麼交代？

衛青拿出地圖，沉思良久，最終下定決心：去龍城！

龍城是匈奴人祭拜天地祖宗的地方。每年五月分，匈奴人會聚集於此，舉行盛大的集會，祭祀祖先、天地、鬼神。

長城關外，連綿的大山邊緣，茫茫大漠一望無際。秋風獵獵，烏雲翻滾，枯草不堪勁風，發出嘶啞的哀鳴。

一隊漢軍騎兵正在大漠中狂奔。

領頭的正是衛青，自己練習了這麼多年的騎射，朝思暮想了十年，而今終於得償所願。

從上谷郡到龍城的距離，直線距離一千二百公里！

是的，你沒有看錯，衛青帶著他的一萬人的隊伍，長途跋涉，穿越了整個騰格里沙漠和蒙古高原！

龍城內，留守的匈奴人並不多，眼下不是祭祀的時節，大部分青壯年都出去打仗了。當他們聽到馬蹄聲，看到遠處出現一支騎兵的時候，大部分人都沒有戒備。畢竟在他們看來，龍城距離漢匈邊境有數千里之遠，不可能有敵人的。可等對面的騎兵越來越近時，他們才察覺到一絲不對勁。

駐守龍城的匈奴人瞇著眼，努力地瞄著迎面奔騰而來的騎兵。

良久，他醒悟了什麼，面帶駭然之色：「漢軍！漢軍！」

這一聲大呼，讓所有人大吃一驚，這裡竟會有漢軍，這可是破天荒的事，龍城從來沒有出現過漢軍，從來沒有！

漢軍鐵騎已如旋風而至，衛青毫不猶豫，張弓、搭箭，眼眸裡掠過一絲寒星。

箭矢如流星一般飛出，對面的一個匈奴人應聲倒地。

座下的戰馬揚蹄而起，叩擊著與黃土相映的草地。

身後無數鐵騎紛紛張弓射箭，箭矢瞬間如雨下，一窩蜂地射向匈奴人。漫天的箭雨，足足有上千支之多，瞬間，數十上百人哀號著落馬。

一輪箭雨過後，衛青捨下弓箭，抽出長刀，自喉嚨裡發出了一聲暴喝：「殺！」

身後呼嘯的漢軍鐵騎揚起漫天的塵土，刀鋒揚起，在烈日之下熠熠生輝。數不盡的人和馬，渾身熱汗騰騰，各自發出咆哮，朝著匈奴人衝殺而去。

一番廝殺後，匈奴人狼狽逃竄，漢軍大獲全勝。

龍城一戰，漢軍斬殺匈奴七百人，這是四路大軍出征的唯一戰果。

衛青一戰成名！

唐朝著名的邊塞詩人王昌齡有一首詩是寫李廣的：

秦時明月漢時關，

萬里長征人未還。

但使龍城飛將在，

不教胡馬度陰山。

其實，龍城一戰跟李廣沒有什麼關係，這份功勞是衛青的。古代文人有個通病，總是同情弱者和失敗者，李廣命運不好，老是打不贏，出於同情，王大詩人就把衛青的成名戰轉嫁給了李廣。

與衛青的風光相比，李廣則顯得無比落寞。他和公孫敖因兵敗，交由軍法審判，最終被判處斬刑。不過不要緊張，根據漢朝的法律，只要交一筆贖金，就可以免除死刑。李廣與公孫敖交了一筆贖金，免了死刑，捲鋪蓋回了家。

回了老家的李廣一腔鬱悶無處發洩，只能在打獵中尋找戰場的感覺。

有一次，李廣打完獵回家時，天色早已昏暗，途中突然發現前方有一隻斑斕猛虎伏在草叢中。李廣大驚，條件反射似的彎弓搭箭朝老虎射去。不料一箭射出，老虎卻紋絲不動，次日，李廣上前察看，這才發現不是什麼猛虎，而是一塊大青石。一支羽箭竟深深地插入石頭當中，拔也拔不出來。

這一幕讓李廣感覺有些不可思議，他不相信自己有這麼大的力氣，於是想再試一試。可是，一連幾箭都沒有射進去。

這個故事有點誇張。一般來說，一支羽箭是不太可能射進石頭中的，除非正好插到了石頭縫裡。司馬遷特意將這個故事寫在《史記》中，我們姑且就信了吧！

唐朝有個叫盧綸的詩人，在讀到這個故事時，詩興大發，揮筆寫下了一首詩：

林暗草驚風，將軍夜引弓。

平明尋白羽，沒在石稜中。

李廣雖然長期在一線工作，在匈奴人中名聲很響亮，不過他的缺點同樣也很突出，那就是氣量狹小，睚眥必報。

有一次，李廣和朋友出門喝酒，回來時已經是大半夜了，霸陵的城門早已關閉。李廣要進城，霸陵尉問他姓名，李廣回答：「我乃前任李將軍是也！」

不料，霸陵尉是個堅守原則的人，一聽外面的人是李廣，根本不給他這個面子，張口就說：「現任將軍也得遵規守紀，何況還是個前任將軍！」

這話就比較扎心了。

李廣那顆敏感的玻璃心瞬間碎了一地，自己戎馬生涯幾十載，想不到到頭來卻被一個看門的侮辱了！

「小子，你等著，我遲早剁了你！」

委屈的李廣只得在城外過了一宿，第二天天亮才得以入城。

話題回到衛青身上。

衛青因在戰場上表現突出，被提拔為關內侯。

這種封賞並不為過。要知道，從當年的白登山之圍後的七十年裡，漢帝國在對匈奴的戰爭中一直沒有占到過便宜。

龍城之戰是自漢初以來，漢軍對戰匈奴的首次勝利，樹立了漢帝國對外戰爭的信心。經此一戰，大夥兒才醒悟過來，原來匈奴並非不可戰勝，這為大漢的進一步反擊打下了良好的基礎。

對於衛青而言，這一戰的意義同樣深遠。

從當年被人隨意呼來喝去的奴隸，再到如今萬眾矚目的將軍，衛青完成了自己人生的蛻變。

為了這一天，他等待了太久！

匈奴人的報復來得很快。一年多後，匈奴人經過短暫的休整，再次南下！

「邊關告急！」朝廷派出韓安國領兵抵禦匈奴，不料韓安國在前線的表現很差勁，被匈奴人包圍，以致損兵折將。

劉徹勃然大怒，派出使者問責於韓安國：「仗打成了這個樣子，你到底在做什麼？」一紙調令發配他到右北平。

韓安國很憂鬱。本來還指望著有機會能調回京城，結果皇帝這樣做，這輩子是不用指望了。

遭此挫折，韓安國鬱鬱寡歡，沒過多久就憂鬱成疾，一病不起。

韓安國離開了，前線的工作還得有人主持。選誰好呢？

劉徹挑來挑去，想起了一個人：李廣。

遠在家鄉閒居的李廣終於盼來了皇帝的調令，讓他即刻上任，接手韓安國的工作。

李廣終於等來了出頭之日，出門都是鼻孔朝天。就在所有人期待李廣在戰場上再創輝煌時，他卻做了一件讓人跌破眼鏡的事：派人將當年那個霸陵尉找來，然後一刀砍了！

不得不說，李廣這事做得確實不道地，充分暴露了他狹隘自私的本性。不過眼下，朝廷正是用人之際，也不好深究，只好睜一隻眼閉一隻眼。

史書記載，自從李廣到了右北平，匈奴人出門都繞著走，再也不敢到李廣的地盤上騷擾。

其實，如果仔細分析當時的局勢，不難看出，所謂的匈奴人不敢到右北平鬧事，不是因為李廣有多厲害，而是有衛青在前面頂著。換句話說，匈奴人怕的不是李廣，而是衛青！

太史公顯然是李廣的超級粉絲，處處維護李廣。他寫李廣的時候濃墨重彩，而寫衛青的時候輕描淡寫，衛青怎麼作戰，怎麼取勝，一概很簡略，不免讓人遺憾。

就在李廣到右北平上任前後，衛青也沒閒著，他率大軍兩次出擊匈奴，繼續跟匈奴人硬碰硬。

第一次出擊，是在元朔元年（西元前 128 年）的春天。漢軍兵分兩路，一路由衛青統率，從雁門出擊；另一路由李息統率，從代郡出擊。

李息這個人在戰場上沒怎麼露過面，是個新手。和公孫賀一樣，李息帶著部隊在大漠中晃了一圈，沒有找到匈奴人的部隊，空手而歸。

另一邊，衛青帶著三萬人馬出了雁門，深入匈奴，斬數千首級而還，取得了一個響噹噹的勝利。不過很可惜，這一戰具體怎麼打的，司馬遷在《史記》中根本就沒提。

第二次出擊，是在元朔二年。這一年，匈奴再次入侵上谷、漁陽二郡，也就是今天的張家口和北京密雲一帶，殺死、掠走邊民千餘人。

很明顯，這是一次報復行為！

面對匈奴人的步步緊逼，劉徹再次召見了衛青，商討出兵一事。漢軍前幾次出擊，雖然略有小勝，但是並沒有對匈奴人造成實質性傷害。在劉徹看來，匈奴人就像野草一樣，野火燒不盡，春風吹又生，只有以戰促談，才能換來長久的和平。

只是，如何才能打疼匈奴人呢？

眼下，匈奴人把進攻重心完全放在了東線戰場，一旦自己這邊派出援軍，匈奴人勢必又要遠遁無蹤了，這種打法實在過於被動。

劉徹看著面前鋪開的地圖，目光沿著首都長安城一路北上，落到了河南地。

有人要問了：什麼是河南地？

黃河發源於青海三江源，經四川、甘肅進入寧夏，而後折向北，在內蒙古境內改為向東流，到內蒙古包頭、呼市托克托縣一帶又改向南流，直至山西境內，這段黃河呈「几」字形，好像一個套子。在當時，黃河「几」字形內的地區稱「河南地」，也有稱「河間」。

俗話說「黃河百害，唯富一套」。河套地區包括寧夏古、內蒙古、陝西、山西的部分地區，東西兩千里，草木豐美，土地肥沃，無論是種地還是放羊，都是絕佳之地。

河南地在戰國時代長期被諸胡控制。秦滅六國後，蒙恬帶著三十萬虎狼之師將匈奴趕出了河南地，並在河南地的南邊從東到西設定了上郡、北地郡與隴西郡。

秦朝滅亡之際，趁著中原亂成一團，冒頓單于奪回了河南地，讓匈奴重得挺進關中的跳板。

眼下，這塊水草豐美的地方屬於白羊部落和樓煩部落，而這兩個部落又當了匈奴的手下，一直以來都是漢朝的心腹之患。

要知道，河南地距離首都長安非常近，景帝時，老上單于便是從河南地突進中原，兵鋒直至離長安城八十里的甘泉，威脅帝國的心臟。

如果能夠拔掉這顆釘子，匈奴將損失數千里牧場，綜合實力大大下降。而漢朝不僅能得到肥沃的河套平原，還能擴大首都圈的防禦，帝國君臣晚上睡覺也會踏實很多。

面對劉徹期盼的目光，衛青沒有片刻猶豫，他率領數萬精兵，即刻啟程！

衛青先是一路北上，至雁門擊敗匈奴，斬首數千，使得匈奴的攻勢受到極大遏制。吃了敗仗後，單于大怒，派出左賢王部硬碰硬漢朝東北部的上谷、漁陽二郡，狠狠地搶了一票。

衛青則帶著四萬精兵從雲中郡西出，一路打到高闕要塞，也就是今天的內蒙古杭棉後旗西北，然後南渡黃河，完成了對河套地區的包圍。

面對從天而降的漢軍部隊，樓煩部和白羊部糊塗了：「不是說漢軍正在東北方向跟匈奴單于硬碰硬嗎？怎麼一眨眼的工夫就出現在了這裡？」

衛青抽出長刀直指天際，一聲號令，千軍萬馬亮出刀劍，齊聲怒吼奔湧而來。

樓煩部和白羊部沒想到漢軍會衝鋒得如此果決，頃刻間就像被洪水沖垮的牆屋，轟然倒塌。斷氣的和沒有斷氣的在這群人馬的鐵蹄之下，都變成了一團肉糜，只留下一條血路。

兩個部落的人開始慌亂，爭相匍匐著逃命。

漢軍初戰告捷，斬殺敵軍五千人，還俘獲了牲畜百餘萬頭。

白羊王與樓煩王被衛青打得毫無還手之力，大量車輜畜產被奪，只得帶著殘部逃出河南地。衛青以精銳之師，將漢匈邊境北推到陰山山脈。

消息傳到長安，劉徹激動得徹夜難眠。自漢朝開國以來，漢軍對匈奴從來沒有取得過如此輝煌的勝利！

「如此大功，一定要重賞！」

劉徹大手一揮，封衛青為長平侯，追隨衛青出征的將領也沾了光，蘇建被封為平陵侯，張次公被封為岸頭侯。

不知李廣得知這個消息後會作何感想？他在前線與匈奴硬碰硬了這麼多年，結果到死也沒封侯，反倒是其他人跟著衛青和霍去病，憑藉著戰功一個個封了侯，只能說時也命也！

河南地併入了漢帝國的版圖。不過，很快劉徹就遇到了一個難題：如何將河南地牢牢掌控在自己手裡？

畢竟，河南地離漢帝國的邊疆重鎮有點遠，如果要派重兵屯守，軍隊的給養補充是個大問題。

第四章

漢武雄風

陽謀推恩令

就在劉徹舉棋不定的時候，一個叫主父偃的人出場了。

他告訴劉徹：「河南地北面有黃河作為天塹，是阻擋匈奴騎兵的天然屏障，這塊地盤絕不能丟。眼下唯一的辦法，就是在河套平原上修築朔方城，打造一個軍事重鎮。至於糧食供應問題，朝廷應該招募十萬人，移民朔方郡，以開發這片未被開墾的處女地。」

主父偃的意見遭到了眾人的一致反對，御史大夫公孫弘就是反對派的代表。在他看來，要在僻遠的邊關建立軍事重鎮，需要花費巨大的人力和物力，這麼做得不償失。

反對的聲音很強烈，劉徹卻力排眾議，力挺主父偃。

為了營建朔方城，劉徹下了血本，他搬出國庫裡的錢糧物資，組織民工成立了規模龐大的運輸隊，將物資源源不斷地送往千里之外的邊關。

兩年後，一座嶄新的巨大城堡矗立在河套平原上，天空殘陽如血，晚霞延綿千里。萬里蒼穹之下的朔方城，在深秋的殘陽晚霞映照中、悽美裡透露著蒼涼。這座城從此成為匈奴人永遠的噩夢。

話說回來，主父偃到底是什麼人呢？

主父偃是齊國臨淄人，家庭出身一般，屬於寒門學子。早年學習縱橫術，想成為蘇秦、張儀一樣的人物，也許是成績不夠突出，也許是齊地盛行儒學，反正主父偃在當地沒有混得很好。

為了混口飯，主父偃又改行學習《易經》、《春秋》等諸子百家學說。不過現實依然很殘酷，那些儒生們還是看不起他，合夥排擠他。

在很多人看來，主父偃換專業，一是學儒目的不純，二是隨意改志，沒有骨氣。

主父偃碰了一鼻子灰，真是欲哭無淚。眼看著錢包一天天消瘦下去，主父偃的物質食糧開始缺貨，只得到處向人借錢，到後來沒有一個人願意慷慨解囊幫他一把。

被人蔑視、排擠，這就是主父偃的成長經歷。

此處不留爺，自有留爺處。孤立無援的主父偃決定出門闖蕩，他到北方的燕、趙、中山等諸侯國一邊學習，一邊周遊，宣揚他的學說，不過還是沒人理他。

史書記載，主父偃在外面混了幾十年，結果處處碰壁，越混越慘，甚至到了親戚朋友都不願與他打交道的地步。

冰冷的現實與遠大的抱負形成了強烈的反差，正所謂「理想很豐滿，現實很骨感」。

時間一晃，主父偃已經四十歲了。不管他願意不願意，中年也如約而至，當年意氣風發的少年，如今已成了中年大叔。

主父偃深感時不我待：「若長此下去，這一輩子就完了。」

他只好收拾悲傷，重新打點行囊。這一次，他的目的地是帝國首都：長安。

元光元年（西元前 134 年），主父偃來到長安，投到大將軍衛青門下。衛青很欣賞他的才幹，好幾次向劉徹舉薦。

不過很遺憾，劉徹對這個人並沒有什麼興趣。

在長安待久了，主父偃所帶的盤纏漸漸用光了，他再次挨個登門拜訪京城的王公貴族，推銷自己的主張，卻處處碰壁，沒有人願意拿正眼看他。

眼見長安之行又是無功而返，主父偃心有不甘，決定再試一下。

主父偃最後決定直接上書給皇帝，闡述自己關於治國理政的思想。在這份奏章中，主父偃羅列了九件事情，其中八件談的是帝國法律，另一件是諫伐匈奴。其中八條都被劉徹採納，只有反對與匈奴開戰的建議沒有被接受。不過，司馬遷卻全文記錄了這條沒有被接受的建議，對於另外八條一個字都沒提。

其中意味，不言自明。

按照《史記》的記載，主父偃一大早將上書投遞入宮，結果晚上劉徹就召見了他，同時被召見的還有另外兩個上書的人。

劉徹見到這三個人後，對他們非常器重，當然最受器重的是主父偃。

不僅如此，劉徹還替他封了郎中的官職。

嘗到了甜頭的主父偃認為上書是他實現夢想的途徑，於是三不五時就上書給皇帝。由於他分析問題總能切中時弊，因此很得劉徹歡心。

主父偃的春天來了，他終於等到了出人頭地的機會。一年之內，主父偃的官階連跳四級，這在當時的漢帝國是絕無僅有的！

主父偃本人確實有能力，他為漢帝國至少獻上了三條百年大計，其中第一條就是營建朔方郡，第二條是「推恩令」。

所謂「推恩令」，其實就是將皇恩推廣到諸侯王下一代的每個人，讓大家都能沐浴皇恩。

關於地方同姓諸侯王坐大的問題，一直以來就是漢帝國的頑疾，令每一代皇帝頭痛不已。一方面，分封宗室是大多數皇帝非常樂意做的事，他們相信憑藉著血濃於水的關係，得到了好處的宗親們一定會誓死保衛自家江山。

可是另一方面，藩王割據卻又成為皇帝內心揮之不去的陰影。如果處理得當，天下自然太平；否則，兵戎相見，生靈塗炭，甚至王朝被顛覆。

從漢文帝開始，同姓諸侯王時時威脅著中央的統治，景帝朝發生的「七國之亂」就是一個活生生的例子。

想當初，賈誼和晁錯就曾提出過削藩策，晁錯打算利用中央的經濟和軍力優勢，公開削減各個諸侯王的領地與權力。各位王爺們發現，今日割五城，明日割十城，何時會結束？結果吳王劉濞一招呼，幾個王爺就造反了，差一點讓漢景帝垮台。

與「鷹派」晁錯的削藩策不同，「鴿派」主父偃的推恩令則高明很多。有多高明？我們接著往下看。

主父偃分析了當時同姓諸侯王分布的政治格局：「古時候的諸侯，土地不過百里，自然好管。當今之諸侯，動輒坐擁數十城，地方千里。平時在自己那裡做土皇帝，一不高興了，還會起事造反。因此，萬萬不能對他們姑息縱容！」

如此左右為難的困境，劉徹又豈會不知？只是一直苦於沒有穩妥的良策而已，於是問他：「你有何良策？」

主父偃說：「前朝也發生過類似的問題，結果由於晁錯舉措不當，引發了七國之亂。如今各諸侯國均為長子繼位，其他兒子一點土地也分不到，這明顯不符合仁義之道啊！

如果陛下能讓每個諸侯王的兒子都能得到封地，將這份恩澤推廣下去，這樣一來，蛋糕越分越小，而且人一多，也就無法形成統一的意見，便再也無法跟中央對抗了。」

「這個主意很棒！」

西元前 127 年，劉徹欣然採納主父偃的建議，正式頒布《推恩令》。

看著領土在無形中被蠶食，地方上的王爺們猶如啞巴吃黃連，有苦說不出。本來還指望著多生幾個兒子，多占點朝廷的便宜呢，結果便宜沒撈著，自己的地盤反倒被分割成了七八塊，向誰說理去？

一旦地盤被分割，那些王侯子弟們再想擰成一股繩便不容易了，因為人心是很難約束和強迫的，對於那些得了土地和財力的人來說，也有了更多自主做選擇的權力。

懸掛在諸侯頭上的達摩克利斯之劍終於落了下來，與上一次引發「七國之亂」不同，這一次，地方上的王爺們雖然內心很痛苦，但是沒有一個人跳出來表示抗議。

誰都能看出劉徹法令的真實目的，換句話說，這是赤裸裸的陽謀！可結果是，沒有人敢站出來反對。

這又是為何？

這就得感謝漢景帝了。說白了，這是中央和地方勢力此消彼長的結果。

漢景帝時，當時最具實力的諸侯，除了帶頭作亂的吳國外，還有一個就是梁王。一場戰爭打下來，所有的諸侯國被大洗牌，收回了諸多權力，勢力大不如前。甚至出現了劉徹登基之初，諸侯王進京向劉徹訴苦，他們被朝臣欺凌的情況。

從七國之亂後開始，中央就逐步派遣流官到地方任職。他們取代了原本的諸侯王和地方代表，成為地方封國裡的實際管理者和控制人。所以，劉徹要實施推恩令，幾乎沒有遇到任何阻力。

其實，劉徹勇於宣布推恩令，就是看準了當時的諸侯們已經不敢、也無力反抗，他有足夠的底氣應對所能預知到的意外之變。

主父偃成了皇帝身邊的紅人，大臣們爭相向他行賄，想當他手下的人可以排到長安城東門外。有人提醒他：「做人不要太貪心，得學會適可而止。」

主父偃卻不以為然：「我遊學四十多年，一直都不得志，父母嫌棄我，社會不接納我，學術界拋棄我，窮困潦倒的日子我過夠了！大丈夫在世就要圖個舒暢，生不能五鼎食，死也要五鼎烹！為達目的，我只能倒行逆施了！」

除了收受賄賂，主父偃還做了兩件事，準確的說，是辦了兩起大案：一起是燕王亂倫案，另一起是齊王亂倫案。

先說燕王劉定國。

劉定國品行比較差，在當地臭名昭彰。他先是霸占了父親的小妾，生了一個兒子，接著又把弟弟的太太強行搶來，最後甚至發展到與自己的三個女兒亂倫。

遇上這種禽獸不如的人，百姓們只能自認倒楣。有一個叫郢人的縣令就曾告發過劉定國，可惜被劉定國壓下來了，郢人也被誣陷致死。後來，郢人的弟弟透過各種管道，將燕王的犯罪證據交到了主父偃手裡。

主父偃主動請纓，獲准受理此案。經過一番調查，他將案子向劉徹呈報。劉徹一看，自己家出了這麼個混帳玩意，丟人啊，下令處死。

燕王大概也知道自己的那些齷齪事藏不住了，索性自殺了事。

收拾完燕王，主父偃再次上書劉徹，揭發齊王生活不檢點。劉徹任命他為齊相，前去齊國查驗案情。

再次回到故鄉，主父偃的內心頗為複雜。想當年，自己在家孤苦伶仃，親戚朋友無一人肯照應自己，不得不外出闖蕩。如今衣錦還鄉，不知那些親戚朋友還記得自己嗎？

他發了很多請柬，請來自己的七大姑八大姨老相識老朋友，擺了一桌席，好好地吃了一頓。酒足飯飽，主父偃還拿出錢來，包給每個人五百金的大紅包。

大夥兒很開心，一個個開始吹噓：「當年我就看出來了，這主父偃將來必定是大富大貴之人，如今應驗了吧？

看著眾人圍過來替自己戴高帽，主父偃卻突然拉下臉來，說了一番話：「想當年，我窮困潦倒的時候，兄弟不接濟衣食，朋友不讓我進門；現在我發達了，當上了齊相，你們就認親戚，真是好一副小人嘴臉！」

這話一出，場面瞬間安靜了，大夥兒有點糊塗：「什麼意思啊？」

主父偃一甩袖子：「我正式宣布，從今日起，我與諸君絕交，今後你們不要再入我家的大門！」

大夥兒原以為能跟著主父偃有肉吃呢，結果沒想到，反倒被他狠狠地羞辱了，丟人啊！

主父偃雖然出了一口氣，但是他的這種做法得罪了所有人。不僅如此，他還決定把齊王也弄下臺，理由也是現成的：亂倫！

齊王的原配夫人叫紀氏，是文王母親紀太后娘家的閨女。紀太后為了鞏固自家的權勢，推掉了與皇太后王娡的庶女金娥的聯姻，費盡心思弄了個親上加親的婚姻。只可惜，政治婚姻基本上無法長久，齊王不喜歡紀氏，結婚後一直讓她獨守空房，反而經常往姐姐家跑。

一開始，大夥兒也沒留意，只當是姐弟情深，可是時間長了，就有流言傳出，說是齊王跟他的姐姐好上了！

謠言傳得滿城風雨，反倒幫了主父偃一個大忙。

說起來，主父偃與齊王的恩怨由來已久。

想當初，皇太后王娡想和齊王聯姻，主父偃得知消息後也動了心思，他找到在齊國出差的宦官，請他幫個忙：「若是皇太后的事說成了，你也幫我美言兩句，就說我女兒也願意嫁給齊王，當他的小老婆。」

不料，齊國紀太后連皇太后的面子也不給，還說：「主父偃是什麼東西，也配把女兒嫁到我家！」

這下梁子結大了。

主父偃覺得面子丟大了，決定讓齊王嘗嘗他的手段。他找到劉徹說：「我本是齊國人，那地方可是非常有錢，齊國的都城臨淄人口眾多、貿易發達，一天的稅額就達上千金。況且這個齊國可是有前科的，在呂后的時候就曾發生過叛亂。吳楚七國之亂時，齊孝王也蠢蠢欲動，這麼一個富庶的地方可不能掉以輕心，現在又出了亂倫之事，是到了該清查整頓的時候了！」

劉徹一聽有道理，就派主父偃到齊國去做國相，查查齊國的老底。

主父偃一到齊國，就開始蒐集齊王亂倫的證據。主父偃抓捕了齊王的不少近臣，隔離審查，刑訊逼供，將所有證詞都指向齊王劉次昌，並且還故意透漏風聲。

齊王慌了，這事本來就鬧得滿城風雨，一旦主父偃將案子報上去，依照皇帝的性子，自己還能活命嗎？燕王就是前車之鑑啊！

齊王走投無路，最終喝藥自殺。朝廷最後為他定了個厲王的諡號，基本上否定了齊王。

齊王死後，朝廷順利地接管了齊國，按老規矩，改為郡縣。

接連兩個王爺落馬，其他諸侯王們都慌了，誰家沒有一點破事？萬一主父偃繼續查下去，查到自己身上怎麼辦？這日子還能過嗎？

趙王劉彭祖反應最激烈：「既然橫豎都是死，何不賭一把？」

他決定拚死也要啃一啃主父偃這塊硬骨頭。

這個劉彭祖可不像其他草包王爺，他是諸侯王中出了名的陰謀家，擅長詭辯及玩弄法律，為人兩面三刀，表面一套，背後一套。

劉彭祖整人的辦法很高明，他最擅長挖坑給別人。每當朝廷派遣高級官員來趙國時，劉彭祖便穿著黑布衣扮為奴僕，親自出迎，主動打掃環境，然後在聊天中故意挖坑。

這些官員們又不認識劉彭祖，只當他是個小廝，哪裡會想到，每天跟在自己身邊的僕人竟然就是趙王？他們回到住處，自然就會放鬆警惕。就算有的人警惕性強，劉彭祖也會挖各種坑，引誘這些人說一些禁忌的話，然後自己悄悄記下來。

等到證據都蒐集到了，劉彭祖就會亮出自己的身分，當這些官員跟自己過不去，並以作奸犯法圖謀私利之事誣陷對方。

靠著這種手段，劉彭祖在自己的地盤上當了五十多年的太平王爺，高級官員沒有一個能混兩年以上的，經常因罪去位，情節嚴重的被處死，情節較輕的判刑。

可是如今，主父偃的出現，他感到了一種壓力。

問題在於，主父偃是皇帝身邊的紅人，怎麼才能拉他下馬呢？

劉彭祖的辦法是：寫檢舉信！

這封檢舉信寫得很有水準，其中列了主父偃的兩條罪狀：一是收受鉅額賄賂，二是草菅人命逼死齊王。

這封信送到長安時，齊王的死訊也正好傳到長安。兩件事一疊加，產生了額外的效果。劉徹很生氣，他認定齊王是被主父偃逼迫自殺的。「讓你去齊國，沒讓你弄死齊王啊！你這顯然是用力過猛啊！」

劉徹只得將主父偃召回，關在監獄裡。

面對調查人員，主父偃表示：「受賄，我承認，但是離間劉氏皇宗骨肉，逼死齊王，我打死都不認。」

劉徹在冷靜了一段時間後，也覺得事情或許沒這麼簡單。他再次派人到齊國調查齊王死亡一案。調查組最後的結論是：齊王不是被主父偃逼死的，而是畏罪自殺。

劉徹開始有些動搖了，主父偃雖然貪財，可是辦事還算俐落，也頗得自己的信賴，要不要放他一條生路？

就在劉徹猶豫的當下，主管司法的最高官員、御史大夫公孫弘站出來，臨門一腳，將主父偃踹入了萬劫不復的深淵。

他對劉徹說：「齊王自殺，沒有後代繼承，封國改為郡，領地歸屬朝廷。這殺人滅國之事，主父偃是首惡，陛下不誅主父偃，無以謝天下！」

這句話太狠了，這「天下」在哪兒？不是普通百姓，是遠在千里之外的王爺們。為了收回封地，朝廷故意逼死了諸侯王，這鍋必須有一個人來背。如果主父偃不背，那就只能你劉徹來背！你看著辦吧！

劉徹無奈，只得棄車保帥，同意誅殺主父偃。

其實，主父偃走到這般境地，也有他自己的原因。自從步入仕途後，他大肆貪汙受賄，授人以柄，還把同事關係搞得很糟糕。最終，當他落了難後，不但沒有人替他說好話，反而被人狠狠踩了一腳。

由於主父偃平日人緣實在太差，他死後，屍首在大街上晒了好幾天，無人來為他收屍。最後，他過去的一個門客看不過去，將主父偃收殮埋葬，其仗義之舉贏得世人稱頌。

最後一個游俠

推恩令下發後，各地的王爺們雖然元氣大傷，但是他們畢竟在地方上盤踞多年，不少人與地方豪強或多或少有些利益關係。這些豪強的能量可不一般，他們本就橫行一方，本身實力已不亞於一方諸侯，若再與諸侯聯手，便會形成控制地方政治甚至威脅中央的存在。

主父偃在世時出了個主意給劉徹：「那些地方豪強在本地能量不小，將來絕對是一個隱患。臣認為，不如將他們遷到茂陵，這樣一來充實了關中的人口，二來，他們離開了自己的地盤，便不能再與地方諸侯勾結，天下必然安定祥和，何樂而不為？」

茂陵，是劉徹為自己建的陵墓。

劉徹十六歲登基，第二年就開始為自己修建陵墓。

關於茂陵的選址，有這麼一種說法。有一次，劉徹外出打獵，路過茂陵時，發現了一隻長得非常像麒麟的動物，還有一棵長生果樹。劉徹由此認定這裡是一塊風水寶地，於是下詔每年將全國三分之一賦稅用於修建陵墓。因此地為茂鄉，故稱「茂陵」。

漢朝的皇帝們有一個傳統，即位以後就開始修建自己的陵墓，並在陵園旁劃地，遷徙一批居民到陵墓附近。

劉徹採納了主父偃的建議。不久之後，他命人擬定了遷徙名單，下令全國資產在三百萬以上的富豪都要遷到茂陵聚居。

明眼人都看出來了，這是劉徹上臺後，第一次在全國內的除惡行動。

這則行政令在全國引發了不小的風波。要知道，資產在三百萬以上的富豪，在自己的地盤上深耕多年，或多或少都有些關係。離開自己的地盤，那就意味著重新開始，誰都不願意去。不少人開始頻繁與政府官員接觸，想將自己的名字從名單上劃掉。

可問題在於，這是皇帝親自簽發的行政令，各級地方官只能執行，沒有討價還價的餘地。誰要是有異議，朝廷馬上就能打倒你。

然而，就在這種高壓之下，還是有人把關係託到了中央。

這天上朝時，大將軍衛青找到劉徹，向他求個人情：「河南人郭解家貧，不夠標準，可不可以不遷？」

劉徹有些訝異：「一個普通百姓竟然要大將軍親自為他求情，看來這人來頭不小啊，此人非遷不可！」

那麼問題來了：郭解是誰？

如果用一個字來形容他，那就是：俠！

有一種獨特的生命美學，斷劍殘陽，深藏功名，令人遐想神往，這就是俠。

在中華歷史上，俠是一種很獨特的存在，他們來自各個階層，各操生業，不是以親緣、地緣為基礎的，也不是以經濟利益作為結交理由的。他們僅僅是基於共同的理想，彼此吸引，投入情感，又靠著俠義精神維持的一群人。他們的影響遍布社會各個階層，《史記》和《漢書》中，有游俠、豪俠、節俠、氣俠、輕俠、伉俠等。

有位史學家曾說：「好文為遊士，尚武為游俠。」

但是其實，尚武只能說明游俠崇尚武力，不代表他們一定會武功。司馬遷在《史記》中一再強調，游俠只是一種行為模式，與武藝高低沒有關係。他說：「這些游俠，雖然行事不符合國家的法律，但是他們言必行，行必果，捨身解救困厄，然後隱姓埋名，不肯誇耀自己的能力和品德。」

俠興起於戰國，思想上多少受墨家學派的影響，貫穿千年，幾經變遷，傳承不絕。墨派人物為了推行其主張，皆能赴湯蹈火，不避艱危，故有「墨俠」之稱。從某一種意義上講，俠跟儒家所說的君子幾乎沒什麼差別，只不過一個從文，一個從武。

不過，在統治者眼裡，俠是法律和規則的破壞者，是難以控制的流民，對這些行走江湖的俠客，朝廷自然沒有好臉色。韓非子在〈五蠹〉中曾經說過：「儒以文亂法，俠以武犯禁。」可見，俠義之士往往不為官方所容。

最著名的當屬荊軻刺秦王，燕太子丹想找人刺殺秦王，慕名找到了田光，田光又推薦了荊軻。雖然荊軻刺秦失敗，卻震動天下，後世的帝王們無不以此為戒。

不過，俠在民間有著深厚的群眾基礎和號召力，他們鋤強扶弱，貴不傲賤，捨生取義，自我犧牲。在法律的光芒照不到的地方，俠是公平和正義的化身。

郭解就是這樣一位俠客。

他是河南軹城人。軹地這個地方不同凡響，春秋時期曾出現過一個赫赫有名的刺客聶政，可見俠義之風歷史悠久。

軹城是個民風剽悍、好勇尚武的地方。郭解的外婆是著名神婆許負，成名已久；父親是混黑道的，這樣的人在官府眼裡無疑是個不好對付的人。果然，漢文帝時，郭解的父親被地方官以涉黑為由被處決了。

郭解個頭不高，自小就受到父親的薰陶，好勇鬥狠。他為人精悍，從不飲酒，別看個子小，但是內心殘忍，一言不合，拔刀相向，喜歡用刀子解決問題。

年輕的時候，郭解是個狠角色，殺過人，在紅色通緝令中經常排前三。至於窩藏要犯、打家劫舍、私鑄錢幣等作奸犯科之事，更是家常便飯。有時候手頭緊了，還做一些盜墓的勾當。

雖然做了不少作奸犯科的事，但是郭解還有另一面。他為人仗義，朋友有難，他慷慨相助，出錢出力，絕無二話。為朋友復仇，他甚至不惜以命相搏；在熙熙攘攘的鬧市中，他勇於揮刃直取仇人首級，是那種該出手時就出手，風風火火闖九州的血性漢子。在地方上，郭解的話比官府管用，而且他還能操控官府，替人免除勞役。

按理說，郭解做了這麼多壞事，為何官府一直沒抓他？

主要有這麼兩點。一是郭解做事滴水不漏，警惕性極強，一看風聲緊了，立刻就撤，絕不當出頭鳥；二是運氣實在好到不行，每一次總能恰好趕上大赦，所以屢次逃過了法律的懲處。

就這樣，郭解的聲望一天天上升，成了名副其實的黑道大哥，甚至到後來連皇帝對他都有所耳聞。慕名而來的死忠粉絲越來越多，都以能和郭解交朋友為榮。

郭解就這樣有驚無險地在道上混了幾十年。

洗白是每個黑道人物的最終歸途，郭解也不例外。隨著年紀漸長，郭解的性子也變得沉穩和善了許多，不像年輕時那麼血氣方剛、有仇必報。他開始幫助別人，仗義疏財，做一些公益活動。

有一次，他姐姐的兒子仗勢欺人，跟人喝酒，結果人家酒量不好，喝不了，這個外甥仗著自己有個黑社會老大舅舅，逼人喝，結果被人家拔刀捅死了。

對方殺完人後就跑了，姐姐找到郭解，意思就是：「你在江湖上混了這麼多年，現在人家殺了你的外甥，你看著辦吧！」把兒子的屍體往路上一扔，不管了。

郭解於是暗中打聽凶手的下落。結果凶手聽說郭解在找他，害怕了，主動回來向郭解認罪，說：「你外甥非逼我喝酒，我被逼無奈才殺了人。」

郭解了解了情況後，才明白是自己的外甥有錯在先，對凶手說：「你殺他沒有錯，是我家孩子仗勢欺人、無理取鬧，換作我也會如此。你走吧！」

江湖有江湖的規矩，郭解不會為了私心破壞規矩。

這事傳開後，郭解再次名噪天下，仰慕、追隨他的人多如過江之鯽。

郭解每次出門，人們總是報以敬畏的眼神，遠遠地看著，不敢上前。

一次郭解出門，途中遇到一個袒胸露懷、坐姿不端的人很輕蔑地看著他，一副眼高於頂的樣子。隨行的小弟很生氣，想上前給他一刀，卻被郭解勸阻了。

郭解對小弟說：「我在家鄉都得不到尊重，那一定是我修養不夠，與他人無關，不要為難他人。」

不僅如此，郭解事後還打聽那人的事，暗中叮囑私交不錯的小吏，免了來年的雜役賦稅。那人知道真相後，親自上門磕頭謝罪。

此事一傳開，郭解在人們心中的地位更加神化。

洛陽有一對仇家，積怨很深，當地的名士和豪傑有很多人從中調解，都沒有成功。有人找到了郭解，想請他居中協調一下。

按理說，洛陽不是郭解的地盤，你一外人去調解當地的糾紛，算什麼事？不明真相的人還會以為是你想擴張自己的地盤呢。

不料，郭解聽完後，沒有任何猶豫，當夜就前往洛陽，面見兩家人。聽聞軹地的郭大俠來了，兩家人趕緊出面迎接。郭解說：「你們這事我已經聽說了，本來就不複雜，我提供一個解決方案，你們給我個面子，這事就這樣吧。」

大名鼎鼎的郭解都出面了，必須給他面子。在郭解的協調下，兩家人握手言和，化解了這場矛盾。

臨走前，郭解對兩家人說：「我聽說，我來之前已經有人幫你們調解，不過沒有成功。我來了，你們看在我的面子上，接受了調解，但是這樣做，豈不是讓我這個外鄉人奪了洛陽名士豪傑的威名嗎？

這樣吧，我今晚就回去，你們當我沒來過。等我走後，若有人來調解，你們正式和解，這人情就送給他吧。」

兩家人心想：「果然不愧是郭大俠啊，做好事不留名，事了拂衣去，深藏功與名，這胸襟，這氣魄，江湖上絕對找不到第二人！」

這事被人傳開後，郭解的人氣更高了，一時間支持者無數。

唐朝時，文壇大家李白為了結識職場達人韓朝宗，曾寫下過「生不用封萬戶侯，但願一識韓荊州」的詩句。這些人對郭解的傾慕之情，也不過如此。

從當初心狠手辣的黑道大哥，到如今寬厚待人的大俠，郭解完成了身分的轉變。

在當時，百姓有了爭訟、糾紛、仇怨，縣令都斷不了的事，只要郭解出面調停，無不迎刃而解，化干戈為玉帛。尋常人要是遇到了難處，只要求到郭解的門上，他無不盡心盡力，盡量辦好。實在辦不到的，他也盡自己最大的努力讓對方滿意。

《史記》記載，由於郭解在民間名氣極大，前來投靠他的人在郭家門前排起了長隊，等候的馬車幾乎都排到了大街上。一些犯了事的人，只要郭解出面庇護，地方官也只能乾瞪眼，徒喚奈何。

郭解強大的氣場和無與倫比的號召力，引起了官府的警惕和擔憂。剛好皇帝要修建茂陵，遷一批地方豪強過去，地方官乘機也報上了郭解的名字。至於郭解有沒有三百萬家財，這不重要。

得知消息後，郭解第一時間找人疏通關係，最後一直找上了大將軍衛青。從這裡也不難看出，郭解的人脈關係確實了得。

不過很可惜，劉徹並不打算放過這個在地方上有著廣泛號召力和組織力的大俠。皇帝英明神武，總與常人不一樣，能看到常人看不到的地方。「一名螻蟻草民，居然能讓大將軍為他說情，郭解這個人哪有那麼簡單？」

郭解一家最終還是沒有逃脫搬家的命運。

臨行前，軹城的大戶們為替郭解擺酒送行，大夥兒隨便就湊了一千多萬錢贈給郭解，這個數額遠遠超過了遷豪令的三百萬。一個江湖大哥能有這麼大的威望，既是郭解的幸運，同時也注定了他後來的悲劇。

郭解家被迫遷徙了，但是他留下來的眾多小弟卻憤憤不平，這些人一直在尋找機會，想為大哥討個說法。

就在郭解離開後不久，家裡又出了一件命案。郭解的姪子打探到，當初力主遷徙郭家的是縣裡一名楊姓官員，一怒之下殺了他，還割下了他的頭。

這下可捅了馬蜂窩。官員家屬來到長安準備上書告狀，不想郭家人又追了過來，把告狀的人殺死在長安城。

堂堂天子腳下，竟然發生了這種惡性刺殺事件，這讓皇帝的面子往哪兒擱？一個游俠竟有如此能量，如此囂張，這還得了？

儘管這一切都不是郭解授意，甚至不知情，但是郭解真能撇清關係嗎？

不可能的。

劉徹立即下令，緝拿郭解叔姪。幸好早有人通風報信，郭解只得踏上了亡命天涯的路途。

逃亡的日子苦不堪言，好在郭解名聲在外，每到一地，只要報上姓名，就有仰慕他的人提供免費食宿，為他尋覓避難之所。

有一次，郭解走到臨晉關，臨晉官員籍少公沒聽過郭解，郭解報出假名，出了關。辦案人員一路追到臨晉，得知郭解已經出關，責備籍少公。籍少公承受不了，自殺身亡。

天網恢恢，疏而不漏。郭解顛沛流離、東躲西藏的日子並沒有過太久，辦案人員還是循著蛛絲馬跡抓住了他。

一代豪強郭解終於歸案，鋃鐺入獄。

然而，辦案人員審了很久，卻一直無法為郭解定罪，因為郭解年輕時背負的那些命案，大多發生在朝廷大赦之前。等郭解奮鬥成一代大臣之後，他殺人便不再親自動手，很多案子也牽扯不到他身上。

案子到了這裡，似乎審不下去了。

就在辦案人員一籌莫展之際，一個豬隊友的出現，讓案子有了轉機。

有一天，縣衙裡召開郭解的案情分析會，本地的一些大臣們紛紛為郭解說好話，說：「他為人俠義，好打抱不平，是個好人哪！」

不料，會場上坐著一個耿直的儒生，他見大夥兒都為郭解開脫，當場就拍了桌子：「郭解為非作歹觸犯國法，何謂賢？」

這話讓在場的人都很尷尬。郭解的一個小弟也是火暴脾氣，為了報復這個儒生，找了機會殺死他，還割掉了儒生的舌頭。

這下子，郭解又成了眾人矚目的焦點，郭解的內心大概也是崩潰的，真是豬隊友啊！

郭解再次受審，無奈他的確不知道凶手是誰。辦案人員只能如實上報皇帝，說：「郭解無罪。」

劉徹瞇起了眼睛：「真的無罪嗎？」

就在這個時候，有一個人站了出來，作了一番總結性發言，直接宣判了郭解的死刑。

這個人，就是御史大夫公孫弘。

他對劉徹說：「郭解不過是一介布衣，卻任俠妄為，玩弄權謀之術，為一點小事就傷人性命。這次的殺人事件他雖不知情，性質卻比他親自殺人更為嚴重，影響也更為惡劣，應該以大逆不道之罪論處！」

公孫弘的意見很有代表性，儒以文亂法，俠以武犯禁。劉徹作為帝國皇帝，自然不會容忍俠客階層的存在。

很快，郭解的判決結果下來了：死刑，滅族！

名動江湖的大俠郭解最終落得個滿門抄斬的悲催下場。

郭解的死亡，代表了游俠的式微。自此以後的很長一段時間內，只有歌頌游俠的詩篇，卻不曾出現真正的游俠。

漠南之戰

時光荏苒，轉眼已到了元朔三年（西元前 126 年）。這是劉徹登基的第十五個年頭。

大雪穿越洪荒，穿越時光，在每一個角落飄飛灑落，從中原到塞外，從大漠到戈壁，都在大雪中緩慢而艱難地睡去，烽火連天的中原大地，暫時得以安息。

就在這時，北方邊境忽然傳來一個消息：「匈奴起內訌了。」

事情的起因是這樣的：

西元前 127 年的河南地之戰，劉徹大膽重用衛青，以聲東擊西的謀略，擊敗樓煩王和白羊王，俘敵三千餘人，獲牲畜一百多萬頭，將秦末以來丟失八十年的河套地區全部收復。匈奴軍臣單于很生氣，嚴厲斥責右賢王，怒其失職失察，致樓煩王、白羊王敗逃，失地於河套。

這一年，匈奴的領袖軍臣單于病死，按理應該是太子接位。不料軍臣單于的弟弟左谷蠡王伊稚斜心裡卻有自己的算盤。他趁著這個空當，帶兵包圍了王庭，宣布自己才是單于的接班人。

太子於單自然不服氣，帶兵與叔叔硬碰硬，最終不敵。望著廣袤無邊的北地，於單一聲長嘆，帶著自己的小弟一路南下，投奔了漢朝。

匈奴的內亂，其實也是有根由的。匈奴只是一個鬆散的部落聯盟，單于只是大夥兒公認的帶頭大哥，名為草原共主，其實權威非常有限。

草原民族跟農耕民族完全不同，農耕民族的治理模式是：民眾繳納賦稅，統治者提供安全保護。草原則不同，單于和草原各個部落之間的契約本質是：部落提供軍隊，單于負責帶領打仗，然後公平地分配戰利品。

此外，匈奴單于以下，分為左、右賢王，左、右谷蠡王，左、右日逐王，左、右大將，左、右大都尉，這些人都是單于的親屬。在那個誰的拳頭大就聽誰的部落時代，太子要想順利繼位，確實沒那麼簡單。

敵人的敵人就是朋友，對於前來投奔自己的匈奴落難太子，劉徹自然是敞開懷抱歡迎的。這可是匈奴太子啊！他要是投奔了漢朝，無疑可以大大鼓舞漢軍擊敗匈奴的信心。

劉徹為於單封了個涉安侯，讓他在長安城安心住了下來。不過很可惜，這位流亡太子命不好，過了幾個月就死了。

這之後，陸陸續續又有不少匈奴人投奔漢朝。這其中，有一個漢人顯得格外引人注目。

他穿一身胡服，滿臉鬍子，臉上刻滿了滄桑，手中的旌節早已磨光了穗子，卻依然高高舉起。

一路上，他頂著烈日酷暑，跨越了大漠戈壁。當他再次望見巍峨的長安城時，心中感慨萬千！

一進長安城，他撲通一聲跪倒在地，聲嘶力竭地號哭起來。

「我回來了！」

張騫回來了。

這個杳無音信、幾乎被遺忘的男人，終於回家了。

這一年，距離他從長安出發，已經過去了整整十三年。

十三年前，他奉劉徹的旨意，帶著一隊人踏上了西行之路。擎一支旌節，他帶著聯繫月氏的使命，奔走於茫茫大漠；他扶一扶駝鈴，闊別長安的歌舞昇平，遊蕩於寒沙衰草。

這一路上，有大漠戈壁，有天山白雪，有野蠻嗜殺的匈奴人。多少次，他暈倒在大漠，最後又艱難地爬起；多少次，他差點命喪黃泉，又僥倖活了過來。飢餓、寒冷、孤獨、死亡的威脅都沒有讓他放棄，縱然生死一線，他都堅強地挺了過來。

從月氏回來後，張騫被羌人捕獲，獻給了匈奴主子。趁著匈奴內亂，張騫再次越獄成功，但是這次隨他成功逃出的，只有甘父一人而已。

那一年他離開時，二十七歲，正是風華正茂的年紀；可如今，十三年過去了，歷經歲月的洗禮，他已是年近不惑的滄桑大叔。

時間，過得可真快啊！

得知張騫回來了，長安城激動了，劉徹激動了！

劉徹親自接見了他，詳細了解此行的見聞。隨後，張騫被封為太中大夫，忠實的甘父被封為奉使君，以表彰他們的功績。

你以為這就是張騫的全部人生了嗎？

不！

他的傳奇故事還遠沒有到結束的時候。不過眼下，需要說一下另一件大事，即匈奴人即將發起一場對漢帝國的瘋狂反撲。

元朔三年夏，匈奴騎兵數萬人攻入代郡，殺代郡太守，擄掠千餘人。

元朔三年秋，匈奴騎兵擊破漢軍要塞，血洗雁門，殺掠數千人。

從進攻的方向來看，匈奴人的這兩次攻勢，更像是在示威。兩次攻擊，漢朝都沒有作出反應，匈奴人的野心也越來越大。

元朔四年，匈奴召集了九萬大軍，兵分三路，分別攻擊代郡、定襄、上郡。

參與這次行動的，除了匈奴單于本部外，還有河南地的故主 —— 右賢王。他派出了數萬精騎，數次攻破長城關隘，進入朔方郡，大肆殺掠。

在不到一年的時間裡，匈奴人多次攻入漢帝國邊郡，殺傷官民數萬人，擄掠萬餘人，財產損失無數。

面對匈奴接二連三的挑釁，劉徹沒有急於出擊。

自從上次攻略河南地成功後，劉徹的策略思想又上升了一個層面。他發現，這種小打小鬧實在沒意思，和草原民族作戰，自身戰爭成本太高，必須打那種畢其功於一役的殲滅戰。

劉徹的計畫是，吞掉匈奴的右賢王部。

為了這次大會戰，劉徹調集了七萬精兵，並作了精心的策劃。

元朔五年（西元前 124 年）春，在經過一系列準備後，漢軍對匈奴發動突襲。

這次出征，漢軍的時間點選擇很巧妙。為什麼這麼說？

在草原上生活過的人都知道，早春是草原上最脆弱的時節，這個時候羊要產羊羔，牧民們得開始保育羊羔、剪馬鬃、儲存度春飼草、馴馬等繁忙的春季牧業生產。空閒的時候還得趕著馬群跑一圈，以便讓馬匹快速脫去冬季的厚毛。而且經過一個冬天的消耗，牲口也都很虛弱，並不適合出門打仗。

那什麼時候適合出門打仗呢？

答案是：冬天。

經過了一個秋天，牲口們個個膘肥體壯，羊肥牛壯馬有勁。關鍵是，冬季的草原只有凜冽的寒風和枯黃的大地，匈奴人沒事做，反正閒著也是閒著，這個時候單于就會號召部眾們到南邊打家劫舍去。

這一次出擊，領頭的依然是衛青。

衛青率領三萬騎兵，從朔方高闕要塞出兵，目標：右賢王。游擊將軍蘇建、強弩將軍李沮、騎將軍公孫賀、輕車將軍李蔡四人，均受衛青管制，各率一萬人馬從朔方城出發，在西線對匈奴發起強攻。

同時，為了牽制東邊的匈奴左賢王，劉徹又任命大行李息、岸頭侯張次公為將軍，從右北平出兵。

面對東西兩線漢軍的同時進攻，匈奴人也表示壓力很大。「這個時間點就出來打架，明顯不按牌理出牌啊！」

匈奴右賢王接到消息後，紅著眼睛，低頭看著輿圖，掂量了一下，感覺自己不是衛青的對手，果斷選擇了撤退。

這一撤，便是六百里。

右賢王很清楚，匈奴人的優勢在於機動性強，一切的戰場主動權都掌握在自己手裡。漢軍要想在廣袤的草原戈壁上捕捉到匈奴的主力，基本上沒有成功的希望。雖然衛青最近在漢帝國的軍界異軍突起，打了不少勝仗，但是右賢王不以為然。這裡是大漠，是自己的地盤！等到漢軍人疲馬乏之時，自己再殺個回馬槍，還不是輕而易舉之事！

想到這裡，右賢王不禁放鬆了警覺。幾日奔波下來，非常累，索性擁著自己的愛妾，喝著小酒，沉浸在溫柔富貴鄉中不可自拔。

就在匈奴人放鬆警惕的時候，衛青帶著自己的騎兵正一路疾馳在廣袤的大漠中。夜色覆蓋的大漠寒氣逼人，夜風捲起的涼氣，直入骨髓，但是這隊騎兵飛奔如常。

匈奴人紮營，除了將營地和馬圈用柵欄圍起來之外，幾乎沒有任何防護。畢竟他們所面對的，是關隘裡龜縮不出的漢軍，在大漠裡，他們根本無敵。

因而絕大多數人，在此時都已呼呼大睡。

夜裡值守的匈奴武士，也只是隨便在附近打馬走一走，夜裡的天氣格外寒冷，他們跺著腳，或是尋個篝火附近，直接躺著小憩片刻。

而此時，衛青帶領的漢軍已悄悄合圍了匈奴人的營地。

就在右賢王睡得正香時，忽然一陣漫山遍野的戰鼓聲驚醒了他，右賢王猛地翻身坐起，醉意全消，只聽到營帳外混亂一片。

「出了什麼事？」

右賢王披上了自己的皮衣，取了自己的金刀，匆匆走出大帳，可是下一刻，他的瞳孔猛地收縮！

無數支鐵鏃如同急雨一般射過來，匈奴人大驚之下舉起兵器抵擋。但是漢軍的這種圓柱體箭鏃、四稜形尖鋒的鐵製箭鏃委實太多太密，又配有大黃弩這樣的發射裝備，比一般的青銅箭鏃殺傷力和穿透力更強，匈奴人根本無從抵擋，只能四散奔逃。

不遠處，那用以餵馬的草堆也燃起了熊熊火焰，直衝天際；數個帳篷被點燃，裡頭的人瘋了似的逃出來，也有人直接葬身火海。

漢軍在點燃草堆後，對匈奴營地發起了強攻，整個匈奴營地如同炸開一般。馬圈裡，戰馬受到了驚嚇，瘋了似的戰馬開始衝出柵欄，而後發足狂奔。

這些已經不受控制的馬，從前是匈奴人的殺人利器，而今卻成了更加混亂的根源。戰馬狂奔，衝入一個個帳篷，無論眼前是何人，都毫不猶豫地將其撞飛，馬蹄踏上倒地的人，將其直接踩碎。

右賢王看到一團更大的火焰漫天而起，那是囤積的乾糧和馬料。

堆積如山的馬料開始燃燒，而幾乎所有的馬圈裡，受驚的戰馬開始四處逃散。

「完了……」

他茫然無措地看著自己的大帳，耳邊是無數人的慘呼，還有馬在嘶鳴。那痛入骨髓的哀號聲，聽得右賢王驚出了一身冷汗。

衛士們終於找到了右賢王，他們拉扯著右賢王，口裡大呼：「大王快走！」

看著周遭的慘狀，右賢王心如刀絞，整個人都要崩潰了。

他面上扭曲，猙獰可怖，痛苦不堪地將手中長刀插在了地面，仰頭長嘯：「此大恨，吾誓當報！」

在衛士們的保護下，右賢王帶著數千名親兵從北面突圍而去。

這一戰，除了右賢王僥倖逃脫外，匈奴被殺死和俘虜的人超過一萬五千人，其中包括匈奴小王十餘人，俘獲牛、羊、馬等牲畜近百萬頭。

右賢王的主力基本被殲滅！

這一戰發生在大漠以南地區，故而被稱為漠南之戰。

消息傳來，劉徹非常激動，對前線將士大加封賞。衛青被封為大將軍，食邑從三千八百戶增加到八千七百戶；衛青的兒子衛伉封為宜春侯，衛不疑為陰安侯，衛登為發干侯。一時間，衛氏一門一日三侯，地位之尊崇，無人可及。

面對如此榮耀，衛青卻保持著難得的清醒。他對劉徹說：「此戰勝利，都是前線全體將士英勇奮戰的結果。他們尚未受封，我那襁褓中的兒子卻裂土封侯，這實在不合適，希望陛下能對一線將士多一些賞賜。」

這番話讓劉徹有些不爽：「難道只有你關心前線將士嗎？」他沒好氣地說：「我沒有忘記其他將領的功勞，該有的賞賜一份都不會少！」

這之後，劉徹取來了功勳冊，封公孫敖、公孫賀、韓說、李蔡、李朔、趙不虞、公孫戎奴、李沮、李息、豆如意等十位有功將領為侯。有功將士也各得封賞，大家皆大歡喜。

大家都很高興，有一個人卻很鬱悶。

李廣沒有參加此役，錯過了封侯的機會。

隨著衛青在朝堂上的名望如日中天，有一個人對衛青的愛慕之心與日俱增。這個人，正是劉徹的姐姐、衛青的老主人平陽公主。

平陽公主一生榮華富貴，但是感情之路十分坎坷，一生中共嫁了三次。她的第一任丈夫是開國功臣曹參的曾孫曹壽，她剛嫁過去的時候只有十五六歲，夫妻二人還算和睦，生了一個兒子。

不過，曹壽的身體不好，婚後沒多久，曹壽就去世了，留下平陽公主獨自帶著孩子生活。

劉徹不忍心自己的姐姐守寡，又把她許配給開國功臣夏侯嬰的曾孫夏侯頗。夏侯頗雖然是名門之後，但是人品很差，和自己父親的小妾私通，被人發現後畏罪自殺。

可憐的平陽公主又成了孤家寡人，就在這時，她與曹壽生的兒子也不幸去世。一連串的打擊，讓她鬱鬱寡歡，自此之後很長一段時間內，平陽公主都是孤身一人。

而此刻，聽著外面的人談論衛青，說他在戰場上如何神勇，如何擊敗匈奴人，重振大漢雄風，她那顆沉寂已久的芳心再次泛起了漣漪。

美人都愛英雄。更何況，衛青又是自己看著長大的，他樸實、穩重、待人謙和，有君子之風，絕對可靠。

那一年，他跟著姐姐初到平陽侯府，只是一個卑賤的奴僕，而她是尊貴的公主；命運多舛，多年以後，她仍然是公主，他卻已經是威震匈奴的大將軍。

可是，衛青畢竟做過自己的家奴，如果自己下嫁給他，別人會怎麼看？

她找來了管家，將自己的顧慮告訴了他。管家聽完後，笑道:「夫人，今時可不比往日，衛青現在可是大將軍啊，一人之下，萬人之上。以他如今的身分和地位，跟夫人不是很匹配嗎？夫人又何必執著於過往呢？」

平陽公主聽完，暗暗下定了決心，她決定為自己的幸福拼一把！

她先去找了皇后衛子夫，把心事告訴了衛青的姐姐。衛子夫當然樂意撮合此事，並告訴了劉徹。

劉徹自然也願意看到姐姐找到自己的幸福，他以下詔書的方式，撮合了衛青與平陽公主的這段姻緣。

就在衛青沉浸在兒女情長中時，北方邊疆又燃起了烽煙！

草原上的狼是一種報復性很強的動物，更何況是喝著狼血長大的匈奴人。頭狼一聲呼嘯，狼群沸騰了，爭先恐後越過長城，開啟了凶狠的報復。元朔五年（西元前 124 年）秋季，匈奴人出動一萬多人的騎兵，猛攻代郡。

戰事很激烈，代郡都尉朱英在混戰中被匈奴騎兵斬殺，匈奴人所到之處，毀壞房屋田園，擄掠人口和牲畜後快速撤離。

漢帝國自然也不是吃素的。面對匈奴人的頻頻騷擾，劉徹積極備戰，準備繼續與匈奴人硬碰硬。

就在第二年春天，衛青帶著李廣、公孫敖、趙信、蘇建等人出塞，與匈奴人展開激戰。最終匈奴人慘敗，留下數千具屍體，慘敗而回。

隨後，漢軍分別駐紮在定襄、雲中和雁門進行休整。

兩個月後的初夏時節，衛青再一次向劉徹請戰，要求深入匈奴境內，與匈奴主力決戰。

出道即巔峰

北方邊境，一場大戰迫在眉睫。

漢朝在雲中、雁門的駐軍再度向定襄集結，衛青即將開始他的第六次出征。

旌旗獵獵，戰馬蕭蕭，鐵甲閃閃，陣容肅肅。此次出征，幾乎雲集了漢朝的菁英，公孫敖、公孫賀、趙信、蘇建、李廣、李沮都是久經沙場的老將，他們全部歸衛青指揮。張騫也作為漢軍的首席軍事顧問一起出征。

除此之外，還有一個年輕人也從長安城來到了軍營中歷練。這一年，他剛滿十八歲，卻長得精壯剽悍，渾身激素爆棚。

想必你已經猜到了，這個年輕人正是霍去病！

霍去病的父親叫霍仲孺，母親叫衛少兒，他是衛青的外甥。

衛少兒小的時候，在平陽侯府中做侍女。

有一次，平陽縣的小職員霍仲孺到平陽侯府中打雜，認識了衛少兒，兩人擦出了愛情的火花，還生下了一個孩子，這個孩子就是霍去病。

你沒看錯，霍去病是個私生子。

父親霍仲孺卻不敢認這個私生子，在平陽侯府辦完事後，他另外娶妻生子，與衛少兒不再來往。

有意思的是，霍仲孺後來生了個兒子叫霍光，在歷史上也是鼎鼎有名，他將在劉徹死後撐起漢帝國的天空。

按照霍去病的出身來看，他幾乎就是舅舅衛青身世的翻版。

不過，同是私生子，霍去病卻比衛青幸運多了。因為就在霍去病出生的第二年，皇帝劉徹到平陽侯家，看上了還是歌女的衛子夫，將她帶回宮內。

這之後，衛家時來運轉，衛子夫當了皇后，衛青憑藉著軍功，一步步成為帝國軍界的厲害角色。衛少兒自然也成了搶手貨，她嫁給了陳平的曾孫陳掌。

不過，霍去病並沒有像衛青那樣改了父姓，他還是姓霍。

他不在乎向天下暴露自己私生子的身分。「私生子怎麼了？私生子也是人，不比別人低一等。」

少年時期的霍去病生活還算優越，他練就了一身好本領，不但武藝高強，善騎射，而且對行軍布陣也有自己的心得。下面，我們有請霍去病出場，作個自我介紹：

「我舅舅是將軍，姨父是皇帝，姨媽是皇后。我雖然是個私生子，但是在長安城裡沒人敢瞧不起我。舅舅是我的老師，每天帶著我練習騎射，因此我很小就精通了騎馬、射箭、擊刺等各種武藝。舅舅還答應我，等我長大後帶著我上戰場。而如今，機會終於來了！」

這是霍去病第一次來到塞外，他此時的身分是驃姚校尉。塞外的風沙很大，米粒大的沙子打在臉上，猶如針扎般疼痛難忍；午後的太陽照在身上火辣辣地疼。一眼望去，只有滿目的荒涼。

不過，年輕的霍去病卻心潮澎湃，廣闊天地，大有可為！望著廣袤的大地，他握緊了手中的長矛，感受到了一種冥冥中的召喚，這裡才是屬於他的天地！

舅舅衛青格外照顧他，給他八百勇士，組成了驃姚營。臨行前，衛青一再囑咐他要跟緊自己，大漠風沙不斷，千萬不要迷路。

大軍準備完畢，出發！

十萬大軍從定襄出發，一路向北，深入匈奴境內百餘里。雖然途中遇到了幾股匈奴小部隊，可是匈奴的主力部隊卻仍然不見蹤影。

不僅如此，漢軍還遇到了一個非常棘手的問題：連續的幾日行軍，水的消耗特別大，可是派出去的人卻遲遲未能找到水源。

誰都知道，大漠中最缺的就是水，水就是生命。要是再找不到水源，不用匈奴人來攻，用不了幾天時間，漢軍自己就先扛不住了！

怎麼辦？

張騫主動站了出來：「我在大漠生活過，有荒野生存經驗，知道如何找到水源，讓我去！」

衛青望著這位勇闖西域的傳奇英雄，內心頗為欣慰。「就你了！」

張騫沒有讓眾人失望，他憑藉著豐富的經驗與判斷能力，終於為大軍找到了水源，解了燃眉之急。漢軍的主力部隊隨後駐紮在水源地，幾位將領各率一支隊伍去搜查匈奴人，衛青則坐鎮大本營。

這裡要重點說一下趙信。

趙信本來是匈奴人，後來投降了漢朝，因而對大漠的地理比較熟悉，他與蘇建一起，帶著三千多騎兵去搜查匈奴軍隊的蹤跡。

很快，趙信就遇到了匈奴的主力部隊。與其說是遇見，不如說是他們進入了匈奴人的包圍圈。面對數萬匈奴大軍，漢軍的三千人馬顯得勢單力孤。

雙方一場血戰，漢軍寡不敵眾，死傷大半。

匈奴派人到陣前勸降趙信，他本就是匈奴人，對漢朝談不上忠誠，眼見再打下去只有死路一條，於是帶著剩餘的八百人馬投降了匈奴。有意思的是，伊稚斜單于也沒有和他翻舊帳，反而繼續信任趙信，還為他造了一座趙信城，以示恩寵。

蘇建不一樣，他沒有退路，帶著自己的隊伍拚死突圍，好不容易逃出重圍，返回了漢軍大營。

衛青在大營中坐立不安。

趙信與蘇建的部隊全軍覆沒，這是一場重大的挫折，蘇建獨自逃回，按軍律當斬。

衛青將大夥兒召集起來，諮詢大家的意見：「蘇建應當如何處置？」

議郎周霸第一個站了出來，高聲說道：「大將軍出兵以來，從未斬過一名偏將小校，如今蘇建棄軍逃回，應該斬首，這樣才能樹立大將軍的威信！」

閎長史與安軍正趕緊站了出來，替蘇建求情：

「大將軍，此舉萬萬不可。兵法上說：小敵之堅，大敵之擒也。蘇建以三千人馬對抗數萬匈奴騎兵，浴血戰鬥了一夜，傷亡殆盡，蘇建不敢與趙信一樣懷有二心，所以逃回大本營。大將軍如果斬殺蘇建，那麼以後凡是戰敗的將領，有誰敢返回漢軍陣營？這不是鼓勵敗將投降匈奴人嗎？」

衛青道：「衛某有幸被陛下信賴，帶領大軍出塞，從來不擔心沒有威信。周霸讓我殺人立威，此舉不妥。我雖然是大將軍，有生殺予奪的權力，但絕不敢擅自誅殺大將。蘇建戰敗一事，我將上報陛下，讓陛下親自裁決！」

蘇建被押解回京，被判死刑，好在漢代有以錢贖命的法律，蘇建交了一筆贖金後回了老家。

此後不久，蘇建又被起用，跟著衛青出塞跟匈奴人繼續硬碰硬。

有人對衛青說：「大將軍的地位是至尊至重了，可是天下的賢士名人卻沒人誇讚傳揚您的威名。古時的名將都向朝廷推薦賢良才能之士，自己的名聲也傳遍四海，希望大將軍能學習古時名將的做法。」

衛青搖搖頭，告訴他：「你只知其一，不知其二。以前武安侯田蚡、魏其侯竇嬰各自招攬賓客，結成朋黨，以頌揚自己的名聲，陛下常常恨得咬牙切齒。親近賢士名人，晉用賢良，貶黜不肖，這都是陛下的權柄，我們做臣子的，只需遵守國法，履行自己的職責就可以了。」

這一戰，斬殺最多的是上谷太守郝賢，這已經是他第四次隨衛青出征，斬殺匈奴數百人。

此時，漢軍大部人馬都已陸續返回，就差霍去病的驃姚營。

人呢？

衛青有些後悔，自己的外甥第一次上戰場，就讓他孤身犯險，萬一遇上匈奴的主力部隊，有個三長兩短，自己如何向姐姐交代？

就在衛青等得幾乎要絕望的時候，霍去病回來了。

原來，霍去病領著手下士兵，一路向北，一直追出去幾百里，終於見到了匈奴的大營。他遇上的，正是匈奴相國的部隊。

霍去病毫無懼色，帶著八百騎兵一馬當先，直接朝著正前方向的匈奴騎兵陣衝去。

這麼多年的騎射訓練，枯燥平淡，只有在這大漠之中策馬，方才覺得痛快。

雖是寒風冷冽，颳得面上生疼，霍去病口裡呵著白氣，卻已是熱血沸騰。

朝思暮想了這麼多年，而今，終於得償所願。

漢軍鐵騎已如旋風而至，霍去病精挑細選出來的這八百勇士，個個都是百裡挑一，他選人很準，是否精通騎射，他一眼便知。他們隊形齊整，至百步之外，立即變換隊形，無數的鐵騎紛紛張弓射箭。

箭矢瞬間如雨下，一窩蜂地射向匈奴人。

隨後，他們抽出環首刀，刀鋒揚起，在豔陽之下，熠熠生輝。

「狹路相逢勇者勝！」

「殺！」

八百鐵騎渾身熱血沸騰，各自發出咆哮，毫不猶豫地朝向匈奴人衝殺而去。

我們不知道霍去病究竟遇到了多少匈奴軍隊，只知道，這一戰，驃姚營斬殺與俘虜匈奴二千零二十八人，有零有整！

事後一清點，這些被殺死和俘虜的人中，有很多匈奴的高級官員，有單于的叔叔、相國，還有單于爺爺輩的一個王。

按理說，這些都是匈奴中大哥級的人物，他們手上的兵力不會少，戰鬥力也不可小覷。可是在霍去病帶領的驃姚營面前，通通都不堪一擊！

這份戰績，讓舅舅衛青嚇了一跳：「這外甥太厲害了吧？」

戰報傳到長安後，朝野舉國沸騰了！劉徹大為驚喜：「霍去病真是一個雙料冠軍啊！在斬殺敵軍人數這個專案上，霍去病是冠軍，在俘虜匈奴重要頭目這個專案上，他還是冠軍！真是戰功卓著啊！」

劉徹大筆一揮，封他為冠軍侯，食邑兩千五百戶。

這一戰，漢軍斬殺匈奴一萬多人，但是後來損失了兩路人馬，叛逃了前將軍趙信，算不上成功。好在還有霍去病，挽回了漢帝國的顏面。戰後，劉徹論功行賞，賜衛青二十四萬兩金；張騫因尋找水源有功，再加上之前出使西域的壯舉，被封為博望侯。

霍去病一戰封侯，開始展露出絕世名將的鋒芒。

所有人都意識到，繼衛青之後，一顆將星正在冉冉升起。

第五章

淮南大案

書生造反

這是霍去病第一次在歷史的舞臺上亮相。不過，他要真正在戰場上建功立業，還需要再等兩年的時光。

至於原因，很簡單，朝廷沒錢了。

從元光六年到元朔六年（西元前 129 年至前 123 年），七年內，漢帝國對匈奴發動了六次反擊，匈奴也對漢帝國的邊境進行了十幾次大規模侵掠。

隨著戰爭的不斷更新，戰爭開支越來越大。打仗的軍費開支、賞賜將領的開支，乃至安置匈奴降軍的花費，樣樣都支出甚多，光戰馬的死亡數量就超過了十萬匹。

此外，一座朔方城就耗資千萬之巨，國庫為之一空。據史料記載，僅從元朔二年至元朔六年，封侯的人就多達一百二十一個，光是賞賜將士們的黃金就在二十萬斤以上！

到西元前 124 年，漢帝國就已經花光了文景時期累積下來的錢糧財富，國庫早已枯竭，實在無力支撐戰爭的開支了。

怎麼辦？

劉徹大筆一揮，頒布了一道詔令：「允許百姓花錢贖罪與賣官鬻爵。」

花錢贖罪很好理解，凡是被判有罪的人，只要你出得起錢，都可以贖免罪行或減輕刑罰。比如，李廣、蘇建這些人，打了敗仗按律當斬，結果錢交上去就可以出獄回家了。當然，這種罰款一般都是天價，一般人家根本出不起，後來的太史公司馬遷就因為交不起錢，為了寫完《史記》，才不得不接受宮刑。

賣官鬻爵又是怎麼個玩法？

其實，早在漢文帝時，朝廷就這麼搞過，不過當時賣的官僅僅是個榮譽頭銜，免除一些象徵性的人頭稅。看起來很拉風，其實沒什麼實際意義。

劉徹則不一樣，他借鑑了秦時的二十級爵，一番更新改造後，設立了大漢版的功爵制，還起了個好聽的名字：武功爵。

武功爵共十一級，分別是造士、閒輿衛、良士、元戎士、官首、秉鐸、千夫、樂卿、執戎、政戾庶長、軍衛，起步價十七萬錢。這麼一改，就提高了好幾倍賣爵位的利潤。

當然，那些買官的也不願當冤大頭，你把價錢定得這麼高，誰願意買這麼個虛名？

劉徹也想到了這一點，為了讓想買官的看到實在的好處，他規定，凡是購買武功爵到千夫（第七級）以上的，可以優先出任政府的官吏，犯了罪還可以減二等。至於能當什麼官，你先把錢交齊了，我們再來討論。

不僅如此，朝廷後來還搞了個入粟補官，允許小吏拿糧食補官。

很顯然，劉徹的這種做法並不高明，其帶來的直接後果就是司法不公、吏治敗壞、官職空廢。這一次，政府靠這種辦法暫時籌到了錢，可是下一次呢？

只要漢匈戰爭還在繼續，漢帝國還會遇到財政危機。那麼當下一次財政危機來臨時，劉徹還會拿出什麼樣的解決方案呢？

就在劉徹想盡各種辦法籌錢時，帝國內部又爆發了一場危機，淮南王劉安要謀反！

要說淮南王劉安的故事，還得從他老爸劉長說起。

我們都知道，劉邦共生了八個兒子，劉長是最小的一個。漢帝國建立後，淮南王英布起兵叛漢，被劉邦擊敗。此後，劉長被封為淮南王，領有九江、衡山、廬江和豫章四郡。

隨著羽翼豐滿和勢力膨脹，劉長逐漸生出了造反的心思。不過，他的那點小心思早就被皇帝識破了，劉長被發配蜀郡，在途中絕食而死，死後被諡為淮南厲王。

這之後，漢文帝將原來的淮南國一分為三，分給了劉長的三個兒子，長子劉安承襲了父親的爵位，出任淮南王。

這一年，劉安十五歲，心中種下了一顆復仇的種子。

景帝三年（西元前 154 年），景帝採用晁錯的〈削藩策〉，先後下詔削奪楚、趙等諸侯國的封地。

吳王劉濞第一個表示不服，他廣撒英雄帖，邀請幾位王爺一起謀反，其中就包括淮南王劉安。

劉安接到英雄帖後，蠢蠢欲動。淮南相看出了他的心思，告訴他：「大王要發兵跟吳王做大事，我願意為您帶兵。」

劉安沒有多想，把部隊指揮權交給了淮南相。不料，淮南相拿到部隊指揮權後，卻把劉安關在城中不許發兵，固守防禦工事。朝廷不知具體情況，還派了人救援淮南，淮南國因此保全了下來。

經此一事，劉安開始反思自己：「造反這麼大的事，怎麼能把部隊放心交給別人呢？還是太年輕，沒經驗啊！繼續等待時機吧！」

劉徹登基後，淮南王劉安入京朝見。因為劉安是長輩，而且頗有才華，劉徹非常尊重他，一有空就找他聊天。

劉安和田蚡關係很好，劉安進京朝見，田蚡直接到灞上親自迎接。田蚡有次對他說悄悄話：「皇上到現在都沒生出兒子來，大王您是高皇帝的親孫子，廣行仁義，天下聞名，假如皇帝突然去世，除了大王您之外，還有誰能繼承帝位呢？」

劉安聽完，一顆心頓時就躁動了起來。「知我者，田蚡也！」

心花怒放的劉安給了田蚡一筆鉅款。

乍一看，這是田蚡慫恿劉安謀反。田蚡雖然和劉安私交很好，但是別忘了，他還是劉徹的舅舅。田蚡說這個，大概也就是想騙點劉安的錢，要說真盼著他外甥劉徹死，我覺得田蚡膽子還沒那麼大。

劉安這個人和一般的反派不一樣，他喜歡讀書，喜歡寫文章，是個知識分子，後來還編了一部書叫《淮南子》。此外，他還喜歡收手下，手下有一群臣僚和賓客，這些人大多是長江、淮河間的小混混，沒事就拿他老爸劉長死亡一事來刺激他。

建元六年（西元前 135 年）的某一天，一顆彗星拖著長長的尾巴，肆無忌憚地劃過天空。

有人對劉安說：「想當年，吳王劉濞起兵叛亂時，也出現了彗星，不過長僅數尺，尚且流血千里。如今彗星貫穿天際，恐怕天下將有戰事發生。」

劉安聽完這話，心中一震。

眼下皇帝還沒有生兒子，若天下發生變故，各諸侯王必然群起而爭奪皇位。放眼望去，諸侯王中除了自己，還有誰更有資格參與競爭？

當初自己的父親劉長活著的時候，一直就有問鼎之志，可惜行事不密，被文帝逮捕下獄，此後在流放途中去世。雖然官方說法是劉長自己想不開，絕食而死，但是誰知道這其中到底有沒有隱情？

這麼多年來，自己一直沒有忘記殺父之仇，如今老天爺打了一發訊號彈，這不就是暗示天命將改嗎？

有了這個暗示，劉安開始更加緊鑼密鼓地招兵買馬，打造攻戰器具，準備糧餉。此外，他還大肆賄賂各地的郡守、親王，招攬說客和有才之士。這些人看準了劉安這個冤大頭，天天為他編故事拍馬屁，為他出謀劃策。劉安心裡很得意。

劉安積極準備策略物資，等待「天下大變，諸侯並爭」局面的到來。

這一等，就是十多年，劉安始終沒有等到天下大變的機會。

劉安有個女兒叫劉陵，不但聰明，而且能說會道。為了掌握朝廷的動向，劉安派寶貝女兒到長安，讓她刺探朝中內情，結交劉徹身邊的人。

一般來說，造反這事，知道的人越少越好。自從啟動造反計畫後，劉安整天疑神疑鬼，看誰都像是告密者，連自己的兒媳婦都不信任。

這個兒媳婦是當朝王太后的外孫女，嫁給了劉安的兒子劉遷。他很擔心，萬一這裡媳婦要是看出點什麼，偷偷向朝廷打小報告，那自己豈不是要玩完了？

為了排除這個身邊的隱患，劉安和兒子劉遷上演了一出雙簧。

劉遷先是假裝另有新歡的樣子，三個月沒有與她一起睡覺，惹得世子妃跑到公婆那裡去哭鬧。隨後，劉安又裝出一副很生氣的樣子，把兩人關一間屋裡，一關又是三個月，不過劉遷始終對媳婦兒碰都不碰。

夫妻關係發展到這一步，世子妃也覺得沒意思了，她哭哭啼啼地對劉安說：「這種日子我沒辦法過下去了。既然世子不愛我，乾脆就送我回娘家去吧。」

劉安心中一喜：「就等你這句話呢！」

當然，表面上他還得裝出一副痛心疾首的樣子：「這樣啊，是我們劉家對不起你，我替你寫封信，你幫我轉交王太后，以表達我的歉意。」

就這樣，劉安把世子妃送回娘家。

看著世子妃離去的身影，劉安父子二人相視一笑。

就在劉安得意忘形的當下，劉遷又惹事了。

劉遷喜歡劍術，練了幾年後，覺得自己是劍術奇才，無人可比。聽說王宮禁衛統領雷被是劍術高手，就想找他來比劃比劃。

雷被知道這位世子爺好勝，又好面子，跟他比武不能贏，可又不能輸得太明顯，這可有點為難了。

儘管雷被已經足夠小心謹慎了，可還是一招不甚，失手傷了劉遷。

按理來說，比武嘛，技不如人，受點傷很正常，輸了就要有認輸的氣量。可是劉遷是個小心眼，他認為雷被是故意讓他難堪，惱羞成怒，放出話要讓他好看。

雷被很鬱悶。

得罪了世子，他覺得繼續待下去恐怕沒什麼好果子吃。而此時，劉徹一直在籌備與匈奴的決戰，向各封國、各郡頒下詔書，號召各地有志青年積極參軍。

這是一個難得的機會，雷被告訴劉安，自己想去長安報名參軍，在沙場上與匈奴人廝殺，請求劉安批准放行。

不料，劉安不但沒同意，反而訓了他一頓，開除軍職。

這就很過分了，人家小夥子積極響應徵兵號召，想到邊疆建功立業，你憑什麼阻攔？

雷被見此路不通，索性背起行囊，踏上了進京上訪的道路。

涉過了三千道水，問過了十萬迴路，雷被日夜兼程，終於在幾個月之後，看到了長安城的影子。

接到雷被的上訪信後，朝廷非常重視。「一個小小的淮南國，沒有落實朝廷的徵兵政策，居然還敢阻攔有志青年投軍報國，這劉安到底想做什麼？」

劉徹大為惱怒，立即讓河南郡負責調查此案。

消息傳回淮南國，劉安和王后緊張死了，兩人召集心腹商議對策。底下人都認為：「一旦朝廷的調查組到淮南國，肯定會發現一些端倪，不如趁此機會直接起兵！」

劉安覺得有點冒險：「要不再等等？」

這一等，十多天過去了，劉安還是沒能下定決心。

朝廷的動作很快，十天後，朝廷調劉遷前去問訊的公文就傳到了壽春縣。一旦劉遷被逮捕，那這造反大業就要歇了。好在負責此案的壽春縣丞是劉安的人，他把公文壓了下來，暫緩處理。

就在劉安準備緩一口氣的當下，淮南國國相卻不做了，他見壽春方面阻礙辦案，便向朝廷發文，找了個罪名彈劾淮南王。

官司再一次打到了長安，劉徹將案子交給廷尉辦理。廷尉的動作很快，沒過多久就查出了一大堆問題，各種證據都對劉安不利。大夥兒一看，紛紛要求把劉安抓起來，好好審一審。

劉徹卻保持著難得的清醒。他說：「淮南王畢竟是一方諸侯，我們得查證後再下結論。這樣吧，我派個人到淮南國再去調查一下。」

就在大臣們個個慷慨激昂、唾沫橫飛時，劉安在長安城的情報系統終於發揮了作用，這則消息第一時間被傳回了淮南國。

形勢已經對劉安非常不利了，怎麼辦？

劉遷坐不住了，他出了個主意：「如果朝廷使臣來逮捕父王，父王可叫人穿上衛士的服飾，持戟站在庭院之中，父王身邊一有不測發生，當場格殺朝廷使臣。我再派殺手去除掉淮南中尉，奪取兵權，這樣就可以順利調動軍隊了。」

劉安一拍桌子：「就這麼做！」

光說不練

按照劉遷的計畫，劉安立即啟動了造反大業。而此時，朝廷派來的辦案人員殷宏也抵達了淮南國。

殷宏的職位是中尉，主要負責掌管宮門以外的警衛及維持京師治安。他知道劉安父子心裡有鬼，出發之前就已經準備了一套說辭。

劉安父子嗅到了一種要完蛋的氣息。

不料，殷宏第一次上門拜訪時，卻是一臉輕鬆，態度非常客氣，一點也不像要追究責任的樣子。他只詢問了一些和雷被參軍被阻一案有關的問題，關於謀反，隻字未提。之後，他當著劉安的面，將調查報告發往長安。

劉安有點搞不清狀況了：「這是什麼意思？難道朝廷沒準備收拾我？」

調查結果報上去後，百官依然群情激奮，有人發言：「淮南王阻撓雷被參軍，抗旨不從，理應判處棄市死罪。」

劉徹搖了搖頭。

「那……還是將淮南王廢為庶人？」

劉徹還是不同意。

「要不然，先削他五個縣，以示懲罰？」

「太狠了，削兩個就行了。」

判決結果定下來了，得有人再跑一趟淮南國宣布結果。任務又落到了殷宏的身上。

這些天來，劉安的心情就像坐雲霄飛車一樣，時而恨不得立刻造反，時而又覺得準備不夠充分。當那個一團和氣的殷宏再一次站在淮南王的王府時，劉安的一顆心緊張到了極點。

出乎意料的是，一見面，殷宏的態度一如既往地友好。

殷宏說：「在下特來為大王賀喜。」

劉安問：「哦？何喜之有啊？」

殷宏說：「想必大王已經聽聞了，朝堂上的輿論對大王很不利，不過陛下念及大王是自己的長輩，駁回了大臣們的意見，寬恕了大王，只削兩個縣，意思一下而已。」

劉安問：「真的？」

殷宏說：「千真萬確，陛下特意讓我來跑一趟，為的就是讓大王放寬心，陛下還是很信任大王的。」

既然這樣，劉安就沒必要撕破臉了。

殷宏不得不客氣一點，他剛進門的時候，分明看到兩邊的衛士渾身都是殺氣，表情冷峻。如果自己說錯了話，劉安一個眼神就能殺死自己。

一場風暴就這樣消於無形。

送走殷宏後，劉安哀嘆道：「我行仁義之事卻被削地，此事太恥辱了！」

沒辦法，造反的計畫準備了這麼多年，不能停，只能繼續，劉安再一次投入到造反大業中。

為了造反，劉安甚至患了偏執的妄想症。每當有朝廷的使者從長安回來，謊稱皇上還沒生兒子，漢家天下不太平之類的話，他就高興；如果說天下太平，皇上生兒子了，他就生氣，認為是胡言亂語，不可信。

劉安將有限的生命投入了無限的造反大業中，這種精神感動了他的兄弟：衡山王劉賜。

劉賜也是淮南王劉長的兒子，不過比劉安小幾歲。他的性格很像父親，做事不用腦，經常做一些侵犯百姓權益的事。有一次，事情鬧到了長安，劉徹看在親戚的面子上，對他網開一面，剝奪了他的人事任免權。

劉賜完全不領劉徹的情，他總想做點大事，報復一把。聽說自己的哥哥劉安一直在籌備造反的事，主動報名要求參加。

劉賜和劉安關係一直不怎麼樣，但是這一次，為了同一個夢想，兄弟倆終於達成了一致意見：劉安攻入長安做皇帝，劉賜奪取江淮之地，做一個諸侯。

為了造反大業，劉安和自己的小弟們沒日沒夜開會，對著地圖討論細節。他說：「陛下沒有太子，一旦過世，宮中大臣必定徵召膠東王，要不就是常山王。到時候諸侯王一擁而上，爭奪皇位，我不是得有所準備嗎？況且我還是高祖皇帝的親孫子，說起來，我是最有資格競爭皇位的。陛下待我還不錯，我能忍受他的統治；陛下掛了之後，我豈能向一個小兒低頭稱臣？」

願望很美好，可是現實很骨感。

要造反，手上得有兵，最好還得是自己人。

劉安拿著名單看了半天，決定把王宮警衛官伍被拉到造反的小團夥中。

伍被一聽，害怕了：「造反？開什麼玩笑？造反不是繪畫繡花，造反是暴動，是要流血犧牲掉腦袋的，這種事成功的機率極低，我可不做！」

劉安說：「我是老闆，就這麼定了！」

這一天，劉安和自己的小弟們開會討論造反的細節，伍被被邀請發言。

不料伍被一張口，就說出了一句煞風景的話：「皇上寬赦大王，大王怎麼能有這種亡國的言論呢？」

劉安一言不發。

伍被不像其他那些頭腦發熱的人，他保持著難得的清醒。真正負責任的造反者，不掉別人的腦袋，便掉自己的腦袋，神經自然高度緊張。

伍被說：「臣聽說伍子胥勸諫吳王，吳王不用其言，於是伍子胥說，臣即將看見麋鹿在姑蘇臺上出入遊蕩。現在臣也即將看到宮中遍生荊棘，露水沾溼衣裳。」

「你住口！」

劉安氣急敗壞地攔住了他：「原以為你是個積極分子，沒想到你卻跑來搗亂，擾亂軍心！」

一怒之下，劉安把伍被的父母抓到牢裡，期限三個月，讓伍被回去反省反省。

有人或許會問了，既然伍被不聽話，何不殺了他？

其實，劉安也有自己的苦衷。造反這事風險極大，必須得有將領支持自己，伍被是為數不多的對自己還算忠心的人，如果他死了，那更沒人服從自己了。

三個月後，劉安再一次找來了伍被，問他：「將軍準備答應本王嗎？」

伍被搖搖手指：「不！」

劉安又鬱悶了：「讓你反省三個月，看來是白反省了。」

他只好努力地深吸一口氣：「不生氣，不生氣！」

伍被回答：「我只是來為大王謀劃安邦大計的。我聽說，聽力好的人能在無聲時聽出動靜，視力好的人能在未成形前看出征兆，所以最智慧、最有道德的聖人做事總是萬無一失。從前周文王為滅商紂率周東進，一舉成功，這就是所謂順從天意而行動的結果，因此四海之內的人都不約而同地追隨響應他，這是千年前可以看見的史實。

至於百年前的秦王朝，近代的吳楚兩國，也足以說明國家存亡的道理。我不怕做第二個伍子胥，也希望大王能聽我一言，不要重蹈吳王的覆轍。」

劉安沉默不語。

伍被繼續說道：「過去秦朝棄絕聖人之道，焚書坑儒，強迫百姓運送海濱的穀子到西河。當時，男子努力耕作卻吃不飽飯，女子天天織布卻衣不蔽體。始皇帝派蒙恬修築長城，東西綿延數千里，長年戍邊、風餐露宿的士兵常常有數十萬人，死者不可勝數，百姓氣力耗盡。

始皇帝又派徐福入東海，訪求神仙和不死藥。百姓人心離散猶如土崩瓦解，想造反的十家有七。有人對高皇帝說，時機到了，高皇帝說，再等等看，當有聖人起事於東南方。不到一年，陳勝、吳廣就揭竿而起。

高皇帝自沛縣起事，一呼百應，這就是看準了時機。大王覺得高祖打天下很容易，是因為當時百姓盼秦滅亡如久旱盼甘霖一樣，高皇帝順天應人才得以成功，可如今的形勢能和當年比嗎？

景帝時的吳王劉濞，掌管四郡，有開山為銅、煮海為鹽之利，國富民強，可結果如何？一戰而敗，身死國滅，為天下笑談。這是違背天道而不識時勢的必然結果。

聽聞箕子在分封到北韓後，有一次去周朝朝拜，路過原來商朝的都城朝歌，看到城牆宮室毀壞，長滿了野生的禾黍。箕子對於商朝的滅亡非常傷心，很想大哭一場，可是此時已是周朝，自己還做了周朝的諸侯，於理不合。無奈之下，寫下了千古傳唱的〈麥秀歌〉。

《孟子》說：『紂王貴為天子，死時竟不及平民。』紂王生前早已自絕於天下人，而不是死到臨頭天下人才背棄他。大王您還是聽我一言吧，要不然怎麼死的都不知道啊！」

說到這裡，伍被早已是淚水漣漣，在劉安的注視下，他一步步走下臺階，出了大殿。

被伍被這麼一鬧，劉安也覺得心裡沒底，於是造反的事又往後推。不料，一次家庭內訌，再次把劉安推上了風口浪尖。

劉安有兩個兒子，一個是嫡子劉遷，被立為世子，另一個是劉不害，年齡比劉遷大。由於劉不害是庶子，劉安不喜歡，在家裡沒什麼地位。

我們都知道，根據劉徹頒布的推恩令，劉不害雖然沒機會繼承王位，但是仍然可以從淮南國分一塊土地，然而劉安並沒有這麼做。這就惹惱了一個人，劉不害的兒子劉建。如果自己的老爸不能封侯，那劉建只能喝西北風了。

逆來順受絕不是劉建的風格，為了扳倒世子，這小子成天沒事就四處打探，結交死士，想要刺殺劉遷，好讓自己的老爸代替劉遷成為淮南國世子。

不料，世子劉遷也不是吃素的，他早就派人盯著劉建的一舉一動。知道劉建的計畫後，劉遷好幾次把劉建抓起來要治罪，最後因為沒有證據而作罷。

劉建知道劉遷曾意欲殺害朝廷中尉，就讓手下上書給劉徹，說：「淮南王的孫子劉建很有才能，但是王后和世子劉遷常常迫害他。陛下可將劉建召來問訊，淮南國世子密謀造反的事，他都清楚。」

「竟有這樣的事？」

劉徹收到信後，將案子交給了廷尉，廷尉又發給河南郡立案調查。

也該劉安倒楣，這個機會又被劉安的一個仇家抓住了。誰呢？闢陽侯審食其的孫子：審卿。

審食其就是被劉安的父親劉長用鐵錘砸死的，現在有這麼一個替自己爺爺報仇的機會，審卿怎會放過？

「遇上我算你倒楣！」

審卿跑到丞相公孫弘府上，拿出一大堆黑材料，想整死劉安。

公孫弘一看：「這是大案啊。」決定成立專案組深入調查。辦案人員先把劉建叫過來做筆錄，結果劉建把劉遷身邊所有的蝦兵蟹將全都供了出來。

這下子，劉安有點慌了，他再一次把伍被叫來，鼓動他一起造反。

劉安問：「你說說看，當今漢朝的天下太平嗎？」

伍被說：「天下太平。」

劉安心中不悅，對伍被說：「你憑什麼說天下太平？」

伍被說：「臣觀察朝政，君臣之義，父子之親，夫婦之別，長幼之序，皆得其理。富商周行天下，道路通暢，貿易盛行。南越稱臣，東甌降漢；朝廷開闢朔方郡，讓匈奴鎩羽而歸。如此世道，雖不比上古堯舜，也算是天下安定了。」

「這就是跟我爭辯啊！」

劉安發了一頓火，伍被趕緊向他請罪。

發洩完情緒，劉安又問伍被：「崤山以東若發生戰爭，朝廷一定會派大將軍衛青前來跟我們硬碰硬。從軍人的角度，你說說衛青這人怎麼樣？」

伍被說：「我有一個老同袍跟隨大將軍出擊匈奴，回來後跟我說，大將軍遇士大夫有禮，於士卒有恩，大夥兒都樂意為他效勞。此外，大將軍騎術精湛，武藝高強，通曉軍事。又有出使長安的使者說，大將軍號令嚴明，對敵作戰勇敢，時常身先士卒。大軍安營紮寨休息時，必須讓士兵人人都喝上水，他才喝；軍隊出征歸來，士兵渡河已畢，他才過河。朝廷賞的錢物，他都送給了手下的軍官。這樣的好將軍，即使古代名將也無人比得過他！」

劉安聽罷沉默無語。

劉安猶豫了，朝廷的辦案人員可不會等下去。沒過多久，劉遷的黨羽全被叫過去做筆錄，劉安一看，情況已經萬分危急，他再一次緊急召見伍被，策動他起兵造反。

劉安問：「先生認為當初吳王興兵造反，是對呢，還是不對呢？」

伍被回答：「我認為錯了。吳王富貴已極，卻做錯了事，身死丹徒，頭足分家，殃及子孫無人倖存，聽說吳王事後也非常後悔。希望大王三思而行，不要做吳王悔恨的蠢事。」

劉安說：「吳王哪裡懂什麼叫造反！當年他一意和梁王在睢陽城下硬碰硬，沒有守好成皋關隘，致使成皋方向每天有四十多支漢軍部隊抵達前線。我要是起兵，必定讓樓緩拿下成皋關口，讓周被攻下潁川郡，堵住轘轅關、伊闕關的道路，讓陳定率南陽郡的軍隊把守武關。這樣一來，河南只剩洛陽孤城一座，何足憂哉？

雖然北面還有臨晉關、河東郡、上黨郡和河內郡，但是人們常說，扼斷成皋關口，天下就不能通行了。我們憑藉雄踞三川之地的成皋險關，招集崤山之東各郡國的軍隊響應，這個計畫，你認為如何？」

伍被說：「臣只見其禍，未見其福。」

劉安又問：「你以為就你懂軍事嗎？左吳、趙賢、朱驕如都認為有九成把握能成功，怎麼就你覺得不行呢？」

伍被回答：「大王信任的這幾個人現在都在監獄裡吃牢飯呢，大王身邊幾乎無人可用，還打什麼仗？」

一句話就戳到了劉安的痛處，劉安心想：「要不是他們幾個都不在，我至於一而再、再而三地求你嗎？」

深吸一口氣，劉安耐著性子繼續說道：「陳勝、吳廣身無立錐之地，聚集起一千人，在大澤鄉起事，振臂一呼，天下群起響應，他們到戲水時已有一百二十萬人相隨。現今我淮南國雖小，能打仗的也有十幾萬，他們絕非被迫戍邊的烏合之眾，所持也不是木弩和戟柄，為什麼不會成功？」

伍被說：「我早就說過了，從前秦王朝暴虐無道，政令苛嚴，刑法峻急，殘害天下百姓。朝廷徵發民間萬輛車駕營建阿房宮，收取百姓大半的收入作為賦稅，還徵調貧民遠戍邊疆，百姓生活在水深火熱之中，因而陳勝振臂一呼，天下雲集響應。

如今陛下臨朝治理天下，統一海內四方，廣施德政恩惠。他即使不開口講話，聲音傳播也如雷霆般迅疾；即使不頒布詔令，教化的飛速推廣也似有神力；他心有所想，便威動萬里，下民響應主上，就好比影之隨形、響之應聲一般。而且大將軍衛青的才能不是秦將章邯、楊熊可比的。因此，大王以陳勝、吳廣反秦來自喻，我認為很不妥當。」

劉安問：「難道就連僥倖取勝的機會都沒有嗎？」

伍被回答：「沒有。」

「……」

這樣下去沒辦法聊天了。

作死的諸侯王

《史記》寫到這裡，便戛然而止。當伍被再一次開口時，態度忽然發生了一百八十度的大轉彎。

我們根本不知道這中間發生了什麼事，司馬遷也沒有寫。不過結合前文判斷，我推測劉安應該是惱羞成怒，拿伍被的父母逼他就範，伍被只得被迫加入造反的小團夥。

劇情繼續發展，我們接著往下看。

伍被說：「我倒有一條愚蠢的計策。」

劉安說：「說說看！」

伍被說：「當今諸侯對朝廷沒有二心，百姓對朝廷沒有怨氣。但是朔方郡田地廣闊，水草豐美，已遷徙的百姓還不足以充實開發那個地區。臣的愚計是，偽造丞相、御史寫給陛下的奏章，要求各諸侯國豪傑任俠之徒，以及家產五十萬以上的富戶全部攜帶家屬遷往朔方郡，徵調士兵沿途監督，督促他們如期到達。

除此之外，再偽造宗正府左右都司空、上林苑和京師各官府下達的皇上親發的辦案文書，逮捕諸侯的世子和寵幸之臣。如此一來就會民怨四起，諸侯恐懼。再派遣得力的說客，趁民怨沸騰之時擇機遊說，這樣成功的機率會大一些。」

劉安點了點頭：「此計可行。雖然你的擔心有道理，不過我覺得用不著這麼麻煩。」

有了伍被的指導，劉安總算摸到了點門路，他找來一大批造假的手藝人，偽造了無數朝廷公文，快馬發往全國。

除此之外，劉安還上演了一齣苦肉計，他派人假裝獲罪後逃入長安，潛伏到丞相和大將軍衛青的身邊。一旦淮南國發兵，那邊立即刺殺衛青，策動丞相公孫弘變節。

計畫都很好，可惜遲遲未能落實，最後也沒了下文。

這之後，眼看形勢越來越緊張，劉安想動員軍隊，又擔心大臣們不聽命，於是又拉著伍被天天開會，想出了兩條計畫：一是在宮中放一把火，國相、二千石大臣必來救火，人一到就殺死他們；二是派人穿上邊防軍的衣服，手持羽檄，從南方馳來，大呼「南越兵入界了」，隨後趁勢起兵。

「方案很好。」劉安仔細想了想，又猶豫了。

伍被徹底無語了。「大哥，我們這可是在造反呀，當斷不斷，必受其亂，都到這份上了，你怎麼還下不了決心呢？」

劉安問伍被：「要是造反之後事情進展不利，沒有諸侯響應，怎麼辦？」

伍被回答：「那就往南收取衡山國，攻打廬江郡，奪取潯陽江上的船隻，守住下雉的城池，封鎖九江、豫章的渡口，用勁弩沿江布防，東取江都、會稽等地，割據東南，或可苟延殘喘幾年。」

劉安點了點頭：「只能這麼辦了，要是情況危急就去越國吧！」

事實證明，劉安完全是想多了，因為有司逮捕世子的傳票已經下來了。

接到傳票後，劉安終於醒悟了過來，他決定丟掉幻想準備戰鬥，派人去請淮南相國、內史及中尉前來開會，計劃等這三個大哥一到，立刻發兵。

結果，這三個人中，只有國相一個人準時參會，內史在外面視察工作，來不了；中尉藉口要迎接上司視察，怎麼也不肯來。

劉安傻眼了，光殺一個國相不頂用啊，中尉不來，自己根本指揮不了部隊。最終，劉安還是拍了板——再議！

眼見自己的老爸窩囊到這個地步，世子劉遷也是無話可說，只能跑去和老爸說：「群臣中靠得住的都已經被抓了，眼下是內無可用之臣，外無可用之兵，造反這事算是徹底歇菜了。如今之計，只有棄車保帥一條路——我主動站出來頂罪，想盡一切辦法把您保住，這樣或許有一線生機。」

事到如今，劉安也沒有更好的辦法，只能點頭答應。

其實，劉遷知道自己是扛不住大刑的，他早就做好了打算，準備自殺。可是，當他拿起匕首才發現，自裁是需要勇氣的，而他並沒有做好赴死的準備。

劉遷拿著那把匕首試著往脖子上劃了幾下，最終還是選擇了放棄。好死不如賴活著，萬一自己還有活下去的希望呢？

伍被一看這形勢，劉安父子是一對大草包，跟著他們算是沒出路了，轉過身向辦案人員自首，告發淮南王預謀謀反，並對自己參與謀反的言行供認不諱。

抓捕行動在夜裡拉開了帷幕，辦案人員很快就派兵圍住了淮南王宮，逮捕了世子及王后一干人等，同時起獲了皇帝玉璽及各級官員的官印、軍用地圖等。劉安也被暫時幽囚起來，聽候發落。

至此，淮南一案最終更新為謀反大案而且人贓俱獲。

由於案情重大，辦案人員第一時間將調查結果上報朝廷。

為此，劉徹專門召開了一個諸侯宗室會議，要這些宗親們都表態發言：「這案子究竟該如何判？」

很明顯，劉徹是想藉此機會提醒一下宗室們：跟我對著抗，這就是下場！」

大夥兒紛紛表忠心，一致認為淮南王身為宗室長輩背著朝廷搞小動作，罪大惡極，必須嚴懲！

對於眾人的表現，劉徹很滿意，派了宗正，也就是皇族事務部長手持皇帝符節，前往淮南國處治劉安。

當宗正踏上前往淮南國的道路時，劉安也為自己宣判了死刑 —— 他自殺了。

這之後，劉安的家屬盡皆被處死，所有參與謀反的人一律滅族，淮南國改為九江郡。

至於伍被，劉徹在看完卷宗後，原本打算放他一馬的，畢竟他檢舉有功。不過，一向以酷吏著稱的張湯卻不同意。他堅持認為，伍被是淮南王的首席謀士，且實際參與了謀反策劃，罪不可赦。

就這樣，倒楣的伍被也被砍了腦袋。

故事先講到這裡。按照西漢官方說法，劉安是一個謀反的諸侯王，《史記》、《漢書》中都對劉安的謀反有長篇記載。

可是問題在於，從淮南王謀反案結案之後，就一直有人為淮南王鳴不平。如果我們細讀《史記．淮南衡山列傳》，不難發現，對劉安的所謂謀反都有注腳，留下曲筆隱語，耐人玩味。

換句話說，劉安極有可能是「被謀反」的。

為什麼這麼說？

首先，劉安的性格決定了他不可能謀反。

和父親張揚外向、好勇鬥狠的性格不同，劉安好讀書鼓琴，不喜狗馬弋獵，他才華卓著，文采斐然，是一個純粹的知識分子。他潛心學問，到武帝朝時，已成了國內頗有名氣的學者，在各諸侯王中也享有很高的聲譽。

劉安還熱衷於道家黃老之術，組織了一幫文人編了一部《淮南子》。在這套書中，他系統性地梳理了先秦百家學說，認真總結漢初統治經驗，為當世及後世的劉氏統治者提供經驗教訓。

除此之外，劉安喜歡鑽研煉丹術。為求長生不老之藥，在安徽八公山下召集術士門客，燃起爐火，試圖用黃豆研漿和鹽滷同煉「仙丹」。結果「仙丹」沒煉出來，反倒研製成了鮮嫩可口的豆腐，這種偶然的發現，使豆腐成了宮庭、民間喜愛的食品。距今已流傳兩千多年。劉安成為豆腐行業的祖師爺。

俗話說，秀才造反，三年不成。一個醉心於學問的人，不太可能去考慮謀反這種掉腦袋的事。換句話說，劉安的性格決定他不可能孤注一擲，像父親那樣謀反。

其次，造反的資本也不夠。

劉安的淮南國，是被一分為三之後的淮南國，大致位於今天的安徽江淮地區。伍被清醒地看出中央和諸侯的力量對比懸殊，淮南國起兵根本沒有勝算。就算關起門來當諸侯王，也不過是強撐時日，最終還是要被朝廷擊敗。

從劉安的處境來看，他既無外部強援，又無相關內應，連手下將領的說服都做不通，怎麼打仗？總不能讓一個書生氣十足的王爺親自提著刀上陣砍人吧？

再次，劉安的年齡也決定了他不會造反。

劉安是劉徹的叔叔輩，他造反那一年，已經五十八歲了。

在那個普遍壽命都不高的時代，五十八歲堪稱高齡了。早在幾年前，劉徹賜給他一根手杖，意思是：「你不用來上班了。」

當時的劉安，他的人生已經步入遲暮之年，他的牙齒開始鬆動，頭髮開始花白，氣血和力量已開始衰退，腦力、記憶力也大不如前。無論是雄心還是精力，以及思考問題的方式，都不可能如年輕氣盛時那樣魯莽。而且，劉安在全盛時期都不敢造反，如今年華老去、暮氣深重，更無造反的道理。所以說劉安謀反，於情於理都不成立。

既然如此，劉安為什麼會落得這樣的下場？

其實，只要仔細分析，不難發現，劉安與劉徹二人有一個根本性的矛盾。

首先，劉徹少年登基，受到竇太后的掣肘，他時時刻刻擔心的是自己的皇位是否穩固。而劉安的父親當初因謀反，在流放途中去世，雖然劉安後來也接替了淮南王的位子，可是誰能保證他對中央朝廷絕無謀逆之心？

不管別人信不信，劉徹反正是不信的。

其次，兩個人還有更深的政見分歧。

劉徹重用酷吏，喜歡以嚴刑峻法駕御天下。劉安則恰恰相反，他在自己的地盤上與民為善，廣施恩惠，推行仁德之術，深受百姓愛戴，頗有聲望。他以諸侯王的身分，招攬了數千學者，組成了一個龐大的學術集團，著書立說，倡導黃老學說，與儒家大唱反調，這無疑使劉徹感到一種咄咄逼人的壓力。

在劉安看來，至高無上的皇權其實是以人民為基礎的，身為皇帝，要以人民的利益為出發點。他的觀念是「天下為公」，為了論證這一點，他大力頌揚堯、舜之道及先賢們的盛德，而這些顯然也是為劉徹所不容的。

最後，劉安喜歡養門客，這也是劉徹最為忌諱的。

班固在《漢書．俠傳》裡面提到了一句話：「自從竇嬰、田蚡和劉安之後。」劉徹很生氣，這也成了衛青和霍去病的前車之鑑。

這句話其實沒說完整，劉徹為什麼會生氣？因為這三個人都有一個共同的愛好：好養門客。就拿淮南王劉安舉例子，他身邊有很多門客，其中最有名的有八個人：蘇飛、目尚、左吳、田由、雷被、毛被、伍被和晉昌，這八個人合稱「淮南八公」，後在道教傳說中被衍化為八位仙人。

站在劉徹的立場來看：「你一個地方上的諸侯王，召集這麼多能人到身邊，到底想做什麼？難不成是想造反？」

在中央與地方的矛盾尚未得到徹底解決的武帝時代，政治風浪一個接一個地排山倒海而來，多少諸侯王冠落地，身死國除。劉安，這位知識分子王爺，置身於政治風浪中，家庭的偶然糾紛，被他的仇人和對立面加以利用，節外生枝，推波助瀾，最終，被推進了墳場。

家庭內訌

列夫·托爾斯泰（Leo Tolstoy）說：「幸福的家庭都是相似的，不幸的家庭各有各的不幸。」其實，不幸的家庭有時候也是相似的。

比如衡山王劉賜。

前面說過，上一任淮南王劉長死後，地盤被分成了三塊，分給了他的三個兒子：阜陵侯劉安為淮南王，安陽侯劉勃為衡山王，陽周侯劉賜為廬江王。七國之亂後，劉賜被改封為衡山王。

這一家子人，除了劉勃，剩下的兩個都不是省油的燈。就在劉安密謀造反的同時，弟弟劉賜也在暗中籌備，不過他最初的目的不是造反，而是防備大哥劉安謀反搶了他的地盤。

有一次，劉賜入京朝見，身邊有一個叫衛慶的謁者（禮賓官）懂點方術，想跳槽到劉徹身邊。

長安人都知道，皇帝劉徹迷信神仙、希求長生之術是出了名的。衛慶大概也想靠這種小伎倆攀高枝。劉賜知道後氣壞了：「吃著我的飯，還想著跳槽？」一氣之下，他安了個死罪的罪名給衛慶，嚴刑拷打，逼他簽字畫押。

這就有點過分了。

衡山國的內史看不過去，拒絕審理此案。劉賜便指使人上書控告內史，最終把內史撤了職。

不僅如此，劉賜還多次侵奪他人田產。這事捅到長安後，有關部門要求逮捕劉賜並追究他的罪責，劉徹不同意，只是收回了衡山國二百石以上官吏的任免權。

就是這樣一個處理決定，讓劉賜感到非常難受，回去後就與人密謀，並找擅長布兵占星的人，準備與皇帝拚個魚死網破。

就在劉賜積極準備造反的當下，家裡又出事了。

劉賜的王后叫乘舒，為他生了三個孩子：長子劉爽，次子劉孝，女兒劉無採。二老婆徐來生了四個孩子，三老婆厥姬生了兩個孩子。

事實證明，老婆多，子女多，家庭矛盾也多。劉賜的家庭矛盾從王后去世後變得錯綜複雜起來。

王后去世後，二老婆被扶正，劉賜依然對厥姬寵幸有加。徐來和厥姬兩人互相看不順眼。

厥姬對世子劉爽說：「世子啊，你知道你母親是怎麼死的嗎？是徐來指使婢女用巫蠱邪術殺死的啊！」

「有這種事？」

厥姬信誓旦旦地表示：「千真萬確，這是我親眼所見的。」

世子從此非常恨徐來。

有一次，徐來的哥哥到衡山國出差，世子陪著他飲酒，大概喝多了以後鬧了點矛盾，沒控制住，拔刀刺傷了他。徐來當然惱怒，在劉賜旁邊不斷打劉爽的小報告。

劉爽的妹妹劉無採，出嫁後被休了，回到娘家後耐不住寂寞，跟許多男人上床。大哥劉爽實在看不下去了，就把老妹叫過來一頓訓斥。

劉無採很生氣，乾脆不再和大哥來往。眼看著兄妹二人鬧了矛盾，徐來抓住機會送溫暖，百般疼愛，將劉無採和劉孝拉到自己這邊的陣營。

面對新王后和自己弟弟妹妹的聯手詆毀，世子劉爽在老爸面前越來越得不到信任，動不動就遭到訓斥甚至被打，打得劉爽哭爹喊娘。

一天，徐來的奶媽走在街上被一夥人揍了。雖然沒抓到凶手，但是徐來懷疑是劉爽暗中使壞，便在劉賜旁邊說他壞話，痛痛快快地打了世子劉爽一頓。

劉爽心裡很委屈，偏巧就在這幾天裡，劉賜生病了。劉爽因為屁股開了花，心裡有怨氣，沒到床前服侍。這下子，徐來一夥人又揪住此事大做文章，跑到劉賜跟前吐槽說：「世子根本沒病，他就是不想來伺候大王。」

劉賜半信半疑：「有這種事？」

徐來回答：「有的，我還聽說，世子這兩天在家裡，居然面帶喜色，看樣子心情還不錯呢！」

劉賜當場就氣炸了，他拍案而起，揚言要廢掉劉爽，讓次子劉孝當世子。

一旁的王后徐來有些疑惑了，廢掉世子當然好，那也不能讓劉孝這小子摘了桃子啊！別忘了，自己也有兒子等著上位呢！

不行，必須把劉孝這小子徹底打倒，不然自己的兒子就沒有出頭之日了！

內鬥的矛頭又轉向劉孝。

可是問題在於，如何才能把劉孝拉下馬呢？

徐來想了半天，還是決定從男女關係上入手。王宮裡有一個侍女，能歌善舞，長得分外標緻，很得劉賜的喜歡。徐來設了個局，讓這個侍女上了劉孝的床。

眼看著劇情正在朝自己寫的劇本發展，不料半路殺出個劉爽，破壞了自己的計畫。

劉爽不知透過什麼管道，得知了徐來要陷害劉孝的事，他靈光一閃，腦子裡冒出了一個想法：「既然徐來能用美女誘惑劉孝，那我是不是也可以透過美男誘惑徐來，搞臭她的名聲？」

劉爽越想越激動，覺得自己簡直就是個天才。也不用專門去物色一個帥哥了，自己親自上。看她以後哪還有臉替自己挖坑。

有一次，王宮裡開宴會，徐來喝多了，醉眼矇朧，劉爽主動要求送她回去。到了臥室後，劉爽色心大起，剝光了徐來的衣服，剛抬起大腿，就見徐來睜開了眼，一看是劉爽，瞬間清醒了過來，大聲呼救。

事情搞得人盡皆知，這下子，劉爽可糗大了！

劉賜知道後，氣壞了：「我的女人你也敢睡，還反了天了，我的皮鞭呢？」

劉爽也知道自己的世子之位鐵定是保不住了，既然已經到了這個份上，那就沒必要再忍了。他決定跟老爸坦白：「您先別急著動手，您還不知道吧？您的好兒子劉孝睡了您的舞孃！」

劉賜瞪大了眼睛：「當真？」

劉爽說：「還有更勁爆的呢，您的好女兒劉無採，和家裡的門客亂來，您聽說了嗎？」

劉賜說：「胡說八道！」

劉爽說：「老爸啊，您打起精神好好吃東西，養好身體吧！我要去寫公文了。」說完，一溜煙兒就跑了。

劉賜只覺得天旋地轉，他扶著額頭，生了這樣的兒子，真是人生的一大悲劇啊！

「不對，他剛才說什麼來著？寫公文？寫什麼公文？」難不成是要向朝廷檢舉自己？萬一自己這點事被人抖出去，那可就出大事了！

「不行，得趕緊把他追回來！」

劉賜親自去追，追到後揍了他一頓，然後替他戴上枷鎖，押回宮裡關了起來。

劉爽凝噎無言：「天亡我也，告訴你實情，結果你非但不信我，還揍我！」

揍完了自己的兒子，劉賜終於長舒了一口氣：「這下子，世界終於清靜了。」

劉賜也調整好了自己的情緒，他固執地相信，劉爽的那些話是不能當真的，劉孝是個好孩子，他一定不會做出那種事，自己還要託付他大事呢！

下定決心後，劉賜給予了劉孝格外的恩寵，他不僅將王印交給了劉孝，還贈予其將軍的名號，讓他住在宮外的府第中，招攬門客。這些門客都知道劉孝父子有造反的念頭，沒事就煽動一下，點把火。

不僅如此，劉賜還把自己的造反計畫全部告訴了劉孝，安排那些門客刻玉璽、印委任狀、督造兵器箭鏃。

就在準備造反的當下，劉賜去首都長安出差，回來的路上抽空去了趟淮南國，拜見大哥劉安。兩個人之前鬧了點矛盾，不過這一次共同的志向讓二人化解了此前的矛盾，兩人決定聯起手來共同做大事。

第二年，劉賜上書朝廷，請求廢掉世子劉爽，改立劉孝為世子。

劉爽得知消息，當場就掀了桌子：「你做得了初一，就別怪我做十五！我們走著瞧！」

其實，劉爽雖然被關了起來，但是他早就為今天的局面做好了準備。他早就寫了一封檢舉公文交到一個叫白嬴的門客手中，跟他約定，一旦自己這邊有危險，立即將這封公文送到長安去！

不過，在這封檢舉公文中，劉爽把全部的罪責都推給劉孝，控告他私自打造兵器戰車，而且還睡了老爸的女人。很顯然，劉爽不想拉自己的老爸下水，他還對世子之位抱有幻想。

劉爽的計畫很完美，可是偏偏忘了一件事，白嬴是個通緝犯。

想當初，淮南王將自己的一批門客派到了衡山國，讓他們協助劉賜準備造反大業，順便避避風頭，想來白嬴就是其中之一。雖然他在衡山國混得不錯，可他忘了自己當初可是上了紅色通緝令的，一到長安城，就被官府逮捕，直接扔進了大獄。

白嬴被關進監獄，劉賜慌了，他害怕那小子把自己謀反的事說出去，於是做了一件蠢事，他主動上書坦白，反告世子劉爽做了大逆不道的事，應處死罪。

劉徹下令，將此事交沛郡審理。

這之後，辦案人員意外抓到了一個叫陳喜的人。此人當年也參與了淮南國的謀反大案，後來偷偷跑到衡山國，專門為劉孝打造兵器戰車，算是劉孝團夥的骨幹成員。湊巧的是，他被捕時，就在劉孝的家中！

這下子，事情藏不住了。

劉孝頓時手足無措，他怕陳喜把造反一事供出來，又想到大哥劉爽指使白嬴上書，肯定也要告發謀反之事，怎麼辦？

劉孝左思右想，決定主動到辦案人員那裡搶先告發門客枚赫、陳喜等人參與謀反，以求一個立功表現。

結果這麼做，反倒使原本還沒有暴露的衡山國謀反案浮出水面，並坐實了衡山國高層知曉並參與謀反的事實。

「案情已經非常清楚了，衡山王父子預謀造反，證據確鑿。廢話不多說，抓人吧！」

第二天上班時，公卿大臣們紛紛要求逮捕審訊衡山王劉賜。

劉徹不同意，衡山王畢竟也是自己的長輩。「剛收拾了一個淮南王，要是再把衡山王打倒了，那其他那些叔叔輩的諸侯王會怎麼想？真是不動腦子！就算要抓人，那也得有確鑿的證據！」

於是，朝廷抽調了中尉司馬安、大行李息二人，前往衡山國做進一步調查。

面對朝廷派來的辦案人員，劉賜也知道這次搞砸了，只得老實交代，並趕在朝廷正式判決下達前自殺身亡。這麼做，無非是想把全部責任都攬到自己身上，以求保全家人。

可惜，劉賜還是失算了。

劉徹作出重要批示，要求辦案人員徹查此案，每個環節都必須查實，依法嚴懲。

辦案人員明白朝廷的意思，很快作出判決：劉爽被父親舉報不孝，斬首棄市；劉孝投案自首，免去謀反罪，但是因為與父王的舞姬有染，也斬首棄市；王后徐來，用巫蠱咒死了前王后乘舒，也被處死。

劉賜團夥被一網打盡，衡山國被撤，改為衡山郡。

第六章
馬踏匈奴

萬騎卷河西

在鎮壓了淮南王與衡山王之後，劉徹又開始構思他的擴張計畫。閒暇之餘，他總喜歡把張騫叫到身邊，讓他說一說西域的見聞。

此時的漢朝還未將匈奴完全逐出漠南，劉徹問他：「有沒有其他的路線可以連通西域？」

張騫沉吟片刻，還真的想起了一件事。

他告訴劉徹，當初在西域的大夏國時，看到了漢朝蜀郡出產的蜀錦和西南夷邛都特產的竹杖，便問當地人從何得來的這些外國特產？

大夏人告訴他，這些東西是從位於大夏東南一個叫身毒的國家買來的。

當時所說的身毒，其實就是今天的印度。

張騫拿出一幅西域各國的地圖，在案上攤開，伴隨著講述，手指在地圖上慢慢移動。

「臣大致算了一下，大夏位於漢朝的西南方向一萬兩千里外，而身毒在大夏的東南方向數千里外。這麼一估算，身毒應該就在蜀的西南方向。而且，既然身毒能買到蜀地的產物，說明身毒應該距離蜀地不遠。」

張騫雖然沒去過身毒，但是僅憑大夏人提供的有限資訊，便估算出來身毒與漢朝的方位，已經相當了不起了。雖然客觀環境限制了張騫的腳步，但是並不能阻擋張騫對未知的探索。

劉徹的目光隨著張騫的手指而移動，最後停留在一片空白地帶。很顯然，那裡還是一方未知的土地，等待著自己去探索。

張騫告訴他：「如果能打通從蜀地到身毒國的道路，不僅可以另闢一條直通身毒和西域諸國的路線，避開匈奴攔截的危險，而且還可以將我大漢的文明遠播域外！」

劉徹的情緒有些激動了。

張騫繼續娓娓而談。

「西域的大宛、大夏及安息等國，有很多奇珍異寶，民風與我中原類似；北邊有月氏、康居等國，兵力強悍。我們可以透過贈送財物、施之以利的辦法讓他們臣服大漢，進而透過禮儀加以教化。這樣一來，我大漢必將地廣萬里，威德遍於四海！」

劉徹看著地圖，一雙眸子中閃動著雄視萬里的神采，思想在更高遠的時空中穿梭。

終於，他再也無法抑制住自己內心的激盪，重重一拍桌案，對張騫說道：「此事若能成功，北方的匈奴必將陷入腹背受敵的境地！張愛卿的西域之行，為朕開啟了眼界啊！」

為了尋找身毒、連通西域，開通西南夷的事宜再次開始進行。

說做就做，漢朝派出了大量使團深入西南崇山峻嶺中，開闢通往西南夷的道路。

這條通道確實不好走，既有橫斷山脈崇山峻嶺阻斷，又有茫茫的熱帶雨林，既有層出不窮的毒蟲野獸，又有神出鬼沒、殺人越貨的強盜，這些天然屏障，難以踰越。

為此，劉徹任命郭昌為拔胡將軍，南下征討西南蠻夷。部隊一度抵達了今天的雲南昆明，將一大塊土地收入治下，取得了不小的成績。

不過，那個讓人魂牽夢繞的身毒國，依然在大山外的傳說中。

最後，劉徹打通西南交通要道的宏偉計畫不得不擱淺，漢朝開拓西南的征程也暫時告一段落。

既然西南的路走不通，那就只能把目光投向西北了。

根據張騫的調查，匈奴在西域的勢力根深蒂固，不少西域小國都當了匈奴的小弟。要想聯合西域各國共同抗擊匈奴，必須要打通一條通往西域的道路。

這條通往西域的道路，就是傳說中的河西走廊。

河西走廊因在黃河以西，形似走廊而得名，位於祁連山脈與阿拉善高原中間，東連中原，西接西域，南北溝通青藏高原和蒙古高原。

如果你有幸站在河西走廊的東部起點烏鞘嶺，放眼望去，左側的祁連山脈高聳入雲，山頂上終年積雪，冰雪融水滋養著山下的土地；右側是兩大沙漠，巴丹吉林沙漠和騰格里沙漠。

西元前 209 年，匈奴單于冒頓統一大漠，占據了河西走廊。

這就差不多是架了一把刀在中原王朝的脖子上。

雖然河西走廊降雨極少，但是祁連山融化的雪水使荒漠的河西走廊呈現出一片綠色，滋養了當地的百姓，使這裡成為西北地區少有的富饒之地，成為匈奴的重要牧場。

憑藉河西走廊的地形優勢，匈奴向西可控制西域諸國，向南可籠絡羌族各部，向東則對漢帝國的西北疆土虎視眈眈。他們隨時可能騎著馬，哼著曲子來劫掠長安。

因此，打通河西走廊成為漢帝國的首要目標。

這個光榮而艱鉅的任務，落到了年輕的霍去病身上。

這一年，霍去病只有十九歲，他能扛得住這份責任嗎？

劉徹對自己的決定深信不疑。

這位長於長安綺羅中的少年，擁有著所有王公子弟所不具備的刀鋒般的眼睛和岩石般冷漠的神情。從他身上，劉徹似乎看到了自己年輕時的影子。

元狩二年（西元前 121 年），霍去病從驃姚校尉升格為驃騎將軍，率領精兵一萬出征匈奴，開始了他獨當一面的軍事生涯。

《史記》中記載，霍去病小小年紀就有膽氣，敢任事，弓馬騎射樣樣精通。有一次，劉徹想教他孫子兵法，霍去病卻很不以為然，說：「打仗看的是戰場謀略，要隨機應變，何至於要去學古代兵法？」

劉徹無言以對。

還有一次，劉徹賜給他一座豪宅，讓他去看看。霍去病擲地有聲地說出了那句名言：「匈奴未滅，何以家為？」

不得不說，有些人天生就屬於戰場，只有在金戈鐵馬的沙場上，他們才能獲得一種極致的生命體驗，才能體會到生命的壯闊之美。

霍去病就是這樣的人。

這一年，他十九歲，距離他上一次出征匈奴，已經過了兩年。

兩年的時間倏忽而過，他已脫去了稚氣，雄性激素爆棚，渾身上下透露出一股與其年齡不相稱的成熟與老練。

他在等待，等待下一次與匈奴正面廝殺的機會。

再一次跨上戰馬，馳騁在這荒蕪的大漠，霍去病感覺自己的鮮血在沸騰！

朝思暮想了兩年，而今，終於得償所願。

他的目光中透著一股堅定，舉手投足之間卻自有一種睥睨天下的殺氣 —— 這是一種模仿不來的氣勢，只有那些轉戰千里、百戰百勝、從屍山血海中蹚過來的老兵才會如此。

人如虎，馬如龍。在他身後，是一萬名精銳將士，他們都是羽林軍中的精銳，騎射功夫出類拔萃的一群人。

西漢上承強秦，色尚黑紅，兵將們都穿著赤色的直裾，外披玄色鐵甲，騎在高大的駿馬上，安全帽上鮮豔的雉羽隨著馬匹的行進有規律地顫動。每隔十人，就有一名什長高舉著繪有各種圖案的黑旗，在迎面颳來的西風中獵獵作響。

一路行來，霍去病與他們同吃同住，事事衝在最前面，讓原本不安的騎士們有了一種親近感和信任感。此時此刻，他們騎在馬上，身子隨著戰馬的奔騰一起一伏。

自隴西出塞後，霍去病越過盛夏飛雪的烏鞘嶺，進入河西走廊，渡過狐奴河，然後一路往西推進。

雪山茫茫，牧草青青。

夏風送爽，拂拭征塵。

十九歲的霍去病不負眾望，在千里大漠中閃電奔襲，打了一場漂亮的大戰。六日內，漢軍挺進千餘里，越過焉支山，直插向渾邪王的地盤。

皋蘭山下，匈奴軍隊嚴陣以待。

匈奴一方，有渾邪王、休屠王、折蘭王、盧侯王等部落聯軍一萬三千多人，人數比霍去病的部隊多一些。

大戰來臨，霍去病的眼中沒有膽怯，只有掩飾不住的激動。

他握緊手中長矛，衝殺在前，戰馬奔騰，直接朝著正前方向奔騰而去。身後一萬名騎兵緊隨其後，闖入匈奴騎兵陣中。

一番激戰後，霍去病率兵連破渾邪王帳下五個部落，斬殺折蘭王、盧侯王及其下八千九百人，俘虜渾邪王的一個兒子及其部落的相國和都尉，繳獲休屠王祭天金人一尊。

這一戰後，朝中再無人質疑少年霍去病的統軍能力，他成為漢軍中的一代軍人楷模、尚武精神的化身。

霍去病真正走上了歷史舞臺的中央。

河西之戰大獲全勝，劉徹激動不已，為霍去病增加食邑兩千戶。

匈奴人收拾殘部，落荒而逃。然而，這只是他們噩夢的開始。

由於霍去病河西首戰的成功，這年夏天，劉徹迫不及待地發動了第二次河西戰役，意在趁熱打鐵，驅除河西匈奴勢力，將河西地區牢牢地控制在漢帝國的手中。

自然而然，這項重任又落在了霍去病的身上。

為了牽制匈奴的部隊，劉徹制定了一項宏大的計畫，命令漢軍兩線作戰。李廣率四千、張騫率一萬騎兵為一路，出右北平，以牽制匈奴左賢王部，阻止其增援河西；霍去病、公孫敖各領一萬騎兵為一路，從北地郡出發，分頭進擊，目標直指河西地區。

計畫很完美，然而這一次還是出了意外。

問題出在李廣身上。

按照計畫，李廣和張騫負責東線。李廣作為開路先鋒，帶著四千人馬先行出發，張騫率一萬騎兵緊隨其後。但是在行軍過程中，也不知是李廣求功心切走得太快，還是張騫的速度太慢，兩軍的距離越拉越大，到最後竟然相隔數百里。

這就給了匈奴人可乘之機。

很快，輕裝疾進的李廣就遇上了匈奴左賢王的隊伍，等他抬起頭時，才猛然發覺自己已經陷入了匈奴人的重重包圍中。

李廣的部隊只有四千人，而對面的左賢王有四萬人。一比十，兵力眾寡懸殊。

形勢十分緊張，除了一些老兵還能保持平靜以外，其餘的士兵都臉色發白，眼中流露出驚駭之色。「這一次，怕是插翅難逃！」

作為一名老將，李廣深知軍心的重要性，一旦自己的部隊膽怯了，那離死亡也就不遠了。他暗暗告訴自己：「一定不能慌！」

李廣深吸一口氣，命令兒子李敢帶領數十名勇士衝入匈奴騎兵陣營。

李敢確實有其父之風，接到命令後，沒有半分猶豫，帶著自己的部隊殺入匈奴陣營，在裡面橫衝直撞，從左翼殺到右翼，最後全身而出。

李廣高聲道：「你們看，匈奴人並非不可戰勝，他們還是很容易對付的。」

這麼一來，大夥兒的恐慌情緒才算穩定下來。

匈奴人吃了虧，自然不肯善罷甘休，他們拿出自己最擅長的騎射戰術，萬箭齊發，射向包圍圈中的漢軍。漢軍一面用盾牌抵擋，一面看準機會還擊。

荒涼的戈壁上，只有漫天的箭雨和血雨飄灑在天空。

雙方對射了幾十個回合，漢軍這邊損失慘重，傷亡人數過半，更要命的是儲備的箭矢也快用完了。

「怎麼辦？」

李廣改變策略，要求騎兵們節約箭矢，把強弩張開拉滿弦，但是不要發射，等待敵人靠近時再發射。

為了鼓舞士氣，他拿過一把加強版的騎兵弩，專門瞄準匈奴的頭目，一箭一個，連續射殺了好幾人。

匈奴人被震懾住了。

眼看著身邊人一個個被箭矢射倒，還未交戰自己的首領便已陣亡，再加上他們遠遠低估了這支漢軍的實力，匈奴人的損失也不小。

這一戰，從白天殺到了天黑，荒涼的戈壁灘上，到處瀰漫著血腥的味道。

夜幕降臨，匈奴人也是筋疲力盡，決定後撤一步，好好休息一下。反正漢軍還在自己的包圍中，也不用擔心他們逃出去。

身處重圍之中，李廣依然是鎮定自若，他照例巡查各營，安撫將士們，讓他們好好休息。這是他眼下唯一能做的事。抬頭望去，夜色漆黑如墨，冷寂如鐵。明天，等待他的又是什麼呢？

第二天，匈奴再一次對漢軍發動了進攻。

一夜的休整雖然讓漢軍將士的體力恢復了，可是箭矢的消耗依然很大。眼看快要支撐不住時，救星出現了！

張騫終於帶著主力部隊出現了！

漢軍士氣大振，舉起了手中的長刀，嗷嗷叫著衝向對面的匈奴陣營。

匈奴左賢王絕望了。

自從那一萬漢軍騎兵出現在自己視野中時，他就知道，戰爭已經結束了。再打下去，吃虧的是自己。

想到這裡，左賢王只得調轉馬頭，恨恨地道：「撤！」

這一戰，漢軍損失了三千多人。張騫因行軍遲緩，被判處死刑，交了一筆贖金後，被貶為平民。李廣雖貪功冒進陷入重圍，但是射殺了匈奴騎兵四千多人，功過相當，既無賞賜也無處罰。

東線如此，西線主戰場也同樣不順利。

按照原計畫，西線的部隊兵分兩路，一路由霍去病統率，沿著騰格里沙漠南緣進軍；另一路由公孫敖統率，沿騰格里沙漠北緣進軍。雙方約定在兩千里外的居延會師。

居延位於今天的內蒙古額濟納旗，這裡有一片湖泊，叫居延海，部隊可以在這裡補充水源，暫時休息。

霍去病從寧夏靈武渡過黃河，向北越過賀蘭山，踏入了浩瀚的騰格里沙漠。

刺眼陽光炙烤下，一支騎兵隊伍正在艱難行軍。

領頭衝在最前面的，正是霍去病。在他身後，漢軍將士們身著玄甲，戰旗獵獵，迎風招展，隨著戰馬的奔騰身子高低起伏。

當霍去病的部隊趕到居延時，卻沒有看到任何人的影子。舉目遠眺，四周是一望無垠的大漠，視野之內皆是黃沙。

「怎麼回事？」

就在霍去病在約定地點苦苦等待時，公孫敖正帶著自己的隊伍在大漠中四處轉 —— 他迷路了。

大漠之中迷路，其實是常有的事，李廣深入大漠時，也曾因迷路延誤了戰機。無論你戰前的計畫多麼周詳，一旦迷了路，全都白搭。

「怎麼辦？」

「要不要繼續等待？」

戰場上的戰機稍縱即逝，容不得片刻猶豫。霍去病深吸一口氣，發出命令：「出發！」

即便只剩自己這一路軍隊，他也要大幹一場！

「寶劍不出鞘，出鞘必見血，不噬血不回。」

部隊經過簡單的休整後繼續出發，從居延南進，過居延沿黑河南下，以迅雷不及掩耳之勢攻入渾邪王和休屠王的駐地。

漢軍從天而降，渾邪、休屠二王聞聽大驚，急忙聯軍一處，拉開陣勢迎戰。

這是場硬碰硬的遭遇戰。

然而，霍去病的騎兵突擊能力實在是太強了，就在匈奴部隊手忙腳亂時，漢軍鐵騎已如旋風而至，先是一輪箭雨，而後抽出了長刀。

「狹路相逢勇者勝！」

數之不盡的漢軍鐵騎瘋狂殺至，一片片血雨飄灑在天空。局勢在轉瞬之間，就已有了定論。

緊接著，霍去病深入祁連山，橫掃小月氏。匈奴人倉促應戰，被殺得七零八落。

這一戰，匈奴人損失慘重。漢軍以折損百分之三十兵力的代價，殲敵三萬兩千人，俘虜兩千五百人；匈奴小王被俘獲五名，小王的母親、妻妾、王子被俘虜五十九人；各部落的相國、將軍、當戶、都尉等高級官員被俘六十三人。

追隨霍去病出征的趙破奴在這一戰中表現突出，斬了遬濮王，生擒稽且王，同時還俘虜了稽且部落的右千騎將、王母、王子及其他高級官員四十一人和騎兵三千三百三十人，因戰功被封為從驃侯。

漢軍校尉高不識，擒獲呼於耆部王子及部落官員十一人、戰士一千七百人，被封為宜冠侯。

部將僕多被封為輝渠侯。

公孫敖因迷了路，失期當斬，交了一筆贖金後免為庶人。

經過這兩次征戰，河西走廊上的匈奴部隊基本被肅清。匈奴人再不敢與漢朝為敵，不得不退到焉支山北。

蒼茫的暮色中，匈奴人收起了自己的帳篷，驅趕著牛羊牲畜，在轔轔的車馬聲中，迎著如晦的風雨，投入無邊的黑暗。匈奴的歌手彈著樂器，唱起了哀慟的輓曲：

失我祁連山，使我六畜不蕃息；

失我焉支山，使我嫁婦無顏色。

霍去病生活的這個時代，匈奴的實力空前強盛，他們發源於內蒙古陰山河套地區，因為這裡的草木最為繁盛、水分最為充沛。匈奴的版圖幅員遼闊，東到遼東，西至帕米爾高原，北到貝加爾湖，南到長城，橫貫南北大漠。

我們無法知道匈奴全盛期的土地面積到底有多大，但是想來應該和漢朝疆域不相上下。

然而，匈奴很不幸，遇到了霍去病，而且是在全盛期遇到了霍去病。

僅憑河西這一戰，霍去病便足以躋身世界第一流的名將行列。

霍去病是匈奴人的噩夢。

兩次的河西戰役，匈奴總共損失了四萬人，伊稚斜單于大發雷霆，要求渾邪王與休屠王到王庭述職，作出深刻的自我反省。

他們在戰場上吃了虧，知道自己要是去了王庭，恐怕腦袋也保不住了。

「怎麼辦？」

單于那裡是回不去了，不過聽說漢朝對匈奴降將很是寬待，這次將他們殺得丟盔棄甲的霍去病部下就有不少投靠過去的匈奴人。「既然如此，不如……降了？」

兩人決定投奔漢朝，憑藉自己的身分，吃喝不愁。

說做就做，兩人寫了一封信，向漢朝請降。

大行李息接待了匈奴使者，把人護送到了長安。

消息傳到長安時，滿朝文武都很驚訝。畢竟，此前雖也有匈奴人降漢，但是也只是零星的，如此大規模的投降，卻是頭一回！

關於要不要接受匈奴人請降一事，朝中眾人各有各的想法。有的說：「渾邪王與休屠王能夠主動請降，足以證明我大漢朝國力強盛。」有人說：「匈奴人狡詐，萬一借請降的名義在邊境上搶一把，那可就丟人了。」

劉徹也是猶豫不定，為了保險起見，他把受降的重任交給了霍去病。

有他在邊境上坐鎮，諒匈奴人也不敢胡來。

其實，不只是漢朝不信任匈奴人，匈奴人同樣也不信任漢朝。

南下的路上，休屠王心裡一直惴惴不安。當得知前方受降的正是令匈奴人聞風喪膽的霍去病時，他傻眼了。

「這哪裡像是要受降的樣子？明明是想將我們一網打盡啊！不能再往前走了！」

休屠王臨時決定不走了。一旁的渾邪王早就看出了他的心思，開弓沒有回頭箭。「這個時候你想反悔，晚了！」

惱怒的渾邪王趁其不備，一刀砍了休屠王的腦袋。

休屠王一死，匈奴部隊人心渙散。等到了黃河岸邊，看到霍去病威風肅肅、陣容齊整的漢軍兵團，匈奴人開始緊張了。

大量匈奴人開始譁變，渾邪王試圖攔截，但是逃跑的人數太多，根本攔不住。

這一切，霍去病都看在眼裡。

局勢正在變得一發不可收拾，霍去病當機立斷，向潰逃的匈奴人飛奔過去。身後呼嘯的鐵騎揚起漫天的灰塵，刀鋒揚起。

霍去病毫不猶豫地撞入敵陣，手起刀落，他身邊的匈奴人，一個個倒下。可是霍去病渾不在意，舉起長刀，瘋了一般地劈砍。

從前的刀術和劍術此時全無作用，一刀下去便是鮮血噴濺而出，此時已經分辨不清到底是誰的血了。

渾邪王眼睜睜看著這一切，卻無能為力。走到這一步，主動權已完全掌握在霍去病手裡，自己連同身後的匈奴人，都只是一群待宰的羔羊。

在斬殺了八千逃兵後，渾邪王這邊的匈奴部隊已是鴉雀無聲。

霍去病氣喘吁吁，翻身下馬。在他面前，是低垂著頭甘願引頸受戮的渾邪王。

霍去病拔出長刀，刀尖指向長空：

「我，霍去病，奉大漢天子之命，前來迎接渾邪王和休屠王，只要一心歸漢，我大漢自會以禮待之！如果還有人有二心，殺無赦！」

「殺無赦！殺無赦！」漢軍將士舉刀大呼，刀劍如林，刺破了碧色的天空。

霍去病以雷厲風行的強腕，完成了受降的使命，居功至偉，加食邑一千七百戶。

渾邪王獨自進京面見大漢皇帝，表示願意歸順漢朝，永不與漢朝為敵。劉徹大為欣慰，封渾邪王為漯陰侯，食邑一萬戶，他手下的幾個將領也封了侯。

直到此時，渾邪王一顆懸著的心才完全落地。

這裡有必要提一下休屠王。他因反悔被殺，其家人沒入宮中，當了養馬專業戶。他有個兒子叫金日磾，後來被劉徹栽培，一步步踏上仕途，成為劉徹的託孤大臣之一。

這一次，匈奴共有四萬人歸降，這些人被安置在隴西、北地、上郡、朔方、雲中五郡，仍然保持匈奴人游牧的生活習性，漢朝在各地設屬國都尉負責管理。

渾邪王的歸漢，對伊稚斜單于來說是更大的打擊！漢朝終於打通了通往西域的咽喉之地，將河西走廊握在自己手裡，先後設了武威、酒泉、張掖、敦煌四郡。

甘肅有一句老話，叫「金張掖、銀武威」，意思是說這兩個地方擁有河西走廊乃至整個大西北最好的水土條件，自古以來就是水草豐茂的寶地。

愛國富商

河西一戰，漢帝國大獲全勝，又有渾邪王帶著四萬人投奔漢朝，讓劉徹很有面子。他本來就好大喜功，這回就更想炫耀一番，為了幫助投奔漢朝的牧民馱運物資，劉徹下令呼叫兩萬輛大車。

工作安排了，可問題是經費沒有落實。沒有錢，官府上哪兒去準備這兩萬輛大車？

底下的官員也沒辦法，只能向百姓借馬。試想一下，沒有錢的差事，誰願意白做？老百姓紛紛把馬藏起來，政府多次動員，也是無濟於事。

長安令雙手一攤：「這工作沒辦法做了。」

劉徹原本是想在匈奴人面前展現一下漢帝國雄厚的經濟實力，不料事情搞砸了，不由得大怒，要殺長安令。

得知這個消息，汲黯主動找到劉徹，說：「長安令並無過錯，錯在汲黯，斬了臣，老百姓就會把馬送來了？更何況這渾邪王背叛匈奴來投降，朝廷可以讓沿途的郡縣依次接待，哪裡用得著震動天下，讓全國的人疲於奔命，去侍奉那些匈奴的降兵降將？」

「這……」一番話說得劉徹啞口無言。

渾邪王到長安後，朝廷又拿出上千萬錢賞賜，鼓勵他們在長安城好好住下來，不要有任何顧慮。

這麼多匈奴人進了長安城，而且還帶了不少草原上的特產，手中又有錢，商家很開心，他們積極主動與匈奴人對接，買賣貨物。

眼看長安城商家與匈奴人的貿易往來日益頻繁，劉徹很不高興，派人把跟匈奴交易的商家全抓了起來，總共抓了五百多人。

大漢法律規定，吏民不得持錢物出關。雖然這次的交易地點在長安，但是交易對象是匈奴，如果沒有相關手續，照樣可以認定為走私。

這就很尷尬了。

汲黯快瘋了，他又去找劉徹，說：「自從我朝與匈奴開戰，死傷不可勝數，都是百姓的兒女。匈奴人投降，當以之為奴，賜天下人，以報答天下之百姓。再退一步說，就算是陛下實在不願意以其為奴，也不應該動用國庫進行賞賜，強徵百姓的車馬來伺候他們。

老百姓不過跟匈奴人做了點小生意，他們哪裡知道這樣做觸犯了法律？因這些小事而傷害百姓，是愛護樹葉而傷害了枝條。陛下這樣做，不合適。」

劉徹沉默了，他不喜歡被人頂撞。

半晌，他深吸一口氣，感慨道：「我很久沒聽到汲黯的話，今日他又胡說八道了。」

看看，汲黯的一番肺腑之言，在劉徹眼裡居然是胡說八道！

劉徹已經長大了，在他眼裡，此時的汲黯再也不是良師益友，已經變成一個惱人的糟老頭，成為自己的一個阻礙。

眾所周知，劉徹是一個求賢若渴的人。

他面向全國招攬人才，經常擔心優秀的人才選不足，選不上來。

但是，劉徹也是個要求極其嚴苛的人。

哪怕是他平時最喜歡的人，只要稍有不慎，有一丁點兒讓他不滿意的地方，或者工作出了紕漏，下場只有一個：砍了。

而且還是誰說情都沒用的那種。

這就很過分了。

做工作、做事業，不可能一帆風順，難免會犯錯。犯錯不要緊，關鍵是及時改正，彌補錯誤。劉徹的做法卻簡單粗暴，這讓很多人難以接受。

比如汲黯。

汲黯對劉徹的這種做法不認同，怒氣沖沖地去找他提建議：

「陛下找人才找得不辭勞苦，但是找來的人還沒發揮作用，就都被您砍了。用有限的人才，滿足您無限的肆意誅殺之欲，我覺得天下的人才恐怕都被您浪費得差不多了，到最後還找誰和您一起治理天下？」

汲黯說這話時怒氣沖沖，唾沫星子四濺，劉徹卻一臉微笑，表情相當淡定：

「哪個時代沒有人才？怕就怕不能識人而已。若是有識人之明，哪會無人可用呢？況且人才就如器皿，有才而不肯盡用，留著有何用？不如殺之！」

劉徹的這段話，後世的李世民想必體會最深。

唐朝時，李世民讓封德彝去搜尋人才，等了大半年，封德彝告訴李世民：「我盡心盡力找了大半年，確實沒發現有什麼人才。」

李世民對封德彝說：「君子用人如器，各取所長。難道古代的賢明之君，都是向周朝、向漢朝借人才來治理的嗎？你自己沒有識人的智慧就罷了，怎麼可以把全天下的人都汙衊為無才呢？」

話題回到汲黯身上。

汲黯說：「我說不過陛下，但是我心裡還是覺得陛下的那套誅殺人才的邏輯，根本站不住腳。我懇請陛下以後還是改了這一點，不要讓別人以為是我愚蠢不懂道理。」

難得看到汲黯說自己笨，劉徹笑著對大夥兒說道：「汲黯啊，你要是說自己八面玲瓏，我還真不信；你現在說自己太笨，我覺得你的自我認知很到位！」

沒過多久，劉徹就找了個理由打發汲黯回老家。

汲黯雖然走了，可是眼前的煩惱卻沒有因此而減少，劉徹每天都在為缺錢而發愁。前兩次對匈奴作戰，漢帝國雖然打贏了，可這勝利的背後卻是國庫日益空虛。

隨著對匈奴戰事的遷延日久，錢的問題就日益突顯。

「怎麼辦？」

劉徹左思右想，想起一個人來。

這個人叫卜式。

卜式是河南洛陽人，生於富裕之家。十五歲時，父母雙亡，卜式一個人把弟弟帶大，幫他成了家，兄弟倆就分了家。卜式將家裡的房產和土地都留給了弟弟，自己僅趕著百餘隻羊到山中放羊為生。

別人放羊，是去草場，卜式不一樣，他進大山。

羊的繁殖能力比較強，一隻母羊從受孕到下崽要五個月，小羊斷奶要三個月，受孕間隔期八九個月時間。卜式放羊是一把好手，他往山溝裡一鑽就是十多年，出來時，百餘隻羊已變成了千餘隻，出山後置辦家業。而此時，弟弟因不善營生，早已坐吃山空，家業敗盡，卜式二話不說，再次資助弟弟，備受鄉鄰稱讚。

此時，朝廷連年對匈奴作戰，財政吃緊，已經快拿不出錢了。朝廷為了籌資，宣布了一項法令：犯人可以透過繳納贖金獲得減刑或釋放，同時出賣朝廷爵位。

國家缺錢，老百姓就得勒緊褲腰帶過日子。卜式卻主動站出來，表示願意把一半家產捐獻給國家，作為對匈奴作戰的經費。

縣令一看，樂了：「老子治下竟有如此良民！嘿嘿，這就是我升官發財的資本啊！」立即將這事上報到了朝廷。

劉徹聽說後，覺得這人有點意思。「這些年，讓誰捐錢都跟要了他們命似的，就沒見過卜式這種大公無私的。」不止劉徹不信，所有人都不信。

劉徹把卜式叫到長安，派了個使者去了解一下，究竟是個什麼情況。

使者見到卜式，問他：「要捐一半家產的，就是你小子？」

卜式說：「正是小人。」

使者問：「你腦子進水了？到底有什麼企圖？」

卜式說：「國家作戰需要錢，老百姓自當有錢出錢、有力出力。」

使者問：「少唱高調，你是不是想做官？」

卜式說：「我只會放羊，不懂政事，不願做官。」

使者又問：「那你是有什麼冤情要上訪嗎？」

卜式說：「我從來與人無爭，待人和氣，鄉親們日子過得艱難，我就主動借錢給他們。街坊鄰居跟我關係都很好，也願意聽我的話，我怎麼會受人冤屈呢？沒有的事。」

使者更迦納悶，問：「你說實話，捐這麼多家產，你總得圖點什麼吧？」

卜式說：「朝廷要和匈奴開戰，這是國家大事，每個臣民都應盡責盡力，有錢的出錢，有力的出力。我有錢，所以就出錢，就這麼簡單。」

這就奇怪了，不求官，沒有冤，願把一半家產捐給國家？

使者一頭霧水地回去報告了，從來沒見過卜式這種傻子一樣的人。

劉徹聽了彙報，也覺得不可思議，把宰相公孫弘叫過來，問他怎麼看。公孫弘說：「這人做事不合情理，必有奸詐，請陛下不要理他。」

劉徹只得把寫好的嘉獎令封存起來，對卜式捐款的請求也不作回應。

卜式對此倒不以為意，回家後繼續搞自己的養殖業，很快就成了當地有名的養殖專業戶。

如今，匈奴的渾邪王帶著四萬多人投降漢朝，過度的花費導致府庫再度空虛。

次年，國家發生特大水災，地方救災能力有限，中央財政正緊。為度過難關，朝廷準備向土豪們徵收財產稅（算緡），並倡議地方豪強為國分憂，主動捐款捐物，幫助災民度過難關。

卜式看到通知後，二話不說，拿出二十萬錢捐贈給河南。地方官員很感激，把他的義舉再次上報給朝廷。劉徹看到捐款名冊上排名第一的是卜式，立刻就想起來了：「這不是之前要捐一半家產的那個傢伙嗎？原來卜式不是另有所圖，他真的是漢朝的愛國富商啊！」

劉徹大為感動，賜給卜式免戍邊徭役四百人的權利。豈料，卜式又把這些還給國家。

這次，劉徹是真的服氣了，卜式的確是位有德長者，於是打算拜為中郎，賜爵左庶長，賜他良田十頃。此外，劉徹還親自簽發了一份詔令，號召全國人民向卜式學習！

但是卜式是真的不願意當官，他只想回家放羊。

劉徹很無語，說：「你不就想放羊嗎？這樣吧，我的上林苑中有的是羊，正好缺一個羊倌，要不然就交給你吧！」

卜式這才去了上林苑，當了個皇家飼養員。一年多後，卜式把上林苑中的羊養得又肥又壯。

有一次，劉徹到上林苑視察工作，見上林苑裡牛羊繁息，一衍生機勃勃的景象，對卜式誇讚了一番。

卜式受到表揚，說：「陛下，其實放羊和管理百姓是一樣的道理，只要讓牠們起居有規律，有病的及早隔離，適時清除凶惡的，別讓牠敗壞了羊群，這羊就能養好。」

劉徹一聽：「這簡直是治國高論啊！」於是任命卜式當了一個縣令。在那裡，卜式提倡農桑，輕徭薄賦，鼓勵百姓養牛養羊，口碑相當好。劉徹又升卜式為成皋令，之後一路提拔到齊相的位子上。

元狩六年（西元前 117 年），劉徹頒布「緡錢令」，提名卜式為模範人物，目的在於鼓勵百姓積極捐款捐物。可惜，任憑劉徹望穿秋水，就是沒有一個富商響應號召。

元鼎五年（西元前 112 年），南越呂嘉造反，又遇上西羌侵犯邊境。為此，劉徹赦免監獄裡的囚犯，組織二十多萬人進攻南越，數萬人進攻西羌，又分出數萬人西渡黃河築城。

即便如此，人手還是不夠用。

此時的卜式已經改任齊國相，他上書劉徹說：「主上遭遇恥辱，臣子豈能苟活？如今正是賢能之士誓死捍衛大漢尊嚴的時候。臣身為齊相，懇請陛下恩准，帶著兒子和齊國的弓箭手、水手，跟隨大軍前往南越，縱令粉身碎骨，亦無怨無悔！」

劉徹一看，非常感動！

國家需要人的時候，那些拿著高薪的官吏，一個個玩起了失蹤，沒有一個人主動站出來報名從軍，唯獨這個當年的羊倌，毅然報名從軍！

劉徹當即下詔褒獎：「齊相卜式，淡泊名利，從不計較一己之私。早年把大部分財產分給弟弟，鄉里稱道；後又主動捐款捐物，支援邊防部隊；西河郡遭災之時，卜式帶著齊人轉運糧食；如今國家出兵南越，又是卜式第一個請戰，其忠肝義膽已溢於言表！卜式父子雖沒有參加戰鬥，但忠義之心天下皆知！賜卜式爵關內侯，黃金四十斤，田十頃。布告天下，使萬民皆知！」

漠北之戰

就在劉徹為了解決戰爭帶來的財政危機，想盡各種辦法籌資的時候，遙遠的北方，匈奴蠢蠢欲動，要與漢帝國來一場大決戰。

經過兩年前的河西之戰，匈奴損失慘重，勢力已完全收縮到了大漠以北。即便如此，他們依然鬥志昂揚，發誓要與漢帝國硬碰硬到底。

漢匈之間，只差最終的一場決戰！

就在河西之戰結束的第二年（西元前120年），匈奴左賢王部的數萬名騎兵再度侵入右北平，伊稚斜單于也派出了數萬名騎兵越過蒙古大漠，進攻定襄。

匈奴大軍來了，為了復仇。

這次襲擊很突然，邊防部隊來不及迎戰，軍民被殺死一千多人。

得知邊境遇襲，劉徹大怒！

經歷了兩次大戰，匈奴人雖然吃了些苦頭，但是很顯然，並沒有被徹底擊垮。這些凶狠的匈奴人猶如草原上的野草，野火燒不盡，春風吹又生，只要一個秋天過去，他們又會揮舞著馬鞭，南下騷擾。

劉徹一拍桌案：「漢朝隱忍了這麼多年，絕不能再忍下去了，面對匈奴人的挑釁，必須予以堅決反擊。不僅要反擊，還要藉此機會擴大戰果，消滅匈奴主力，打他個永世不得翻身！」

元狩四年（西元前119年），在經過充分的準備後，劉徹在未央宮召開了一次軍事會議，商討出兵匈奴事宜。

根據最新情報，趙信叛逃後，很快成為伊稚斜單于的左膀右臂。單于對他言聽計從，已經帶著主力部隊遠徙漠北，在遙遠的貝加爾湖、色楞格河一帶居住，以避開漢軍的鋒芒。

趙信曾經在漢軍中任職，他熟知漢軍的策略和打法。要想與匈奴決戰，漢軍必須穿越上千里的漠北無人地帶，就算僥倖找到了匈奴人，漢軍也早已筋疲力盡。

即便困難重重，劉徹也決定創造一個奇蹟。為了這次出征，劉徹押下了漢朝所有的老本：「糧草得準備充足了，匈奴降兵嚮導得帶夠，兵員戰馬要選最彪悍的，將帥當然也要挑最猛的。乾脆就讓衛青和霍去病一起上，各率五萬騎，東西兩路出擊，配備最優良的戰馬；徵調四萬餘普通馬匹，用於運輸輜重；徵調二十萬人，組成一支龐大的步兵及後勤運輸隊。」

霍去病的任務是一路北上，迎戰伊稚斜單于的主力，務求全殲；衛青則尋找左賢王決戰。

就在大軍即將啟程之時，漢軍在邊境上抓了一名匈奴探子，從探子口中得知，伊稚斜單于已經移營向東。

來不及驗證情報的真偽，劉徹立即調整了策略部署，讓霍去病東移至代郡，衛青從定襄出發。

然而，就是這一次調整，霍去病與單于擦肩而過。

這年春季，漢軍在定襄與代郡兩地誓師北征。

這一次出征，漢軍陣容十分強大，放眼望去，幾乎都是明星陣容。衛青這邊有五位將軍：前將軍李廣、後將軍曹襄、左將軍公孫賀、中將軍公孫敖、右將軍趙食其。

霍去病則不一樣，他打仗向來獨斷專行、作風彪悍，為他配置的都是最勇猛善戰的騎兵，他身邊都是鐵桿老部下：從驃侯趙破奴、北地都尉衛山，此外還有不少匈奴的降將：因淳王復陸支、樓剸王伊即軒及昌武侯安稽。

這裡要重點提一下趙破奴，他本是漢匈邊境上的九原郡人，也就是今天的山西太原。早年的他流落匈奴，大概受過匈奴人欺負，痛恨匈奴人，所以取了這樣一個霸氣的名字，後來回到漢朝投到山西老鄉霍去病的麾下。此時的他雖然已經封侯，但是真屬於他風光的時刻還要等到十年以後。

除此之外，還有一個人不得不提，那就是李廣的兒子李敢。

想當初，李廣的部隊被十倍於己的匈奴人圍困，李敢臨危受命，在匈奴人中打殺，極大地提振了部隊士氣，這份勇氣與擔當讓霍去病十分欣賞。

幾十萬漢軍浩浩蕩蕩上路了，戈壁上天氣很冷，春風正化解著北地的積雪，無數將士們口裡呵著白氣，顯得興奮無比。大地在震撼，馬蹄聲碎，弓弦聲急，驚醒了沉睡千年的荒原。

隊伍的正前方，是漢帝國的戰神，只要看到他，大夥兒心裡就會很踏實。這些年來，漢軍跟著衛青與霍去病，橫渡沙漠戈壁，縱馬馳騁於草原之上，彎弓射鵰於藍天之下，用鐵和血維護了自己的尊嚴。

這是一個尚武的時代，漢家男兒有著堅不可摧的鋼鐵意志，他們再也不是柔弱的羔羊，任由匈奴人欺辱宰割。他們有勇氣，也有底氣主動出擊，與匈奴人來一場硬碰硬的較量！

遼闊的北方大地，再也不是匈奴人的專屬，目之所及，都是漢家天下！

黃沙百戰穿金甲，不破匈奴終不還！

衛青那邊，則要提一下李廣。出發沒多久，他就與衛青發生了激烈矛盾。

這一年，李廣已經六十多歲了。按理說，以他的年紀，早該退居二線，在家含飴弄孫了，可是他卻覺得人生中還有一個巨大的遺憾。他的一生都在邊境上和匈奴人硬碰硬，幾乎已經成了漢軍對匈作戰的一面旗幟。在漢匈雙方即將迎來最後大決戰的關鍵時刻，他又怎麼甘心缺席？

一開始，劉徹的出征名單裡沒有他，可是李廣卻執意請戰。劉徹說：「老將軍還是歇一歇吧，打仗是年輕人的事，您老為國征戰了一輩子，如今年紀大了，也該好好待在家中頤養天年了。白首從軍，鞍馬顛簸，朕於心何忍？」

李廣當然不答應，說：「陛下，老臣今年都六十多歲了，沒有多少活頭了，這也許是與匈奴的最後一戰，也是我李廣的最後一戰了，所以老臣一定要去。大丈夫既食君祿，當死於戰場，以馬革裹屍還，幸也！」

劉徹聽後大為感動：「既然老將軍執意請戰，准了！」

不過，為了保險起見，劉徹還是單獨找來了衛青，囑咐他：「李廣年齡大了，運氣又總是不好，不適合作為先鋒，你就多照顧一下他吧！」

大軍出發沒多久，衛青的部隊抓到了一個匈奴俘虜，審問後得知，先前得到的情報有誤，單于依然在定襄北面，不曾東移。

這下子，衛青很激動：「既然已經知道了單于主力的確切位置，那就由我們主攻單于吧！」

他當即下令，李廣和趙食其的兵馬從東路進軍包抄單于，公孫敖從正面挺進，到時候兩軍會合，夾擊單于。

這麼安排，其實也有衛青自己的私心。公孫敖是衛青的好朋友，上一次跟隨霍去病攻打匈奴，因為迷了路而喪失戰機，被廢為庶人，失去了爵位。這一次，衛青有意照顧公孫敖，讓他在正面戰場殺敵建功，將功補過。

李廣鬱悶了，他太需要一次與匈奴正面對決的機會了，如今機會就在眼前，衛青卻把大好機會讓給了自己的好朋友，李廣如何能服氣？他一肚子氣沒地方發洩，氣呼呼地去找衛青理論。

李廣說：「我是陛下任命的前將軍，現在大將軍無緣無故把我改調到東路作為助攻，我不甘心！我從年輕始就與匈奴作戰，等了這麼久，才有了與匈奴單于面對面交鋒的機會，我願意充當前鋒，與匈奴單于一決生死！」

衛青搖了搖頭，他清楚地記得皇帝出發前給他的密令：「李廣年齡大了，運氣又不好，不適合做先鋒。」

李廣氣呼呼地離開了衛青的將軍帳。

衛青望著李廣離去的身影，無奈地搖了搖頭。

大軍繼續出發，好不容易走出了大漠，就看到前方不遠處黑壓壓一片，伊稚斜單于的主力部隊早已在此等候多時。

空氣驟然凝固了。

「狹路相逢勇者勝，沒什麼好說的，打一架吧！」

號角吹起，萬騎齊鳴。

戰鼓轟響，強弩上弦。

匈奴軍隊以逸待勞，率先發起攻擊。待漢軍騎兵前進到射程之內時，匈奴人萬箭齊發，一窩蜂地射向漢軍。

漢軍排兵布陣，沉著應戰。一時間，環刀並舉、短矛突進、戈戟飛舞，被刺中的人當即血如泉湧，染紅了盔甲皮袍，甚至有幾截殘肢斷臂飛上半空……

混戰，勢均力敵的混戰。

雙方傷亡相差無幾，一時戰爭陷入膠著。

就在兩軍交戰的當下，身後傳來一陣吱吱呀呀的聲音，匈奴人回頭一看，只見漢軍推著一排碉堡一樣的戰車，緩緩向戰場移動。

匈奴人眼珠子都快掉出來了：「這是什麼？」

對於匈奴人的反應，衛青早在預料之中，這種車是漢軍的獨家發明，名字叫武剛車。

根據史書記載，武剛車長二丈，有頂蓋和窗簾，車外側綁著長矛，內側置大盾。武剛車可以運送士兵、糧草、武器，也可以用來作戰。有的武剛車還有射擊孔，弓箭手可以在車內透過射擊孔射箭。此外，武剛車連在一起就是一面盾牆，可以有效攔阻騎兵的衝擊。

衛青命令將武剛車併攏，構成一個環形防線，漢軍躲在武剛車陣後面射擊。

在經過短暫的慌亂後，匈奴人決定採取騎兵強攻，衛青也派出了五千騎兵縱馬上前迎戰。

這場廝殺一直持續到紅日西斜。忽然間，大漠裡捲起一陣大風，一時間飛沙走石，沙石打在臉上如刀割般疼痛，漫天的黃沙湧動，遮蔽了天光，匈奴的部隊頓時陷入混亂之中。漢軍由於身後還有武剛車，受影響較小。

「成敗就在此時！」

衛青當機立斷，命大軍從左、右兩側包抄匈奴軍隊。

伊稚斜單于這才發現，漢軍雖然是遠距離作戰，但是其戰鬥力絲毫不受影響，加上有武剛車作為防禦，匈奴人根本占不了便宜。

正面硬上，幾乎必敗無疑！

「那就跑吧，留得青山在，不怕沒柴燒！」

混亂中，伊稚斜單于丟下士兵，坐上一輛騾車，在數百親衛的保護下奮力突圍。

戰場上的廝殺還在繼續，當匈奴士兵得知單于已經跑路時，他們的心理防線崩潰了，烏泱泱的匈奴人開始潰散，或死於追擊的漢軍刀下，或逃往大漠戈壁的深處。

暮色開始悄悄籠罩大地，隨著天邊新月升起，這場廝殺終於落下了帷幕。

漢軍大獲全勝！

得知伊稚斜單于跑了，衛青立即帶著騎兵星夜追趕。大漠的夜裡，天空捲起鵝毛般的雪花，覆蓋在狼藉一片的戰場上，也輕輕降在一片寒光中 —— 那是輕騎兵們的刀刃。片刻休整停歇後，他們又要出發，大部隊也將隨後跟進。

月黑雁飛高，單于夜遁逃。

欲將輕騎逐，大雪滿弓刀。

數百年後，唐人盧綸把這一幕寫成詩篇，傳頌至今。

可惜的是，衛青一路追擊了兩百里，還是沒能找到單于的身影。

衛青有些生氣，他之前早就吩咐過李廣和趙食其包抄堵截匈奴部隊，現在戰鬥都快結束了，這二人連影子都沒見到！

如果不是因為這二人在關鍵時刻出差錯，匈奴人能有逃脫的機會嗎？

李廣在哪兒？

事實是，李廣再一次迷路了。

此時的他，正漫無目的地走在大漠中，尋找回去的路。

其實，不只是衛青找不到伊稚斜單于，連匈奴人也找不到他們的單于了。一連十幾天，伊稚斜單于就如從人間蒸發了一樣，誰都找不到了。而此時，一旁的右谷蠡王無法淡定了。「既然單于丟了，我正好當接班人！」

右谷蠡王自封為單于。

不料，右谷蠡王屁股還沒坐熱，伊稚斜單于卻回來了。他在大漠裡東躲西藏，吃了十幾天沙子，直到聽說衛青的部隊撤走後，這才回到匈奴人的駐地。結果回來一看，自己的位子竟然被人搶了，頓時就生氣了！

「我的位子你也敢搶？」

右谷蠡王嚇壞了，趕緊賠禮道歉，好說歹說才得到了原諒。

衛青在大漠中轉了一圈，沒有找到單于，他開啟軍用地圖，沉思良久，目光落在了一個地方：趙信城！

前面說過，自從趙信叛逃到匈奴後，匈奴人在今天的蒙古國杭愛山南麓修築了一座城堡，專門用來積存糧食及其他軍用物資，以趙信的名字來命名，稱為趙信城。

大軍繼續前進，直撲趙信城，城中的匈奴人不是漢軍的對手，一番廝殺後狼狽而逃，漢軍入城後一把火將其燒了個精光。

這一戰，衛青的部隊斃傷俘敵一萬九千餘人，焚毀了趙信城，繳獲了匈奴人的大量物資。

就在衛青準備返程的同時，霍去病正帶著自己的精銳騎兵在大漠中奔馳。

封狼居胥

霍去病從代郡出發，一路向北，根據最新情報，在他前方的不是單于，而是實力強大的匈奴左賢王。

面對數量龐大的漢軍，左賢王沒有選擇正面對抗，而是一路向北，撤到了蒙古大漠的東北部，他的目的很簡單：拖垮漢軍！

然而，他的算盤還是落空了。

匈奴騎兵的優勢是長途奔襲、快速機動，這樣的打法讓之前處於防守的漢軍處處被動。巧的是，這也正是霍去病的特長。

大規模使用騎兵集團，長途奔襲、閃電攻擊，是霍去病戰勝匈奴的法寶，且屢試不爽。

在與右北平郡太守路博德會師之後，霍去病的騎兵部隊一路深入漠北，尋找匈奴主力。這裡要提一下路博德，此時的他，剛登上歷史舞臺，可別小看他，因為他是日後滅亡南越國、登上海南島的重要人物。

為了加快行軍速度，霍去病的部隊一路上拋棄了大量的輜重。大軍輕裝急行，掠過亙古荒涼寂靜的漠北草原，密集的馬蹄聲敲擊著大地的胸膛。他們迎著曠野遼闊無垠的粗糲之風，在這裡放飛無數漢人的夢想。

獵物就算藏得再隱蔽，也逃不過獵人的眼睛。

左賢王一路北退，霍去病一路追蹤。

上路了，想什麼前方艱險，想什麼苟且退縮。

當大軍穿越瀚海沙漠，翻越離侯山，渡過弓閭河，出現在左賢王面前時，他傻眼了。

他沒想到，漢軍竟然能夠深入兩千多里，死死咬住自己。當然，這一切，都得益於漢軍強大的補給能力，在霍去病五萬精銳騎兵的身後，是十餘萬步兵與運輸隊伍。沒有他們，漢軍不可能創造如此奇蹟。

一場大戰，在大漠的北部邊緣展開了。

令人遺憾的是，在《史記》中，司馬遷對這場戰爭的記錄很簡略，我們不知道霍去病用了何種打法，只知道，這一戰霍去病大勝，俘獲匈奴屯頭王和韓王等三人，以及將軍、相國、當戶、都尉等八十三人，俘虜、殲滅匈奴軍七萬零四百四十三人。

匈奴左賢王部受此重創，幾近覆滅。

犁庭掃穴，莫過於此！

隨後，霍去病乘勝揮軍北進，直到大漠深處的狼居胥山。狼居胥山在今天的什麼位置，後人的分歧很大，不過很多人都認為，狼居胥山就是今天的烏蘭巴托東側的肯特山。肯特山後來成為成吉思汗的發祥地，在今天的蒙古北部，靠近俄羅斯。

到此山下，強敵遠遁，放眼四顧，悲風揚沙。

霍去病命人堆土增山，然後登臨山頂，在山上立碑紀念，對著大地立下誓言：「這片土地以後就是我們漢家疆土，和匈奴沒有關係了。」

自霍去病之後，封狼居胥從此成為中華歷代將帥人生的最高追求、終生奮鬥的夢想。

唐朝人的詩歌裡，遍地響徹著狼居胥山的寒風：「何問狼居胥，執戟夜急行」、「狼胥山前秋風緊，黃沙漠漠起塞聲」。南宋的辛棄疾也曾寫過一首詞：「元嘉草草，封狼居胥，贏得倉皇北顧。四十三年，望中猶記，烽火揚州路。」

然後，霍去病帶著部隊繼續向北掃蕩，一直追到了姑衍山。四下望去，天地間一片蒼茫，朔風從蒼穹中直撲而下，血色戰旗獵獵作響，腰間寶劍的血跡尚未擦乾，數萬大軍正在見證歷史。

霍去病拔出劍：「從此以後，這裡將是漢家疆土了！」

走下姑衍山後，霍去病繼續向北出發。很快，他們遇到了一個湖，湖水碧綠見底，一眼望不到邊。

這個湖，今天的名字叫貝加爾湖，漢朝叫「北海」，也就是後來蘇武牧羊的地方，因形似月亮，也被稱為月亮湖。

湖水擋住了霍去病的腳步，大軍轉而南返。

漠北之戰，匈奴人遭到了毀滅性打擊，大量物資輜重被衛青和霍去病燒毀，大量的士兵死亡，只能被迫向更北的區域撤退。

漢家兒郎興高采烈，他們高奏凱歌，回到關內。他們中的許多人因此留下一身傷痛，有的甚至因凍傷落下殘疾；數萬同胞在這場大戰中壯烈捐軀，埋骨他鄉；軍馬損失也很多，出塞前共有戰馬十四萬匹，回到塞內的僅剩三萬匹。

但是畢竟勝利屬於他們，此後兩千年的青史上已經留下了濃墨重彩的一筆：霍去病封狼居胥！

這是漢家兒郎的風光時刻！

這是漢民族最揚眉吐氣的輝煌時刻！

這一戰中，最令人遺憾的當屬李廣之死。

衛青的大軍一路南返，越過沙漠以南時，才與李廣和趙食其的部隊聯繫上。李廣運氣太差了，他又一次空手而歸。

看到老將軍在大漠中奔波了數日，衛青也有點不忍心，叫來了軍中長史，讓他準備些酒菜慰問李廣。

說是慰問，其實就是問話。當長史問李廣為什麼迷路時，李廣卻閉嘴不言，一個字都不願意說。

李廣知道自己鑄成了大錯，內心的自責可以理解，但是問題在於，衛青是大將軍，他必須掌握李廣迷路的詳情，便於向皇帝彙報工作。

李廣不說，長史也沒辦法，只得說：「既然老將軍不便講述，那就請將軍派個人隨我到大將軍帳下做個解釋吧。」

很顯然，長史這麼做，是想暗示李廣把罪責推給部下。

然而，作為一位與士兵同吃同住同勞動的將軍，他又如何忍心甩鍋給別人？

他搖了搖頭，道：「校尉無罪，是我自己迷了路，一切罪責理應由我一人承擔，請長史先回，我親自前往大將軍處受審問話。」

當年邁的老將軍再一次站在眾人面前時，衛青的眼眶溼潤了。所有人都驚訝地發現，這位身經百戰的將軍，如今早已頭髮斑白，英雄的身軀掩飾不住滿眼的寂寞和蒼涼。

所有人都默默地注視著李廣。

李廣也在環視眾人。

這些人中，有不少都是他的老部下，他們有的已經封侯，有的一戰成名，而他已年過六十，不僅封侯無望，還將面臨軍事法庭的審判。

看著身邊的將士，李廣昂然道：「我十六歲就參加對匈奴作戰，經歷大小七十餘戰，我很幸運能跟隨大將軍參加此次征戰。只是沒想到，大將軍不讓我衝鋒在前，而我又迷了路，這一切都是天意啊！我今年已經六十餘歲了，終究不能面對刀筆吏的侮辱了！老了，真的老了！」

然後，李廣將刀一橫，向自己的脖子抹去。

「老將軍——」

眾人驚呼一聲，但是已經來不及了，鮮血從李廣的喉嚨處噴湧而出，一道偉岸的身影轟然倒下。

他不需要別人的施捨和憐憫，接受施捨會被人鄙夷，被人憐憫是最屈辱的事。

不可否認，李廣是一位勇武英雄，一位意氣英雄，更是一位悲情英雄。他在沙場上征戰一生，到頭來卻落得這樣的下場，這是他無法忍受的。既然如此，倒不如用這種悲壯的方式，為自己戎馬倥傯的一生畫一個悲壯的句號。

當李廣自盡的消息傳出後，老部下痛哭流涕；百姓聽聞李廣自盡，無論老壯，皆為其落淚致哀。唐代大詩人高適在〈燕歌行〉一詩中慨嘆：「君不見，沙場征戰苦，至今猶憶李將軍。」

與衛青、霍去病等人相比，李廣不僅在治軍和戰術戰法上存在很大的問題，而且在性格上也存在硬傷。他過於倔強，心胸又有些狹隘，種種因素，最終決定了李廣雖然戎馬一生、英勇無比，但是其結局只能以悲劇收場。

然而，即便如此，我依然願意為這位老將軍灑下一把淚。原因很簡單，他是抗匈前線的一面旗幟。

在漢匈戰爭的艱難歲月裡，是他一次又一次擊退匈奴人，保護了邊疆百姓的安全。他一生身經大小戰役數百次，雖然沒有封侯，但是漢軍將士們愛戴他，邊疆百姓對他念念不忘。他真正做到了生命不息，戰鬥不止。他是帝國邊境的棟梁，人民永遠懷念他。

即使很多人不了解他，也多多少少聽過這樣一句詩：「但使龍城飛將在，不教胡馬度陰山！」

漠北一戰，霍去病的聲望達到了頂峰，劉徹再一次為他加封食邑，使得霍去病的食邑達到了一萬五千一百戶，超過了大將軍衛青的一萬一千八百戶。

不僅如此，得勝歸來的霍去病被授予大司馬一職，和舅舅衛青平起平坐，他的一眾部下也個個加官晉爵。

反觀衛青，不知劉徹出於何種心理，這一戰中衛青沒有獲得任何加封，連帶部下也沒得到任何好處。

李廣雖然自刎了，他的家人卻不肯接受這個現實，李敢得知其父李廣之死，把責任都推給了衛青，認為他有不可推卸的責任。

為了報復，李敢刺傷了衛青。

為了顧全大局，衛青沒有把李敢刺傷自己的事告訴任何人，然而外甥霍去病還是知道了。

衛青為人豁達寬厚，可以不計較此事，可是霍去病不一樣，他年少氣盛，絕不容許有人欺負到自家人身上。

他要替舅舅衛青報仇。

有一次，劉徹到甘泉宮打獵，霍去病和李敢陪同。一群人「左牽黃右擎蒼」，策馬奔馳，李敢不知道的是，他已成為霍去病眼中的獵物。

眼看著李敢離大部隊越來越遠，霍去病悄悄將箭對準了他。弓弦響過，李敢摔下馬來，待其他人趕來時已經斷了氣。

對於霍去病挾私報復的行為，劉徹大發雷霆，狠狠訓了他一頓。即便如此，劉徹還是無法狠下心懲罰他，為了掩蓋這起刺殺事件，劉徹對外宣稱李敢是狩獵時被鹿撞死的。

霍去病逃過了一劫。

然而，這位集萬千寵愛於一身的天之驕子，卻在二十四歲的時候突然畫上了生命的句號。

而此時，距離他在元狩四年取得漠北大捷、封狼居胥、邁向人生的巔峰，才不過三年而已。

《史記》和《漢書》都沒有記載霍去病的死因，只有一個簡單的字：卒。因病去世一說來源於弟弟霍光，他在後來的一份材料中提到，自己的哥哥霍去病是因病去世的。

後世很多人不願接受這個答案，提出了各種陰謀論，其中流傳最廣的是所謂的「衛氏集團」。他們認為，隨著衛青和霍去病鋒芒日盛，衛氏集團已經開始威脅到了皇權。為了分化衛氏集團，劉徹採取了揚霍抑衛的策略，可惜霍去病不願意被當槍使來制衡衛氏集團，劉徹迫不得已才賜死了他。要不然，與霍去病同時代的司馬遷為何不記載他的死因？更何況，霍去病武藝高強，身體肯定很好，怎麼可能年紀輕輕就因病去世？

其實，在我看來，這些陰謀論都不值一提。

我惋惜霍去病的早逝，也希望能夠了解他更多的生平故事，而不是史書中寥寥幾筆戰功和封賞。但是我痛恨陰謀論，所有不負責任、主觀臆測的陰謀論，都是對歷史的不尊重，對今人的誤導。

簡單總結一下這位少年天才吧！

霍去病這一生，幾乎完成了別人幾輩子才能完成的大功業，他開創了深入敵後、千里奔襲、斬首斷臂等特種作戰的先河。第一次上戰場，他就以超乎尋常的英雄氣概孤軍深入，僅率八百部下脫離大部隊，奔襲數百里追殺數倍於己的強敵；出征河西時，他帶著一萬孤軍長驅直入，歷經艱險，殺敵數千；漠北之戰中，他深入大漠數千里，其驍勇彪悍的氣概足以令匈奴聞風喪膽。他幾乎就是上天賜給漢帝國的禮物，是匈奴人的剋星。

霍去病去世後，三軍盡縞素。劉徹大為悲慟，親自主持了最高規格的追悼會，專門調來了鐵甲軍，從長安一直排到下葬的茂陵。他還下令將霍去病的墓修成祁連山的模樣，彰顯他打通河西走廊的千古功勳。

他一生奪河南、取河西，開疆拓土，驅匈奴於漠南，戰胡虜於漠北，飲馬瀚海，從無敗績，宣揚了漢帝國之威。而他所樹立的軍人形象，更是展現了漢家男兒血氣方剛、無往不勝的精神。

他的一生猶如絢爛的流星，那樣壯麗，那樣耀眼，卻又那樣短暫！

去病死，放眼望去，無人再配冠軍侯。

第七章
酷吏時代

刀筆公卿

自從匈奴人被逐出漠北後，實力大減，而漢朝因為缺少馬匹，暫時也沒有能力持續北征。雙方就這樣隔著大漠，進入了策略相持期。

「既然都打不動了，那就議和吧！」

很快，匈奴那邊就派人過來，請求再次與漢朝和親，重結秦晉之好。

劉徹對這個請求不置可否，隨後組織大臣們討論。

圍繞要不要和親這個議題，朝堂上爭吵不斷，有人主戰，有人主和。

主和的認為，漢朝與匈奴打了這麼多年，雖然最後打贏了，但是殺敵一千，自損八百，自己這邊的損失也很大，急需休養生息。既然匈奴人主動開了這個口，何不借坡下驢，跟他們重新簽訂和平協議。

主戰的認為：「漢朝準備了這麼多年，好不容易打贏了匈奴，怎麼能就這麼輕易答應議和！

再說了，就算談判，匈奴人也應該拿出應有的誠意來，你說和親就和親，我不要面子的啦？光和親哪夠，匈奴應當對漢朝稱臣！」

提出這個方案的，是丞相長史任敞。

眼看任敞在朝堂之上唾沫橫飛，說得慷慨激昂，劉徹索性將這個艱鉅的任務交給他，派他到匈奴出差。

任敞心裡罵髒話：「不是讓大家暢所欲言嗎？我不過是說說而已，沒想過出差啊，老大你不能這麼對我！」

劉徹似笑非笑地看著他：「就你了，趕緊出發吧！」

任敞就這樣踏上了北上之路。

單于以為任敞帶了無數的金銀珠寶和如花似玉的公主來，哪料到任敞開口閉口不談和親，只談招降。單于火冒三丈，恨不得當場就把任敞五馬分屍。

好在單于最後本著「兩國交戰，不斬來使」的原則，只是扣留了任敞，發配他到草原上放羊去。

看到任敞被匈奴扣留，劉徹感覺有點沒面子。很顯然，前幾次的戰爭並沒有讓匈奴人服氣。那麼，再弄個全軍總動員，繼續與匈奴人硬碰硬嗎？

顯然不現實。

在這種情況下，劉徹召集群臣又開了一次御前會議。這次內部討論會上，博士狄山腦子一熱，站出來說：「和親對我們有利。」

「什麼？還和親？」

「還要和親？門都沒有！最煩的就是你們這幫投降派，講起大道理來一套一套的，實際上什麼本事沒有！」

雖然劉徹心裡有些不爽，但是表面上還是不動聲色，他問狄山：「那你說說看，和親有何好處？」

狄山侃侃而談：「武器是凶器，不應多次動用。想當年，高祖皇帝也曾想討伐匈奴，結果卻被困於平城七日七夜，從此對匈奴改用和親政策，確保了高帝、孝惠帝、呂后二十年的天下太平。」

眼見大夥兒一個個聽得都很認真，狄山很是得意，繼續說道：「孝景帝時，吳、楚七國反叛，景帝往返於兩宮之間，膽顫心驚了好幾個月。七國之亂被平定後，景帝一朝始終不談軍事，國家韜光養晦，一心一意謀發展，好不容易才攢了一點家底，這才走向了富裕的道路。陛下繼位以來，數次大動干戈，跟匈奴人硬碰硬，搞得國庫空虛不說，邊境百姓也陷入貧窮困乏之中。由此看來，還是和親最為穩妥。」

聽了狄山的建議，劉徹陰沉著臉，半晌沒有說話。「這是赤裸裸的打臉啊！我跟匈奴人硬碰硬，不就是為了讓漢朝真正站起來，不再受匈奴人的欺負嗎？」

即便心裡有一團火，劉徹面上還是雲淡風輕。想了想，他決定徵求一下御史大夫張湯的意見。

「張湯，這事你怎麼看？」

張湯嘴一撇：「這酸儒狗屁不懂，理他作什麼？」

狄山聽了很生氣：

「酸儒？我好歹是個博士，你張湯不過是個獄吏出身暴登大位的傢伙，也有資格說我？我是笨，但是我忠誠於陛下，不像某些人，貌似忠良，其實是個奸詐小人！」

這話一出，當事人張湯還沒表態，劉徹先坐不住了。你什麼意思？張湯是自己一手提拔上來的，你說他詐忠，不就是說我識人不明嗎？

劉徹很討厭這老頭，不過他整人的辦法不是將其拖下去打屁股，而是升他的官：「讓你掌管一郡如何？匈奴來犯時，你能守得住嗎？」

狄山的腦子瞬間涼了下來：「去守邊郡？這有點危險了吧？」

他連忙搖頭說：「不行。」

劉徹說：「那給你一個縣呢？」

狄山更謙虛了：「不行不行。」

劉徹還是不依不饒：「給你一個哨所怎麼樣？」

狄山一看這架勢：「是非要發配我去邊境啊！」只得硬著頭皮答應：「應該沒問題，我去！」

狄山被派到北方最危險的一個哨所裡。一個月後，邊境傳來消息，匈奴人又南下騷擾，狄山戰死沙場，為國捐軀。

史書到這裡還加了一句：這事過後，大夥兒見張湯都是繞道走，沒人敢忤逆他。

很顯然，劉徹對酷吏表現出了更多的好感。

前面說過，酷吏在漢朝是一個很獨特的存在，他們為政嚴酷剛猛，是君主專制政治的產物。

為什麼皇帝都喜歡重用酷吏？很簡單，因為他們不僅能幹，而且能啃硬骨頭，比如地方豪強，一般人惹不起，也不敢惹，只有酷吏願意跟豪強硬碰硬到底，用今天的熱詞就是「打黑除貪」；說能幹，是因為他們的政績大都相當突出，在強化治安方面很有一套。

《史記．酷吏列傳》記載了郅都、寧成、周陽由、趙禹、張湯、義縱、王溫舒、尹齊、楊僕、減宣、杜周共計十一人的傳記。其中，郅都為文景二帝時期的人，其他人則為武帝時期的酷吏。

是不是覺得名字都很陌生？

別著急，下面一個一個介紹。

先說義縱。

義縱出生於一個平民家庭，幼時家庭教育欠缺，小小年紀就不安分，老早混江湖。他經常和一些不良少年在路上打劫，做的都是刀尖舔血的買賣。

如果不出意外，義縱將繼續沿著這條路走下去。如果運氣好，或許能混個強盜首領；如果運氣差一點，遇上官府打黑除惡，大概就要進監獄了。

好在他還有一位好姐姐。

很多時候，我們不得不承認，人生的轉折往往都不掌握在自己手中。

義縱有個姐姐叫義姁，是一位大夫，醫術精湛。有一次，她被徵召進宮，為劉徹的母親王太后治病，在她的精心調理下，太后的身體日漸好轉。太后很高興，拉著義姁問家長裡短。

「義姁啊，家裡有當官的嗎？」

義姁一聽，心裡開始有點激動和緊張，回道：「我只有一個弟弟，但是整天瞎混，吊兒郎當的，哪可能當官呢！」

太后一聽這話，還以為是義姁的謙讓之辭，笑了：「年輕人嘛，都這樣，不要緊的，總得給人家一個機會！」

在太后的安排下，義縱搖身一變，從土匪首領直接當上了上黨縣令。

義縱做夢也沒想到，自己前不久還是官府通緝的罪犯，如今卻成了治理一方的縣令，人生可謂是來了個一百八十度的大轉彎。什麼是驚喜？這就是驚喜！

既然當了父母官，總得做出點成績來。做點什麼好呢？義縱想了半天，最後還是決定從自己曾經的主業入手：剿匪！

說起剿匪，義縱很有心得，他曾經也是混過黑道的，自然明白這裡面的道理。一上任，他就明察暗訪，深挖賊窩，弄了一場聲勢浩大的掃黑除惡行動，凡是跟黑社會有牽連的，一律抓捕。

幾年下來，義縱的工作成績非常出色，上司來上黨考察工作時，看到縣裡治安良好，百姓夜不閉戶，路不拾遺，對他的工作給予了高度讚賞。

由於在上黨的治理極其出色，一掃烏煙瘴氣，義縱先任長陵令，再任長安令。

長安城可不一樣，這裡是帝國首都，達官貴人多如牛毛。要想在這裡混下去，必須要比別人厲害。換作尋常人，根本不敢下手，只會睜一隻眼閉一隻眼。

義縱不一樣，他才不管那一套，管你有什麼背景，只要犯了事，必須抓，必須判。在這次嚴打中，義縱甚至連王太后的外孫都沒有手軟，手段異常毒辣。

我們不知道王太后是怎麼嚥下這口氣的，不過可以估計的是，將來某一天，義縱遲早要為自己的行為付出代價。

不久之後，義縱再一次得到提拔，這一次的職位是河內郡都尉。到任之後，義縱依然不畏豪強，一出手就滅了當地豪強大族穰氏，以致全郡皆驚。

劉徹對義縱的工作成效顯然很滿意，再一次提拔他任南陽太守。

從河內到南陽，需要經過函谷關。在這裡，義縱遇上了另一個同行：寧成。

寧成是景帝時期崛起的酷吏，漢景帝在位時，他便是身邊的侍衛。這個人人品不行，好勝心極強，他當小官的時候，經常跟他的上司鬥嘴，甚至是欺凌；而他升了官後，對待手下更是十分苛刻，工作中稍有失誤就嚴懲。

雖然寧成在同事中口碑不怎樣，可是上司喜歡，一路高升。

濟南郡有很多地方豪強，在地方上為非作歹，對抗官府。朝廷派出了酷吏郅都到濟南郡任太守，專門負責打黑，後來又把寧成派過去擔任濟南都尉。

郅都到任之後雷厲風行，首先將黑社會頭子瞯氏滅了族，將郡內無人敢惹的豪強大族收拾得服服貼貼，極大地震懾了當地的黑惡勢力。由於他在濟南郡手段異常嚴苛，周圍十幾個郡的太守見到郅都也都恐懼不已。

寧成不一樣。

他跟郅都早在京師就是老相識了，郅都當中郎將的時候，寧成是謁者，兩人都在景帝身邊工作。

這一次到濟南郡搭團隊，寧成自然是如魚得水。赴任前他就聽說，郅都最喜歡炫耀自己的地位，之前幾位都尉去見郅都，都要提前預約，透過門房通報獲得允許後才能進去。

每一次去見郅都，寧成都是大搖大擺進去，就像上司來訪一般。郅都也不生氣，對他熱情接待。

漢景帝曾用寧成來整治長安權貴，全長安的權貴提起他，都忍不住打哆嗦，出門都繞道走。

劉徹繼位後，外戚集團聯合起來，藉機彈劾寧成。劉徹為了安撫人心，讓他下獄。

漢朝有「將相不辱」的傳統，如有大臣獲罪一般都會選擇自殺，絕不會接受刑罰的侮辱。不過，偶爾也有那麼幾個不按牌理出牌的，比如寧成。

秉承著好死不如賴活著的信念，寧成接受了髡鉗的法律制裁，也就是被剃去頭髮後用鐵製刑具鎖上脖子。不過後來，他總算想明白了，自己被皇帝拋棄，再也沒有出頭之日了。

想到這裡，他作出了一項重要決定：越獄！

一個月黑風高的夜晚，寧成砸開刑具，越獄而出。在當時，出遠門就得帶身分證明，也就是「傳」，要不然連旅館都住不了。想當初，秦孝公死後，商鞅被打成叛臣，全國通緝。他逃到一個旅館想要住宿，卻因為無法提供身分證明，而被店主拒之門外，也被自己一手創立的制度逼上了絕路。

寧成的腦子則要靈光很多，他找人替自己偽造了證件，一路矇混過關，逃回了南陽老家。

人生在世，總得為自己立個小目標，寧成沒想很多錢，卻很早就立了個志向：做官做不到兩千石，經商賺不到千萬錢，此生虛度。

用今天的話來說，賺錢賺不到幾千萬，活著還有什麼意義？不如回家種地。

對，寧成真的回家種地了。

在南陽老家，寧成借了筆錢，買了一千多頃土地，將這些土地出租給百姓，自己做起了地主，短短幾年就成了當地的豪強。

由於寧成之前在漢朝反貪部門工作過，當地官員或多或少都有案底在他手裡，對他都禮讓三分。靠著自己的本事和掌握的資源，寧成在老家過得很好，出門時帶著一群保鏢，在當地的威望已經超越了太守。

若干年之後，劉徹再次想起他的好處，將其再度起用，卻遭到御史大夫公孫弘的阻撓：「當年我在濟南做小吏時，寧成任濟南都尉，我親眼看見寧成像用狼放羊一般治理百姓，這個人絕不可再用。」

劉徹只好妥協，但還是堅持改任寧成為關都尉，負責糾察往來函谷關的旅客商人。大夥兒都很崩潰，民間流傳著這樣一句話：「寧肯遇到哺乳幼崽的母虎，也不要遇到發怒的寧成。」

雖然寧成很囂張，但是他也有怕的人，比如義縱。

得知義縱要路過函谷關，到自己的老家南陽上任，寧成如臨大敵，恭迎恭送，一副迎送上司的樣子。這讓義縱很奇怪：「怎麼遠近聞名的寧老虎，今天特別有禮貌？難不成太陽打西邊出來了？」

答案很快就揭曉了，原來寧成的家人都在南陽，他這是要和義縱搞好關係，要他幫忙照顧家人。

「原來你寧成也有怕的時候！」

義縱冷哼一聲，對寧成的畢恭畢敬根本不搭理。一到南陽，義縱立即將寧氏家族立案調查，將其連根拔除。

見過狠人，沒見過這麼狠的人，連自己的同行也不放過！受此影響，南陽的不少豪強紛紛逃離，當地官員百姓也都謹小慎微，不敢頂風作案。

很快，義縱這顆酷吏新星在漢朝的政治舞臺上冉冉升起。

武帝時代的主題是打擊匈奴，此時的劉徹，正在為定襄郡的治理而煩惱。「選誰合適呢？」

劉徹左思右想，想起了義縱：「他在地方上的工作很出色，打壓豪強很有一套，就他了。」

隨後，義縱被任命為定襄太守。

一上任，義縱就發起了一場轟轟烈烈的嚴打活動，他將監獄中二百多個重罪輕判的犯人重新審案，判處死刑，同時將二百多個私自來監獄探望犯人的家屬抓了起來，公開聲稱他們是想為犯罪嫌疑人解脫，然後也一樣判處死刑。

一天之內，義縱就殺了四百多人，郡中百姓不寒而慄，再也沒有人敢鬧事。

義縱雖然在地方上表現出色，可是有一個人對他很不滿，要和他一較高下，這個人叫王溫舒。

以暴制暴

王溫舒，漢武帝時的酷吏，其實人一點也不溫舒。

他出身也不怎麼樣，史書記載他發跡前做的營生是「椎埋」，也就是摸金校尉的勾當，後來身分洗白，混進了官員隊伍。靠著張湯的賞識和提拔，王溫舒一路平步青雲，直至做到了廣平都尉。

都尉有一個重要職責，就是負責地方治安，有點類似今天的警察局局長。為便於開展工作，王溫舒挑選了一批亡命徒作爪牙，抓住他們的犯罪把柄，逼他們賣命。誰要是不聽話，或是工作中消極懈怠，把柄都是現成的，直接砍了就是。

靠著這些人的努力，山東、河北交界地區的盜賊都不敢靠近廣平，更不用說到廣平作案。

劉徹聽說後，升他為河內太守。

對於河內的治安狀況，王溫舒其實早有耳聞，這是一個豪強橫行的地方，一般人根本壓不住這幫地頭蛇。

王溫舒不信邪。上任之初，他先做了一件事：徵集了五十匹好馬，充斥到河內各處驛站中。

這是什麼意思？

別著急，我們慢慢往下看。

王溫舒一上任，就開始著手打黑，逮捕、誅殺地方豪強，牽扯出一千多戶人家，大批涉案人員被判死刑。

王溫舒這麼做，顯然動作有點大，地方上的很多豪強多多少少都有點背景，他們輾轉將關係託到了長安權貴的府上。

權貴們一看，王溫舒在地方上搞這麼大動靜，確實太激進了，於是向朝廷打招呼，讓他們在死刑複核的時候多留個心眼，能拖則拖。

不料，朝廷卻告訴對方，河內郡的死刑複核書早在幾天前就發出去了，現在應該已經執行了吧？

什麼？王溫舒的速度怎麼會這麼快？這個年代又沒有網路，他是如何做到的？

答案就是那五十匹驛馬。

從一開始，王溫舒就已經做好了準備工作。按照漢代的司法程序，死刑要報朝廷審批。為了盡快拿到批覆，王溫舒準備了五十匹快馬，在河內和長安之間設定驛站。每審完一個案子，就用快馬加急呈送到朝廷，從上報到拿到批覆，一般只要兩三天。

當被告人還在到處找關係，將消息傳到長安城時，死刑複核早已通過，就等著秋後問斬了。

王溫舒打的就是這個時間差。求情？不存在的。

王溫舒做事雷厲風行，他連讓死囚犯在監獄裡多活幾天的耐心都沒有，恨不得一刀下去，把那些人全砍了，省得他們浪費糧食。

漢代有一條規定，死刑只能在秋、冬兩季執行，春、夏兩季不執行死刑。每到春天，王溫舒就跺著腳說：「可惜了，要是冬天再多一個月該多好啊，就能把我想殺的人全殺了。」

對他而言，殺人已成為一種嗜好。

王溫舒九月到任，到了十二月，成效就出來了，三個月裡，全郡治理得連狗都不叫，整個郡都清靜了。誰丟了東西，沒人敢去撿，所以叫路不拾遺；誰家不關門，生人不敢進，所以叫夜不閉戶。

王溫舒以一己之力，再次詮釋了這兩個成語。

在這種恐怖統治下，老百姓噤若寒蟬，不敢發出任何聲音。然而，劉徹在聽說了他「路不拾遺、夜不閉戶」的政績後，將他調回首都。

漢初以來，由於政府、私人鑄錢並行，使得國家的貨幣制度十分混亂。劉徹決定收回鑄幣權，並以嚴刑峻法禁止民間私自鑄錢。不過，這當中的利潤實在太大了，即便有嚴苛的法律，還是抵不住有人前仆後繼私自鑄錢。

為了嚴懲這些私鑄錢幣者，劉徹決定用酷吏治理京師。先是提拔義縱為內史，後來又將王溫舒調到京師為中尉，讓他主抓京師的治安工作。

王溫舒如今一躍成了京官，他的工作方法依然沒有改變，還是挑一些專好猜疑、心狠手辣的人作為自己的鷹犬。然而，這樣一來，他的上司義縱就有點不高興了。

「大家都是酷吏，你在工作中這麼高調，出盡了風頭，豈不是顯得我很無能？」

氣不過的義縱決定對抗他。每次王溫舒辦案時，義縱總會從中作梗。

這就有點過分了。

別人在那邊努力做事，你不幫忙也就算了，竟然還攪局，真以為沒人告發你嗎？

很快，義縱就遭到報應了。

有一次，劉徹到鼎湖度假，結果生了病，在那邊一待就是好幾個月。當時的義縱正好負責沿途的交通疏導和保衛工作，看到皇帝病了，自己也鬆懈了。

不料兩個月後，皇帝的病忽然就好了，又要去甘泉宮，義縱這才手忙腳亂開始布置沿途的工作。一路上，皇家車隊只能在坑坑窪窪的路面上前進，讓劉徹很抓狂，氣得在車裡罵髒話：「你是不是以為我要死了，以後再不會走這條道了？」

從這裡開始，劉徹對義縱的好感度大大下降。

寫到這裡，我又想起了另外一個故事。

故事的主角叫上官桀，擔任未央廄令一職，也就是皇家馬場「弼馬溫」。有一次，劉徹生病了，上官桀趁機偷懶，也不好好餵馬，工作中三心二意。

劉徹病好後心血來潮，要去看望自己心愛的馬，結果一看未央宮的馬都瘦得不像樣子，當場就怒了：「你是不是以為朕再也看不到這些馬了？」

上官桀害怕了，不過他的腦子轉得很快，立刻換了一副委屈巴巴的樣子，向劉徹解釋：「臣聽說陛下病重之後，整日裡以淚洗面，為陛下的身體擔憂，哪裡還有什麼心思餵馬？」

一邊說著，豆大的眼淚撲簌簌流了下來，聲音都哽咽了。

這演技，這臨場反應，現在人看來，奧斯卡欠他一座小金人！

此情此景，劉徹也被搞得很難為情，即便知道這傢伙確實偷懶了，可是人家這麼一說，自己也不好意思再處罰了。

最後，上官桀不但沒有受處分，反而揀了個大便宜，被提拔為侍中，成了為數不多可以出入皇宮的近臣。換句話說，他離皇帝又近了一步。

話題說回義縱。

義縱顯然沒有上官桀機靈，雖然惹惱了劉徹，但是工作還算盡心盡職。真正讓義縱丟了性命的，是另外一件事。

當時，漢朝為了籌集軍費，發起了一場轟轟烈烈的告緡運動：一旦發現有人隱匿財產不報，或所報不實的，一律被發配邊疆，戍邊一年，舉報人可以分得其一半的財產。

義縱覺得這條政策很胡扯，拒絕執行。不過，他拒絕的方式有些過於直接，面對上面派來的告緡官員，義縱未經請示，就把人抓了起來。

這事傳到劉徹那裡，劉徹當場就怒了：「你是朝廷命官，誰給你的膽量，敢違背朝廷的大政方針？」

義縱很快被捕入獄，最終以破壞朝廷大政方針的罪名被處死。

說完了義縱，再來看看另一位酷吏：周陽由。

在當時的酷吏中，周陽由是為數不多的世家子弟，出身比別人高那麼一點點。他是河北正定人，其家世來歷要追溯到劉邦時期。

那一年，劉邦路過趙國，趙王張耳將自己的美人送給皇帝。一夜過後，趙美人懷上了龍種，生下了劉長，獲封淮南王，趙美人的弟弟趙兼也混了個周陽侯的封號。劉長後來因涉嫌謀反被廢，趙兼也受到牽連，丟了封國。

這之後，劉長之子劉安被文帝封為淮南王，趙氏一門再次興盛，趙兼的兒子趙由從此便以周陽為姓氏，改名為周陽由。

靠著這層身分，周陽由在文帝時期步入仕途，一步步熬資歷，終於在景帝朝熬出了頭，出任郡守，成為主政一方的大員。

周陽由身上最突出一個標籤是暴烈殘酷，剛直不阿。

為了說明這一點，我來舉幾個例子。

按照漢朝的行政體制，郡守是一郡最高長官，負責全盤工作，但是不可直接處理軍務；都尉主抓軍事、捕盜工作。從職位安排來看，郡守位居第一，都尉位居第二；從官階來看，郡守與都尉都是秩比二千石、銀印青綬，等級不相上下。

這就引出了一個問題：郡守和都尉到底誰聽誰的？

這個問題到了周陽由這裡，就變得非常簡單了：「管你是郡守還是都尉，在我的地盤上，就得聽我的！

周陽由既做過郡守，又做過都尉。作為郡守的周陽由，經常把都尉當作自己的下屬呼來喝去，作為都尉的周陽由又經常不尊重郡守的權威。無論身處何職，他都不願受到任何拘束，什麼事都是自己說了算。

在職場中，這種行事風格很容易沒朋友，可這裡是漢朝，劉徹就喜歡這種辦事幹練、不徇私情的酷吏。憑藉著出色的工作能力，周陽由在武帝朝混到了二千石官員的隊伍中。

然而，即便是混到了中高層的位子上，周陽由依然不改自己的臭脾氣，對任何人都是一副鼻孔朝天、愛搭不理的樣子。

汲黯夠倔了吧？他以性情剛烈不講情面知名，即便是劉徹本人也對這倔老頭有點怕怕；司馬安一向以執法嚴苛著稱，人狠話不多。可是這兩人到了周陽由面前，卻溫順得如同一隻小貓咪，每次乘車都不敢和周陽由坐在一起。

除此之外，周陽由在審理案件時也是由著自己的喜好來，帝國法律在他手中就像一張烙餅，想怎麼翻就怎麼翻。只要是他想保的人，總能從繁多的法律中找到為其脫罪的條款；如果是他厭惡的人，無論犯了什麼事，他總有辦法辦成重罪，讓其在監獄吃盡苦頭。

這種性格也注定了他後來的悲劇。

周陽由當河東都尉時，跟上司，也就是河東太守勝屠公互相看不順眼。為了爭奪位子，兩個人互相拆臺不說，還向朝廷打小報告，互相告狀，詆毀對方。

劉徹一看小報告，當時就火了：「派你去河東郡是希望你好好工作，沒想到你連同事關係都處不好，還有臉跟我告狀？」

皇帝一發火，後果很嚴重，兩個人雙雙下獄，最後掉了腦袋。

周陽由雖然死了，但是武帝最不缺的就是酷吏。很快，一個叫趙禹的人進入了他的視線。

趙禹年輕時有文才，景帝時從最基層的佐史做起。沒有顯赫背景，他只能靠著努力工作和出名的廉潔緩慢升遷。幾年後，周亞夫由中尉升為太尉，趙禹當了他的手下，在太尉府擔任令史一職。此後，周亞夫一路升遷為丞相，趙禹也跟著沾了光，混了個丞相史。

在丞相府工作的日子裡，趙禹贏得了同僚們的一致讚譽，所有人都稱讚他，稱他作風廉潔，而且公務幹練、處事公平，然而周亞夫卻堅決不願重用這位下屬。

至於原因，周亞夫有自己的看法：「我知道趙禹確實很有才能，但是他不適合在大單位工作。」

為什麼周亞夫不喜歡趙禹？

原因也不難分析，趙禹的為政理念逆於國家大勢，他的法家做派和漢朝立國以來秉承的無為而治的溫和國策相矛盾。

由於這些原因，趙禹在景帝朝一直默默無聞，直到劉徹上位，他才等來了出頭之日。

接下來，趙禹聯合張湯做了一件大事：修訂漢律。

對於當時的漢帝國來說，修訂漢律已是刻不容緩：漢朝開國後，倡導無為而治，但是這種治國理念到了武帝年間，卻成了權貴們的擋箭牌。由於犯罪成本很低，各路豪強權貴肆意妄為，而且就算出了事，也有辦法逃脫法律的制裁。

放眼望去，帝國的司法制度一團糟，忍夠了的劉徹果斷決定：修律！

根據《晉書》的記載，張湯撰《越宮律》二十七篇、趙禹撰《朝律》六篇，與漢初蕭何撰《九章律》九篇、叔孫通撰《傍章律》十八篇，合稱「漢律六十篇」，漢代律典的基本風貌至此成型。

值得一提的是，這次修律增加了「見知法」和「故縱法」，官吏以此法彼此相互監視、相互偵察、相互告訐；司法官員一旦判錯案，事後也要追究責任。

與帝國其他官員不一樣，趙禹當官，沒有任何私心雜念，為了守住廉潔的底線，他封死了自己的所有退路：斷絕一切人情往來，不養門客。

在當時，公卿貴族豢養門客已成為一種時尚，戰國四公子就蓄養了不少門客來裝飾門面。到了漢朝，不僅各地的王爺們喜歡養門客，就連朝中的官員們也喜歡收養一些小弟。

只有趙禹不一樣。

一方面，趙禹為官清廉，沒有其他外快供養門客；另一方面是他深知，權力和義務從來都是對等的關係，老大也不是那麼好當的，必須要舉薦小弟出任官職，要不然人家憑什麼當你的手下？

為了拋開這些羈絆，趙禹寧願成為帝國官場的異類，不願意豢養賓客，不接待官員的私人拜訪，也不參加私人宴請，徹底自我孤立起來。由此還發明了一個成語：一意孤行。

有人曾問過趙禹：「你這麼一意孤行，難道就不考慮周圍的人對你有什麼看法嗎？」

趙禹答：「我斷絕一切好友或賓客的請託，就是為了自己能獨立地決定和處理事情，按自己的意志辦事，而不受別人的干擾。」

趙禹最出名的一件事，是幫衛青挑選人才。

有一次，劉徹讓衛青推薦一批人出任郎官。漢代的郎官是皇帝身邊的侍從，雖然沒有品階，但是天天追隨皇帝，最起碼也能多曝光，所以有很多人報名參加。

衛青不敢怠慢，仔細挑選了十幾名家境富裕的子弟。正好趙禹登門拜訪，兩人聊天說起了推薦郎官的事情，衛青想讓趙禹幫忙鑑別一下，於是挑選了十幾名衣甲鮮亮的備選郎官，請趙禹過目。

趙禹依次詢問，考察每個人的水準，最後告訴衛青：「你選的這些人全是平庸之輩，全都不合格。」

衛青有點不高興，自己好不容易選拔出來的人才，竟然就這樣被你否定了？

直率的趙禹沒有理會衛青的不快，他告訴衛青：「俗話說，將門之下必有將類；古人也說，不了解他的君主就看看他的臣下，不了解他的兒子就看看他兒子的朋友。今陛下讓將軍舉薦郎官，其實是陛下要透過你的舉薦，觀察大將軍是否真有識才用才之能。可惜將軍這次選拔的盡是富家子弟，這些人無知無識、無智無勇，不過像穿上了綺繡的木偶罷了。這樣推薦上去，陛下必定會對你的能力產生懷疑，若是惹得陛下對你反感，將軍悔之晚矣！」

衛青聽後，沉默了很久。

他把家中所有人叫過來，讓趙禹重新選擇。經過一番嚴格的篩選，趙禹最終選擇了兩人，一個叫田仁，一個叫任安。

田仁和任安二人家貧，入衛青府本來是想出人頭地。但是二人因為沒有錢賄賂衛青府上的管家，最後被派去馬廄養馬，成了馬夫。

任安與田仁同吃同住，晚上同枕而眠時，田仁抱怨說：「管家真是有眼無珠！」任安答道：「大將軍尚且不識英雄，更何況他的管家呢！」

這一次，兩人終於等來了屬於自己的機會。

劉徹親自召見了他們，要他們各自說出自己的特長。

田仁說：「堅守職位，讓部下拚死作戰，我不如任安。」任安說：「決斷嫌疑，評判是非，讓百姓沒有怨恨，我不如田仁。」

兩人的應對非常巧妙，逗樂了劉徹。「行了，任安你去監軍，田仁你去屯田吧！」

二人政績出眾，後來都做了大官。任安當了益州刺史，其後為北軍使者護軍（監理北軍的長官），田仁為丞相長史，其後為丞相司直（相當於副丞相）。

多年以後，漢朝發生了著名的巫蠱之禍，衛太子劉據受奸人江充陷害，為求自保，矯詔發兵殺了江充等人，與丞相劉屈氂大戰於長安。丞相劉屈氂親自率兵迎戰太子，命令田仁把守城門。

田仁認為太子是劉徹的親生骨肉，不願捲入這場父子紛爭中，暗中放水讓太子出了城。劉徹得知後，命田仁下獄誅殺。

當時任安為北軍護軍，太子召任安，授予任安符節，令他率北軍相助。任安接受了符節，回去後卻按兵未動。劉徹聽說後，認為任安是想坐觀成敗，命任安下獄判處腰斬。

臨刑前，他收到了好朋友司馬遷的一封回信，標題是〈報任安書〉。

張湯之死

隨著帝國酷吏的漸次登場和退場，大紅大紫的張湯也迎來了自己最終的命運。

張湯從小對刑律耳濡目染，長大後靠拍上司馬屁一步步進入大漢帝國的權力高層。作為帝國最著名的酷吏，張湯的鐵腕也是人所共知的，陳皇后巫蠱一案中，他一口氣殺掉了三百多個參與者；淮南王和衡山王謀反案中，他從重從嚴，先後處死上萬人，可謂是人頭滾滾、血流成河！

憑藉著鐵血手段，張湯一路風光，升任御史大夫。那時的劉徹和張湯討論國事，一度能討論到深夜。

張湯為官幾十年，辦了不少大案要案。他辦案既依律法，也揣摩皇帝的心思。如果皇帝想嚴辦某人，張湯就往狠裡辦；如果皇帝仁心一現，哪怕這人犯了天大的事，張湯也能保他一條小命。

儘管長袖善舞、八面玲瓏，但是張湯的這種處事風格也得罪了不少人，看他不順眼的還是大有人在的，比如御史中丞李文。

李文和張湯有過節，為了打擊報復，經常檢查跟張湯有關的檔案資料，希望從中挖出一點證據。不過他低估了張湯，文法吏出身的張湯怎麼可能會在文字材料中留下把柄？查了半天一無所獲。

李文沒有蒐集到張湯的犯罪證據，自己卻引起張湯的小弟魯謁居的注意。上司有難處，做小弟的自然要主動排憂解難。很快，他就蒐集到了李文作奸犯科的證據，並交到劉徹手中。

劉徹不知道這三人之間的關係，他按照正常程序將舉報公文交由張湯審理。

證據沒找到，自己反而落到張湯手裡，李文也只能認栽，最後被判處死刑。

劉徹雖然將案子交給了張湯，但是總覺得哪裡有點不對勁。他再一次拿起了案卷，仔細看了一遍後，問張湯：「李文這樣隱蔽的罪行，你們是怎麼發現的？」

張湯有點心虛，說：「可能是李文的仇人在報復。」

這個事情就此告一段落，但是劉徹心裡的疑慮依然沒有打消。

事情過去沒多久，劉徹又接到了一封實名舉報信，舉報人正是劉徹的兄弟，趙王劉彭祖。

劉彭祖這個人，前面我已經介紹過了，這傢伙是個陰謀家，替人挖坑很有一套。他所在的趙國擁有豐富的鐵礦，是帝國的冶鐵中心。然而，自從朝廷實行了鹽鐵官營的政策後，嚴重影響了趙國的利益，心存不滿的趙王幾次向朝廷告鐵官的狀，但是張湯每次都維護鐵官，這讓劉彭祖很生氣。

「朝廷的大政方針我管不了，但是你張湯還是可以捏一下的，我們走著瞧！」

很快，劉彭祖打聽到了一件私密的事：有人看到張湯某日下班後，到下屬魯謁居的家中，親自為病重的魯謁居按摩雙足。

劉彭祖在信中稱：「張湯位列三公，魯謁居不過一名掾史，張湯竟然為他按摩雙足，其中必有大奸，請陛下徹查！」

要知道，此時的張湯已經位列三公，他為一個普通小官員捏腳，難免讓人猜測。

這封信引發了軒然大波，劉徹非常重視，下發廷尉審理。本來這個事很簡單，只不過上司關心下屬而已，兩個當事人什麼也不說，廷尉府還真沒轍。恰巧就在此時，病重的魯謁居一命嗚呼，死了。

沒辦法，辦案人員只能帶走他的弟弟，讓他配合調查。

本來嘛，魯謁居的弟弟沒犯什麼事，張湯跟魯謁居的那點事跟自己也沒什麼關係，所以人帶到廷尉府後，只是暫時拘押在監獄裡等候詢問。

張湯找了個藉口，到牢裡辦事，見到了魯謁居的弟弟。

為了避嫌，張湯只能表面裝作不認識，想回去以後暗中幫他。不想，張湯高估了魯謁居弟弟的智商，他見張湯沒有救自己的意思，以為對方要過河拆橋，於是狗急跳牆，把張湯和魯謁居二人之前合謀陷害李文的事一股腦兒全講了出來。

劉徹也很尷尬，只得出面表態，表示要一查到底，嚴肅處理。

案子最終落到了減宣的手裡。減宣也是被司馬遷點名的酷吏，深諳漢朝法律，處理事情喜歡親力親為。當年在審理主父偃和淮南王造反一事時，殺了不少人。

減宣與張湯素來不和，在接到這個案子以後，準備好好挖一挖，希望能徹底打倒張湯。

就在此時，又出了漢文帝陵園陪葬錢被盜一案。

得知這個消息，劉徹當場就掀了桌子：「這盜墓賊膽子也太大了，連皇帝的祖墳也敢刨，要是到了地下，朕怎麼跟列祖列宗交代？」

皇帝震怒，大臣們也得表態，自我檢討一番。丞相作為百官之首，自然得帶這個頭，當時的丞相是莊青翟，為了替自己壯膽，他拉了張湯一同去向皇帝承認錯誤。

張湯雖然口頭上答應了，內心卻不以為然。「你丞相主抓全盤工作，主動請罪是理所應當；我不過是御史大夫，負責監察百官，陵寢被盜跟我有什麼關係？憑什麼要讓我也背鍋？」

如果莊青翟這次被罷免了，那丞相職位離自己還遠嗎？

第二天上朝作自我檢討時，莊青翟一副做錯了事的樣子，主動承擔了責任，而張湯站在一旁，卻無動於衷。

「張湯，我們之前說好的，你倒是表個態啊！」

張湯還是一聲不吭。

莊青翟這才反應過來，自己被張湯騙了。

丞相主動站出來承擔責任，正在氣頭上的劉徹將徹查此案的任務交給了張湯。

張湯內心暗喜，他想盡辦法蒐集了很多對莊青翟不利的證據，準備為莊青翟定個「怠忽職守罪」。

莊青聽說後，差點嚇個半死：「這可是大罪，沒有人這樣的啊！」

丞相府的三位長史看不下去了，他們決定發起反擊！

這三個人，分別是朱買臣、王朝和邊通。

他們當年的江湖地位都比張湯高，但是張湯發跡後，對這些前輩們很沒禮貌。因為張湯，他們丟了自己的官職，只能守著長史的閒職打發日子。現在張湯又要欺負莊青翟，他們忍不了，決定給他點顏色看看。他們找到莊青翟，安慰他：「別怕，我們幫你報仇。」

事實證明，這幾個人的政治鬥爭水準比張湯高出了不止一截，他們逮捕了張湯的一個商人朋友 —— 田信。經過一番審訊，得出一條重要情報：

每次皇帝和張湯商量的經濟政策，商人們都能透過張湯事先知道，從而提前布局，牟取鉅額利益，之後將所得利潤和張湯平分。

隨後，大夥兒將這份口供送到劉徹面前。

劉徹看到這份口供，將信將疑。他把張湯叫過來，說：「這幾年每次有什麼政策，總有些商人會提前知道，然後囤積居奇獲取暴利，會不會是有人故意洩漏？」

張湯想了想，說：「肯定是有人洩漏。」

說這話時，張湯面色如常，讓劉徹找不出半點破綻。

沒過多久，減宣上報了「李文冤殺案」的調查結果，李文確實是被張湯和魯謁居合謀冤殺。

劉徹無法接受自己一直被張湯所欺騙的事實，他先後八次派人去責問張湯，讓他主動坦白。

張湯自認為沒有做過錯事，他不承認自己有罪，期待真相大白的一天。

面對張湯的消極抵抗，劉徹又派出一個人，徹底擊垮了張湯的心理防線。

這個人是趙禹，是張湯的同僚。兩人曾經一起共事，修訂過漢朝的律法。

與其他審訊者不同，趙禹也是酷吏，他很清楚張湯的心思，也知道他的軟肋在哪裡。

此時的張湯雖然身陷囹圄，但是他絕不肯承認自己與商人勾結牟利。

趙禹居高臨下地看著他：「你不認罪？」

張湯昂起頭：「我沒有錯，為何要認罪？」

趙禹長嘆一聲：「你怎麼到現在還看不清形勢呢？想想這些年，你殺了多少權貴、滅了多少豪門大族？有多少家庭因為你而家破人亡？現在你落了難，他們能不排著隊來落井下石嗎？

你一再要求上訴，就算你能把事情都說清楚，那又有什麼用？你以為陛下不清楚嗎？陛下如此重視你的案子，三番五次派人來審問你，就是想讓你早點認清形勢，讓你自我了結罷了，你還不懂我的意思嗎？」

這番話，猶如一盆冷水，澆醒了張湯，也澆滅了他心中的希望。

他之所以堅持，無非是相信劉徹不會如此絕情。這些年來，他一貫以酷吏的形象示人，為皇帝做了不少骯髒事、背了不少黑鍋，就算沒有功勞，也是有苦勞的。想不到，劉徹最終還是作出了過河拆橋的決定！

張湯啊張湯，你應該明白，狡兔死，走狗烹，飛鳥盡，良弓藏，這是亙古不變的道理。你為武帝屠殺外戚、屠殺諸侯王、屠殺官吏，巧取豪奪天下商賈的財富，現在輪到他們報復了。

張湯聽懂了，但是他不甘心，他寫了一份遺書給皇帝：「我張湯沒有什麼值得稱道的功勞，從刀筆小吏做起，完全是皇上賞識，才讓我位列三公。現在被人告發，無論如何我沒有理由推脫責任，但是陰謀詭計陷害我的就是那三個長史。」

寫完之後，張湯自殺。

張湯死後，劉徹讓人去抄他的家，結果發現全部家產不足五百金，還都是皇帝賞賜的。

劉徹大驚：「原來張湯是位好官員啊！這樣說來，之前對他的那些指控全部都是誣告了！」

張湯死後，姪子想厚葬他，但是張母不同意，說：「我兒子是天子大臣，被奸佞小人以流言蜚語害死，有什麼可厚葬的？」

這位剛毅的母親堅持用一口薄棺將其安葬。

這是對武帝冤殺張湯的無聲控訴！

劉徹不由得感慨道：「只有這樣的母親，才能生出這樣的兒子啊！」

劉徹對張湯之死心存愧疚，為了挽回自己的過錯，他下令將三長史下獄處死，丞相莊青翟也被逼自殺，田信無罪釋放。為了補償張湯家人，劉徹大力提攜張湯的兒子張安世。

張湯之死，緣於他的執法冷酷、鋒芒畢露，而張安世充分吸取了老爸的經驗，在宣帝朝猶如戲精附體，裝傻充愣，最終官至大司馬、衛將軍、領尚書事，集軍政大權於一身，還獲得了廉潔的美譽。他的故事會在下一本書中講。

張湯當了一輩子酷吏，結果死在了酷吏手裡。

出來混，總是要還的。

酷吏充當皇帝的鷹犬，興起大案，領一時之風騷，自《史記》始至《金史》終，千年而下，代不乏人。與武周朝的酷吏相比，兩漢的酷吏雖然為政嚴苛殘酷、殺戮過重，但是他們還沒完全墮落，從他們身上依然可以找出優點，不比任何能臣遜色。

然而，酷吏政治終不得官心民心，對於帝王來說，酷吏不過是一幫爪牙而已，自己才是背後那個提線人。皇帝喜歡用酷吏來打擊豪強及地方諸侯，一旦達到目的，酷吏們的使命也就戛然終結。

第八章

功越百王

再通西域

這些年來，張騫的日子過得很落寞。

那一年，張騫第一次出使西域，用雙腳走過了數萬里，在荒山沙海踏出了一條東西通途。從西域回來後，張騫受到了劉徹的超高規格接待，被封為太中大夫，一同歸來的甘父被封為奉使君。所謂的太中大夫，相當於皇帝的政策顧問。

此後在抗擊匈奴的戰爭中，張騫跟隨衛青出征，憑藉著豐富的荒野生存經驗，他為漢朝軍隊做嚮導，指點行軍路線和紮營布陣的方案，為大軍找到了水源，事後論功行賞，被封為博望侯。

兩年後，升為衛尉的張騫同李廣從右北平出發，兵分兩路出擊匈奴，卻因沒跟上李廣，惹得龍顏大怒，一下子被貶為庶民。

一夜之間跌落神壇，如果換作一般人，恐怕早就自暴自棄了，可是張騫沒有。

那次西域之旅，在張騫的生命中留下了深深的烙印，一輩子也無法忘記。西域，有蒼涼的大漠，有巍峨的天山；有奇特的城郭，有熱情好客的土著居民；有數不盡的奇異特產，也有渴望通商的胡人。

那神祕的西域，彷彿有一股神奇的魔力召喚著他。自從上次歸來後，張騫的心已經留在那個地方，他在心裡暗暗發誓，有生之年，一定要再去一次那片神奇的土地！

經過深思熟慮，張騫向劉徹提出了自己的計畫：聯繫烏孫夾擊匈奴。

烏孫是匈奴西部的一個小國，首領叫昆莫，與大月氏人一同在祁連山和敦煌一帶游牧。後來，冒頓向東擊敗東胡，向西擊敗大月氏，月氏開始向西部收縮，順帶滅了烏孫國，奪了烏孫的牧場。

烏孫人被迫向西遷徙，大部分烏孫人順勢投奔了匈奴。

那時，烏孫王有個孩子剛剛出生，為了躲避月氏人的追殺，老僕人抱著孩子跑了出來。在逃亡的過程中，一個神話產生了。

據老僕人後來說，有一次在逃亡途中，她外出找食，回來時驚奇地發現一頭母狼竟然在替孩子餵奶，一群烏鴉不斷地從天上投下一些肉來餵食。

老僕人當時就震驚了：「這孩子將來長大後一定很特別！」

如果你看過羅馬傳說，應當記得這簡直就是羅馬城的建立者羅穆盧斯（Romulus）故事的翻版。

傳說羅穆盧斯與瑞摩斯（Remus）是雙胞胎，他們的母親是被要求做貞女祭司的雷亞．西爾維亞（Rhea Silvia），他們的父親是戰神瑪爾斯（Mars）。西爾維亞懷孕後，國王阿穆略又驚又恨，幽禁了西爾維亞，待她分娩之後，命僕人把兩個嬰兒裝到籃子裡扔到台伯河裡去。但是台伯河水卻把籃子沖到荒涼的河岸，擱淺在岸邊一棵無花果樹旁。傳說中，有一隻母狼曾替他們餵過奶，還有一隻啄木鳥也來幫忙餵食，守護他們。

歷經千辛萬苦，老僕人帶著孩子逃到了匈奴冒頓單于那裡。單于很喜歡這個孩子，留他在身邊，親自撫養長大。

這個孩子就是後來烏孫國的昆莫。

一晃許多年過去了，昆莫變成了一個勇敢的戰士。他向匈奴單于請求領兵攻打大月氏，以報當年殺父之仇。在徵得匈奴單于同意後，昆莫帶著自己的隊伍與大月氏展開了一場廝殺。

大月氏慘敗而歸，只能遠遠地跑到中亞大夏一帶，而昆莫奪回了屬於自己的土地，實力大大增強。

匈奴人之所以大力支持昆莫奪回自己的家園，無非是希望將來烏孫人復國後，可以當自己的小弟。可是昆莫卻一心想著獨立，徹底脫離匈奴的控制。

匈奴人當然不肯答應，發兵去收拾烏孫國，結果自己卻被揍得鼻青臉腫。

碰上這麼一個不聽話的小弟，打又打不過，匈奴人也只能乾瞪眼。

針對這種局面，張騫提出了一個計畫：「與烏孫國結盟，斬斷匈奴右臂！」

為了拉攏烏孫國，張騫開出了自己的條件，讓烏孫人遷到河西走廊的故地，即原來渾邪王的地盤。他相信，烏孫人出於對故土的感情，不會不動心的，到時候就可以聯合烏孫夾擊匈奴了。

劉徹對這個計畫很滿意，於是出使烏孫的任務又落到了張騫身上。

為了這次出訪，朝廷準備了一支由三百人組成的龐大使團，每人配備兩匹馬。除此以外，使團帶了極為豐厚的禮物，光牛羊就有數萬頭之多，錢財布帛有幾千萬。

元狩四年（西元前 119 年），張騫掛了一個中郎將的頭銜，二度出使西域。

這一年，距離他上一次出使西域，已經過去了整整七年。

「西域，那片魂牽夢繞的土地，我又來了！」

張騫一行從長安出發，經過河西走廊，出玉門關進入西域，沿著天山的北邊，到了烏孫國。

然而，令人失望的是，烏孫國對張騫的態度很冷淡，待客儀式也十分簡單，這讓張騫感覺自己沒有面子。

自己沒有面子不要緊，關鍵在於張騫代表的是大漢皇帝。「你對我怠慢，就意味著對大漢帝國的皇帝怠慢。」

昆莫也很無奈：「我接待匈奴使者時，也是這套禮儀流程啊！」

張騫說：「我代表的是大漢帝國，匈奴不過是一群未開化的蠻族，早就被漢軍擊垮了，能和我大漢相提並論嗎？」

「這……」

張騫告訴他：「我是代表漢朝天子來賞賜你的，如果你不按漢朝的禮儀拜見，我可要收回帶來的賞賜了。」

「有話好好說嘛！」

昆莫趕緊攔住了張騫，他才不傻，傻子才跟錢過不去呢。「看在你帶了這麼多錢的份上，我就向你服輸吧！」

最終，昆莫按張騫的要求，向張騫行了隆重的拜禮。

接下來，該進入正題了。

張騫開出的條件是：「如果烏孫人能向東遷移到渾邪王的舊地去，那麼漢朝願意送你一個公主，雙方結盟，一起對付匈奴人。」

張騫本以為昆莫會很高興，不料，面對漢朝開出的優厚條件，昆莫卻不為所動。

「這是怎麼回事？」

張騫想不通，難道是漢朝開出的價碼還不夠高，沒有打動對方？

經過一番深入調查，他才了解到昆莫的顧慮。

首先，昆莫並不想跟匈奴人徹底撕破臉，畢竟單于對他有養育之恩。至於漢朝，對烏孫人而言只是一個遙遠的傳說，聽說過，沒見過。雖然昆莫很喜歡張騫帶來的財物，可是問題在於：「跟烏孫國的前途命運相比，這點錢財又算得了什麼？何必為了一個不可靠的承諾，得罪近在眼前的匈奴人呢？沒道理嘛！」

其次，此時的烏孫國正面臨內部分裂的危險。

昆莫有十幾個兒子，可惜太子身體不好，英年早逝。臨終前，他懇求父親將太子之位傳給自己的兒子岑娶，要不然他死也不會甘心。

面對奄奄一息的兒子，昆莫內心承受著巨大的痛苦，他無法拒絕兒子臨終前的最後請求，於是當眾宣布由自己的孫子接任王位。

這下子，其他幾個兒子紛紛跳出來，強烈反對父親的決定。「你自己沒有命接班，還想把這機會留給下一代，好處總不能讓你一個人都占了吧？天底下哪有這麼好的事？」

這其中，反對最激烈的是大祿。他勇敢強悍、能征善戰，太子死後，他是最有資格競爭王位繼承權的。如今，自己的父親卻要把王位傳給孫子，真是豈有此理？

憤怒的大祿帶著一萬多人的騎兵離開了駐地，準備跟父親和姪兒決裂。

昆莫老了，面對兒子的反叛，他已無力擺平，只能給孫子一萬騎兵，劃了一塊地盤，讓岑娶遠離大祿。至於剩下的一萬多名騎兵，由他自己掌握。

這樣一來，雖然昆莫還是名義上的國王，但是內部早已分成三股勢力。要不要搬家、要不要跟匈奴人徹底撕破臉，其實都不是他一個人能決定的。

既然這樣，那就只能無限期拖下去了。

其實，不只是烏孫對漢帝國不怎麼了解，周邊的小國也對這個東方的帝國所知不多。張騫要想靠自己的一張嘴說服這些小國，確實沒那麼容易。

「都說耳聽為虛，眼見為實，既然你們不相信漢帝國的強盛，那就讓你們開開眼界！」

張騫將自己身邊的人派往鄰近大宛、大月氏、康居等國，廣交朋友，邀請他們到東邊的漢帝國考察。

這是一種全新的外交方式，隨著漢朝使者的陸續到來，各國也陸續派人踏上了前往東方大國的道路。

這些使臣到達長安後，親眼見到了漢家天子之尊、漢官之威儀，也親自體驗到了漢帝國的強盛與富庶。透過這種方法，西域各國與漢帝國的往來日益密切。

遺憾的是，烏孫最終還是沒有和漢朝結盟，漢朝與烏孫國共同打擊匈奴的計畫落空。既然烏孫不願回到故地，漢朝只有收回地盤了。隨後，漢朝在河西一帶設定了酒泉、武威二郡，正式對河西走廊實施管轄。

這一次出訪，張騫在西域待了將近四年，直到元鼎二年（西元前 115 年），他才踏上返程的道路。

在第二次西域之行結束一年後，張騫病逝於長安。

該怎麼評價張騫這個人呢？

司馬遷在《史記》中稱讚張騫時，用了一個詞：鑿空。

不是開闢，不是打通，是鑿空。

漢代以前，西域對中原人而言是一個陌生而又神祕的地方。從長安一路往西，要穿越草原、戈壁、高山、大漠及無人區，在這之前，從未有中原人踏足過這片地方。

張騫第一次穿越茫茫大漠，來到這片充滿無數想像的土地，連線東西方的陸上通道被打通。此後的兩千年裡，無數人沿著張騫走過的路線來到西域，往來商旅沿途不絕，商業貿易與交通歷代不衰。他走過的這條路，後來被稱為「絲綢之路」。

張騫的西域之行，還為西漢帶來了三樣東西：地圖、情報和種子。

地圖和情報就不多說了，因為他，人們才第一次知道了西域到底是什麼樣的，西域有哪些國家，各國的軍事防禦、風土人情如何。

這裡說一下種子。

張騫的西域之旅，為漢朝帶來了不少好東西，比如苜蓿、核桃、葡萄、蠶豆、石榴、香菜、黃瓜、大蒜、芝麻等，經受住了千年的考驗，至今還活躍在廚房和餐桌上，為大家帶來了福祉。

直到今天，我們仍在享受張騫的餽贈。

若無張騫出西域，何來美酒邊塞詩？

張騫鑿空西域，開啟了絲綢之路的大門，其意義如何強調都不過分。

在世人眼裡，張騫是一個先行者。

放眼世界歷史，能以無上勇氣去探索人類認知邊界的，只有三個人：張騫、鄭和、哥倫布（Christopher Columbus）。

張騫，以他非凡的毅力和勇氣，穿越萬里黃沙，為漢朝開啟了一扇通往世界的大門。

因為他，漢文化圈第一次擴張到了西域地區，從張騫開始，絲路駝鈴響徹河西走廊！

張騫雖然離開了，但是通向西域的大門已經開啟，越來越多的商旅和使者穿梭在絲綢之路上。劉徹為了加強與西域諸國的交流，派出了許多使者，踏上了西去的路途。

乍一看，劉徹的做法並沒有錯，可是問題偏偏出在這些派出去的使者身上。

為了招募願意出使的人，劉徹在全國辦了一場海選，結果吸引了一大群人報名。林子大了什麼鳥都有，出使人員中，無賴、騙子、亡命之徒，各路貨色應有盡有。這些人大部分都是窮光蛋，既不懂外交，也不懂外語，人員水準參差不齊。

要知道，那時候去一趟西域，少則三五年，多則六七年，沿途還有可能遇上匈奴人打劫，風險還是很大的。這些人之所以擠破頭也想參加，不過是擋不住發財的誘惑，想著到西域去搏一把而已。

人一多，各種問題便出現了，有夾帶私貨、投機倒把的，有侵吞使團財物的，也有倒賣物資的。山高路遠，出了玉門關，誰能管得住這些人？

劉徹顯然也想到了這種結果，所以他也制定了自己的考核方案。等代表團回來後，評估他們的工作，如果評估合格，有些問題的打個馬虎眼也就過去了，如果評估不合格，工作沒做好，那就從重處罰，同時又允許他們出錢贖罪。

另外，隨著代表團不斷貪汙財物，西域各國感覺自己得到的財禮一次比一次少。久而久之，各國的首領開始有意見了。

想當初，張騫來西域時最講誠信了，出手也闊綽，說好的財禮一分錢都不會少。作為回禮，西域各國一般是為使者準備好招待所、更換馬匹、補充糧食、簽發通行證。可如今，來的都是些什麼玩意？

大夥兒決定聯手抵制這些吃回扣的傢伙，拒絕提供他們糧食，也不再簽發通行證。

這還算客氣的，還有一些國家高估了自己的實力，不配合也就算了，還趁火打劫，逮著機會就搶一把。比如樓蘭國和姑師國，就是其中的典型代表。

這下子，輪到漢朝代表團憤怒了。在這些代表團中，有一個人的火氣尤其大。

他叫王恢，曾經參與過馬邑之謀，脾氣比較差。

「老虎不發威，你當我是病貓？」

灰頭土臉的王恢好不容易回了長安，將自己在西域的遭遇告訴了劉徹。他的意見是：「不能就這麼放過他們，必須要給這些自我膨脹的西域小國一點顏色瞧瞧。」

劉徹陷入了沉吟：「要對西域用兵，開支太大了，你有行動方案嗎？」

王恢告訴劉徹：「西域諸國中，樓蘭和姑師最不安定。匈奴人是逐水草而居，居無定所，這兩個國家和匈奴大不一樣，他們有固定的地盤，而且他們的城堡遠不如漢朝的城牆堅固，根本就不是漢朝的對手。」

其實，拋開西域各國與漢使之間的衝突，匈奴人在背後也有耍手段。

當時，河西走廊的南邊還有一個部落，名字叫羌人。這是一個零散的部落，各部落之間矛盾重重，大家看誰都不服氣。當初匈奴強盛的時候，他們認匈奴做了大哥，後來漢軍掃平了河西走廊，切斷了他們與匈奴人的聯繫。

匈奴人雖然在漢軍手上吃了虧，但是他們並不想放棄河西走廊。此後，匈奴人派出使者，協調羌人各個部落之間的矛盾，想聯合羌人的力量奪取河西，之後把河西送給羌人。

目的很明確，河西走廊，我得不到，你也別想得到。

羌人各部落達成一致意見後，湊了十萬人，攻占了令居、安故等地，一時間勢頭很猛。作為配合，匈奴也出動了大軍，向漢朝發出挑釁。

面對羌人和匈奴人發出的挑戰，漢軍也沒有閒著，集結了十萬大軍，在李息、徐自為的率領下前往平亂。

羌人雖然人多勢眾，但是面對漢軍的猛烈攻勢，沒過多久就敗下陣來，一部分羌人向西遷移，另一部分則歸降了漢朝，其部落首領被封為歸義羌侯。

匈奴的第一波攻勢被漢朝輕鬆化解，但是他們並不甘心，不斷派出突擊隊截殺漢使、商旅，還鼓動西域各國與漢朝作對，讓漢朝使者疲於應付。

在綜合分析了河西走廊的形勢後，劉徹最終決定：「出兵，一定要肅清河西走廊上匈奴人的殘餘勢力！」

很快，兩支騎兵部隊集結完畢，公孫賀率領一萬五千人的騎兵，從九原出發，趙破奴率領一萬餘人的騎兵，從令居出發。兩人的目標只有一個：「打擊匈奴！」

只有切斷了匈奴對西域的控制，才能讓西域各國重新向漢朝稱臣。

遺憾的是，這一次出征，漢軍在河西走廊轉了一圈，連個匈奴人的影子也沒見到，只好班師回朝。

這之後，眼見西域各國鬧得越來越不像話，漢朝再一次出動了大軍，教訓一下樓蘭和姑師。

樓蘭國在歷史上很有名氣，它位於今天的羅布泊西南，都城是扜泥城，姑師國即今天的吐魯番。

這一次，劉徹依然派出了趙破奴領兵出征。

趙破奴曾被封為從驃侯，跟著霍去病與匈奴人硬碰硬，屢立戰功，可謂深得霍氏兵法的精髓。他帶著七百騎兵一路西行，穿越河西走廊，空降樓蘭城下，俘虜了樓蘭國王。緊接著，大軍北上，攻破姑師，改其國名為車師。

對於久經沙場的漢軍騎兵來說，搞定這兩個國家不過是一下子的事。戰鬥結束後，趙破奴率領部隊繼續前進，抵達了烏孫、大宛邊境。就在烏孫王昆莫神經高度緊張時，漢軍卻吹著口哨，踏上了返程的路途。

這一戰，漢軍僅靠少量騎兵生擒樓蘭王、大破姑師國，宣揚了漢帝國的軍威。趙破奴被封為浞野侯，王恢被封為浩侯。

得知樓蘭在漢與匈奴之間首鼠兩端，劉徹下詔將樓蘭王押到長安問罪。

樓蘭王表示很委屈：「樓蘭只是一個小國，夾在大漢與匈奴之間，如不兩邊聽命，便無法自保平安，我也很無奈啊！」

劉徹一聽覺得有些道理，大手一揮，放樓蘭王回國，讓他協助打探匈奴動靜，向漢朝傳遞情報。

在親眼見識到了漢帝國的強盛後，昆莫的心態也發生了變化。漢軍兵鋒所至，猶如摧枯拉朽一般，各個小國根本無力抵抗。樓蘭國王被活捉，姑師被攻破，試想一下，自己有能力對抗漢帝國的大軍嗎？

顯然沒有！

既然打不過，那就趁早向漢朝稱臣，這樣還能有個穩固的靠山。

昆莫主動向漢朝靠攏，這引起了匈奴人的高度警惕。眼看著自己的邦交國一個個投奔了漢朝，單于再也坐不住了！

「其他小國都可以投靠漢朝，唯獨你昆莫不行！你難道忘了，想當年你走投無路，是我們匈奴人收留了你，幫助你復國成功。沒有我，哪有你的今日？這筆帳一定要清算！」

怒氣沖沖的單于向昆莫下了戰書：「我們走著瞧！」

昆莫知道自己與匈奴人算是徹底撕破臉了，為了保全自己，只能抱緊漢朝的大腿，聯合漢帝國共同對抗匈奴人。

為此，昆莫主動向漢朝提出和親，聘禮就是一千匹好馬。

劉徹經過一番思考，答應了烏孫國國王昆莫的聯姻請求，冊封江都王劉建的女兒劉細君為漢朝公主，與昆莫結親。

如果不是昏庸的父親起兵敗北，也許她會和其他公主一樣，在自己的閨房裡吟詩賞花，到了合適的年齡再覓一位門當戶對的夫君，倚門回首嗅青梅。

但是這一切只是如果。

劉細君是罪臣之女，這就注定了從她父親犯罪定案的那一刻起，她的命運已經不在自己手中了。面對皇帝的旨意，她沒有拒絕的權利，只能以身許國。

車轔轔，馬蕭蕭，劉細君帶著皇帝的囑咐和豐厚的嫁妝，在數百名隨從和雜工的陪同下，踏上馬車，向西出發。

路途漫漫，放眼望去，只有無盡的大漠和戈壁。前方，等待劉細君的又是怎麼樣的命運呢？

和親的隊伍出了長安城，經蘭州渡過黃河進入河西走廊，一邊是祁連雪山，一邊是騰格里沙漠。隊伍出了嘉峪關，經吐魯番盆地，向烏孫國出發。

一路走來，劉細君見過了駝隊、雁陣、狼群、長河落日、大漠戈壁、雪山、草原。在經過長達數月的艱難跋涉後，和親的隊伍終於抵達了烏孫國。

然而，一下車，劉細君就傻眼了。

劉細君這一年十七歲，而她面前的丈夫已經七十多歲了，按年齡足以當她的爺爺了。

剛嫁到烏孫國，由於語言不通，加上生活習慣和原來不一樣，劉細君很不適應。偶爾昆莫會過來看望她，跟她吃一頓飯，然而也僅限於此。

不久之後，匈奴得知了漢朝和烏孫國聯姻的消息。為了籠絡烏孫抗衡漢朝，匈奴單于也送給烏孫昆莫一個年輕漂亮的女子，作為左夫人。昆莫倒是來者不拒，照單全收。只是，劉細君的日子更加難捱了。

故鄉遠在萬里之外，親人除了夢中相聚恐再也無法相見……這一切，使劉細君內心有著深深的哀愁和憂傷。苦悶的劉細君只能將自己的一腔愁緒付諸筆端，抒發自己內心無法排遣的情感。

吾家嫁我兮天一方，遠託異國兮烏孫王。

穹廬為室兮旃為牆，以肉為食兮酪為漿。

居常土思兮心內傷，願為黃鵠兮歸故鄉。

都說女人是美麗的鮮花，需要陽光，需要雨露，需要愛情的滋潤，可是這些，劉細君都沒有。

昆莫也看出了劉細君內心的悲傷，可惜他老了，給不了劉細君想要的愛情。

昆莫說：「我老了。」

劉細君回答：「我知道。」

昆莫說：「可是我的孫子還很年輕。」

劉細君愕然抬頭：「什麼意思？」

昆莫踟躕半晌，開口道：「我想讓你嫁給我的孫子。」

其實，匈奴人及西域胡人國家都有這種習俗，父死娶母，兄死娶嫂。可是在漢文化圈中長大的劉細君看來，這簡直就是亂倫！「蠻族就是蠻族，竟然連最起碼的禮義廉恥都沒有！」

委屈的劉細君寫了一封信，輾轉送到了長安城，擺到了劉徹面前。在信中，她哭訴自己的遭遇，希望皇帝能下旨拒絕這種有損尊嚴的婚姻。

然而，劉細君望穿秋水，等來的卻是劉徹一紙冰冷的答覆：「你既已嫁到烏孫，就應當遵從烏孫的風俗習慣。為了與烏孫共同抗衡匈奴，只有委屈你了。」

劉細君失聲痛哭，淚如雨下。

不久之後，昆莫去世了，岑娶繼任烏孫國王。劉細君嫁給了岑娶，兩人結婚後生了一個女兒，名叫少夫。

史書沒有記載劉細君再嫁之後的生活，我們只知道五年後，劉細君就去世了，終其一生，她都沒有機會回到家鄉。在權力的鬥獸場上，女人注定只是犧牲品，劉細君不是第一個，也不是最後一個。

劉細君去世後，漢朝繼續與烏孫和親，劉徹將楚王劉戊的孫女劉解憂嫁到了烏孫國。而此時，烏孫國內部仍然處於分裂狀態，叔父大祿擁兵割據，和岑娶對立。大祿死後，兒子翁歸靡接管了父親的軍隊。

幾年後，岑娶病重，可是兒子泥靡還小，為了政權平穩過渡，他與翁歸靡達成了一項協議：把國王的位子傳給翁歸靡，等自己的兒子長大後再由翁歸靡歸還給泥靡。

這樣，在岑娶病逝後，翁歸靡就成為烏孫國的新一任國王。根據烏孫人的傳統，新任國王又接著娶了漢朝的解憂公主。

南越戰事

西域的故事先告一段落，讓我們把目光投向南越。

說起來，南越自從獨立後，漢朝常常為它操心。

前面說過，劉徹繼位才不過六年，南越國與閩越國就爆發了戰爭，南越向漢朝求援。劉徹應南越的請求討伐閩越國，事後要求當時的南越王趙胡到長安朝見。趙胡害怕一到長安就會像當年的楚懷王一樣被扣押，於是稱病不去，改派太子趙嬰齊去長安朝見漢武帝。

趙嬰齊千里迢迢去了長安，劉徹倒也沒有虧待他，安排他的起居、吃住。趙嬰齊很快就融入了長安城的上流圈子，跟著一群少爺天天出去混。

在這裡，他認識了一個叫樛氏的女子，邯鄲人，瓜子臉蛋，眼如點漆，清秀絕俗，是遠近聞名的大美人。

樛氏原本是有對象的，是長安城的一位少爺，名字叫安國少季。兩人感情很好，一度如膠似漆，都到了談婚論嫁的地步。然而，自從趙嬰齊出現後，樛氏的心態改變了。

同樣是少爺，趙嬰齊明顯更有潛力，他是南越國太子，將來老爸過世，他是南越國王的唯一人選，前途不可限量。

在趙嬰齊的熱烈追求下，樛氏很快與安國少季分手，投向了趙嬰齊的懷抱。沒過多久，樛氏就為趙嬰齊生下兩個兒子，分別叫趙興和趙次公。

幾年以後，南越王病重，發消息給遠在長安的趙嬰齊，緊急召太子回國。在漢朝的幫助下，趙嬰齊順利返回故鄉，接過老爸的擔子，成為南越國的第三任國王。

樛氏也跟著丈夫回到了南越，她本以為自己即將成為王的女人，結果到了才知道，趙嬰齊在南越早就有一個橙氏女人，兩人還有一個孩子趙建德。

如果不出意外，趙建德將被立為太子，而樛氏什麼也得不到，她的兩個兒子也將與王位無緣。

她不甘心！

辛辛苦苦跨越千山萬水，結果什麼也沒得到，這口氣如何嚥得下去？

樛氏決定搏一把，而她最大的靠山就是大漢！

她開始不斷告訴趙嬰齊，要他立自己為正室，趙興為太子。

趙嬰齊是個耳根子很軟的人，在樛氏的糾纏之下，他終於答應向漢朝皇帝報告，立樛氏為王后、趙興為太子。

得知國王想換太子，南越的一幫本土派大臣紛紛站出來投反對票。不過趙嬰齊是個一意孤行的人，他無視眾人的意見，執意將報告發往長安。

劉徹看到報告，二話不說就批准了。

趙嬰齊這麼做，雖然討好了漢朝，但是顯然得罪了南越的那幫本土派大臣，以相國呂嘉為首的本土派從此和趙嬰齊離心離德。

趙嬰齊對這幫大臣自然也沒好感，自從當了南越國的一把手後，喜怒難測，性情大變，竟開始妄殺大臣，而且多是一時興起之後，不辨親疏不問罪責地親自手刃。幾年下來弄得大小官員個個自覺朝不保夕，以至於連漢朝都看不下去了。

為此，朝廷派出使者前往南越，要求他按時到長安朝拜。趙嬰齊也知道自己在國內鬧得有點超過，他怕自己到長安後被處分，所以每次都以身體不好為由，拒絕去長安。

也不知道是真病還是裝病，沒過幾年，他就死了，留下了年幼的太子趙興及長子趙建德。雙方立刻翻了臉，分為兩派，以丞相呂嘉為首的本土派支持趙建德，太后樛氏及其身後的漢朝勢力則支持趙興。

這裡要介紹一下丞相呂嘉。傳說呂嘉本是當地的一個酋長，曾接受中原漢化教育，深得民心。趙佗建立南越國以後，為鞏固後方，積極拉攏當地土著，任命他為丞相。

到趙嬰齊上位時，呂嘉已經是南越的三朝老臣，位高權重，他的兒子娶的全是王室的女兒，女兒嫁的全是王室的兒子，他的耳目由裡到外，層層安插，其實力不容小覷。

反觀趙興，雖然有母親樛氏和背後的漢朝支持，可是山高皇帝遠，在南越的勢力顯然不如本土派。

為此，漢朝特地派出了官員，前往南越指導工作。也不知是有意還是無意，這次領頭的，正是樛氏的老情人安國少季。

除了安國少季之外，還有一些人，首席談判代表終軍，武力擔當魏臣，後援路博德。

這給了太后樛氏極大的信心。也許是孤單太久了，時隔多年，看到曾經的老情人，樛氏竟然舊情復燃，又和安國少季好上了！

沒多久，這事就被南越國的百姓知道了，遇到這樣的太后，南越百姓也覺得臉上無光，大夥兒紛紛抵制這個私生活混亂的漢家太后。

樛太后也知道自己的處境不太妙，眼看著國內反對的聲音越來越多，她決定向身後的靠山 —— 漢朝求援。為此，她鼓動南越王向漢朝寫信，請求歸附漢朝，還透過使者上書天子，請求對照漢朝的諸侯，三年朝見天子一次，撤除邊境的關塞。

劉徹自然是照單全收，將丞相、內史、中尉、太傅等官印賜給南越，其餘的官職由南越自己安置，並廢除了南越傳承已久的黥、劓等源於秦朝的酷刑，改用寬簡的漢法。

接到皇帝的旨意後，南越王及王太后開始整理行裝和貴重財物，為進京朝見天子做準備。

呂嘉自始至終都反對和漢朝扯上關係，一方面是南越國第一任國王趙佗曾留下遺訓，不得入朝拜見漢朝天子；另一方面從當時的形勢來看，南越國一旦歸附了漢朝，就得比照漢朝的諸侯國接受中央政府管理，趙興當然還可以繼續做他的王，而丞相、中尉等官員就要由朝廷委派，這樣一來，呂嘉和他的宗族、親戚將地位難保。

呂嘉曾多次勸諫過南越王趙興，希望他跟漢朝保持距離，可是趙興根本聽不進去，憤怒的呂嘉遂產生了另立新君的念頭。

樛太后顯然也察覺到了呂嘉有反叛的念頭，為了先發制人，她擺下鴻門宴，要求南越高級官吏必須參加，準備將這些本土的頑固派一網打盡。

可是問題在於，呂嘉也是個人精，他知道樛太后不懷好意，赴宴那天，讓弟弟帶著部隊駐紮在宮外，為自己撐場子。

眾人傻眼了。

樛太后不甘心，她還想冒一次險。

宴席中，樛太后當面指責呂嘉，想借漢使之手殺死呂嘉。但是因呂嘉的弟弟正率兵守在宮外，安國少季等人猶豫不決，不敢動手。呂嘉見形勢不妙，找了個藉口準備出宮，樛太后大怒，從身邊拿起一支長矛，準備要去扎死這老傢伙。

關鍵時刻，南越王趙興攔在母親面前，阻止了這個瘋狂的行為。

呂嘉回家後，讓弟弟分出一部分士兵，加強自己的守衛，託病不再去見趙興，同時還暗中同大臣密謀，準備另立新君。

樛太后很想殺掉呂嘉，可是她權勢單薄，又因為淫亂後宮失去民心，一個人無法辦到這件事，只能繼續向漢朝皇帝求援。

劉徹收到報告後，非常生氣。「上次派出了安國少季去搞定南越，沒想到這傢伙如此優柔寡斷！」

在劉徹看來，既然趙興和樛太后已經申請歸附漢朝，自己就不能放手不管，眼下只有呂嘉作亂，不值得派大部隊過去平叛。為此，他派出了韓千秋和樛太后的弟弟樛樂，率兵兩千前往南越。

在聽到韓千秋踏入南越國境的消息後，呂嘉等人即刻發難，他先是廣造輿論，列舉樛太后的種種罪行，隨後和弟弟領兵攻入王宮，殺了趙興、樛太后和漢使終軍等人，隨後傳檄南越各郡縣，立趙建德為南越王。

隨後，呂嘉在離南越都城番禺四十里的地方設好埋伏，將韓千秋和樛樂的軍隊全部消滅。事後，呂嘉讓人把漢朝使者的符節用木匣裝好封上，放置到邊塞之上，向漢朝謝罪，同時又派兵守好各個關口。

呂嘉深知，依著劉徹的火暴脾氣，是絕不可能原諒自己的，一場大決戰已是在所難免！

果然，得知漢軍被滅，劉徹大為震怒，下令撫卹死難者的親屬，然後宣布：「出兵南越！」

軍隊很快就動員起來，劉徹徵發罪囚及江淮以南水師十萬眾，兵分五路進攻南越：

第一路，以路博德為伏波將軍，率兵從長沙國桂陽，直下湟水。

第二路，以主爵都尉楊僕為樓船將軍，從豫章郡直下橫浦。

第三路和第四路是歸降漢朝被封侯的兩個南越人，戈船將軍和下厲將軍，從零陵出發，然後一路直下灕水，直抵蒼梧。

第五路以馳義侯利用巴蜀的罪人，調動夜郎國的軍隊，直下牂牁江。

劉徹討伐南越的消息傳到閩越國，閩越王大為振奮，主動發兵八千，請求跟隨楊僕征討南越。但是事實上，閩越王對這場戰爭持觀望的態度，表面上願意為漢朝助攻，暗中卻與呂嘉勾結，行軍到東海郡揭陽縣時，閩越王以颱風為藉口，撤軍回國。

先說楊僕，他帶的水軍有數萬之眾，駕駛的又是大型船隻，在運輸大部隊和補給方面有相當優勢。水軍一路南下，攻陷石門，收編了南越的船和糧食後，加緊休整，等待其餘四路人馬會合。

確切地說，他在等路博德。

可惜，路博德這一路卻走得磕磕絆絆。他的部隊有許多人戰鬥力較弱，行軍速度也比較緩慢，所以一直拖拖拉拉。為了準時會合，他索性甩開大部隊，只帶幾千精銳輕裝前進，和楊僕順利會師。

這一仗，漢軍打得順風順水，很快就打到了南越國的首都番禺。

在經過分析與研判後，兩位將軍決定不等其餘人馬抵達，立即展開攻城行動。經過一番激戰，漢軍順利攻入番禺，並趁亂放火燒城。南越軍紛紛向漢軍投降，路博德一面就地賜給投降者官印，一面命他們再進城招降同伴，擴大戰果。

這一招效果顯著，南越國的防禦迅速崩潰，呂嘉和趙建德見大勢已去，在天亮前帶著幾百名部下乘船向東出逃，試圖逃亡到閩越，結果沒跑出去，被漢軍擒獲。

呂嘉和趙建德被擒後，南越國屬下各郡縣皆不戰而降。劉徹平定南越後，將南越國屬地設定了九個郡，劃歸漢朝的版圖。南越王國由趙佗創立，歷九十三年，經五代南越王，到此結束。

東征北韓

搞定了南越，劉徹信心大增。這些年，漢軍南征北戰，展示了一個王朝的硬實力，放眼大江南北，一個能打的都沒有，這讓劉徹充滿自信。

閒不住的劉徹決定四處走走，順便拜訪一下隔壁的匈奴。

為了展示自己的實力，劉徹出門時帶了十八萬部隊，旌旗千餘里，浩浩蕩蕩開往北方邊境。荒涼寂靜的千年大漠，一時間旗幟獵獵，馬鳴蕭蕭，漢軍猶如移動的鐵流，一望無邊。

劉徹一行北歷上郡、西河、五原，又出長城，北登單于臺，最後抵達帝國最北端的要塞——朔方。

前面說過，朔方位於河套平原之上，再向北就是陰山了。敕勒川，陰山下，天似穹廬，籠蓋四野。大軍一路北上，尋找匈奴主力決戰，然而草原茫茫，根本不見匈奴蹤影。登上朔方城後，劉徹胸中熱血湧動，他很想大喊一聲：「還有誰？」

回應他的，只有耳邊呼嘯的風聲。

劉徹覺得很無趣，自己帶著大部隊一路北上，結果沿途連匈奴人的影子都沒看見。

開玩笑，你帶了一個集團軍群出來耀武揚威，誰敢站出來當陪練？

「既然匈奴人不敢出來，那我就派個人去看看你吧！」

劉徹派了郭吉去看望單于，而此時，當年被衛青和霍去病打得丟盔棄甲的伊稚斜單于已經死了，繼位的是他的兒子烏維單于。聽說漢使駕臨，烏維單于派了禮賓官出來接待。

不客氣不行，眼下匈奴人被漢朝打得毫無還手之力，他們可不想被對方挑出毛病。

一番寒暄之後，匈奴的禮賓官問郭吉：「不知貴使此番前來，有何貴幹呢？」

郭吉說：「我說的事情十分重要，只能當面跟單于說。」

禮賓官見郭吉態度很和氣，於是將他引薦給單于。

單于親切接見了郭吉，在一片友好祥和的氣氛中，他問郭吉：「漢使此來，有什麼話帶給我呢？」

郭吉問：「漢此前曾出征南越，大王知道結果怎麼樣嗎？」

單于說：「怎麼樣？」

郭吉說：「南越王的人頭現在已經掛在漢宮的北門上了。」

單于一聽，心裡有些忐忑：「你到底想說什麼？」

郭吉把臉一板，嚴肅地說道：「單于若能與我大漢決一死戰，我們的天子已經親自帶兵在邊境上等你了；若不能，就乾脆向我大漢天子俯首稱臣。何必躲在大漠以北、水草皆無的地方吃沙子呢？」

「你……」

單于氣壞了：「原本看你態度還不錯，我才同意接見你的，不料竟然是專程來打臉的！是可忍孰不可忍！」

惱怒的單于當即拔出刀，一刀砍了過去。就在郭吉以為自己小命不保的時候，身旁的匈奴禮賓官卻一頭栽了下去。

是的，你沒有看錯，單于這一刀沒有砍向郭吉，而是砍向了自己人。就算要殺人洩憤，單于也只能對自己人下手，此時的漢朝國力正處在巔峰狀態，自己根本惹不起。

當然，鑒於郭吉囂張的態度，單于扣留他，並發配到貝加爾湖邊當了一個羊倌。

既然惹不起，只能躲得遠遠地發展自己的實力了。單于一邊訓練自己的士兵，一邊向漢朝派出使團請求和親。

漢朝方面也派了王烏去觀察匈奴的情況。當時，匈奴有一條不成文的規定，漢朝使者若不放棄旄節和用墨黥面，就不能進入氈帳。王烏是北地人，熟悉匈奴風俗，一到匈奴大營就自覺放下了旄節，抹了自己一臉墨汁，這才得以進入氈帳。

王烏不像一般的外交官，一味堅持漢朝的禮儀和氣節，只要能達成目的，一切皆可變通。更何況，若是自己嚴詞抗爭，漢朝的面子雖然保住了，自己大概就要到貝加爾湖去放羊了。

單于一看：「這小子很上道嘛，這麼多年來，第一次有漢使願意低下高傲的頭顱，什麼也別說了，裡面坐！」

兩人天南海北一通瞎聊，單于最後答應派出太子到漢朝做人質，請求和漢朝和親。

這時候的漢朝陸續擊敗了不少周邊小國，正是最傲嬌的時候。恰好就在此時，那個先投降漢朝又投降匈奴的趙信死了，漢朝的一些大臣們認為匈奴已經沒落，想收他們當小弟。

此時的劉徹很有自信，一看單于的書信：「這老小子很有誠意嘛！」立刻派了一位名叫楊信的正式外交官前往匈奴，聯繫和親事宜。

楊信到了匈奴人的大營，堅持不肯放棄旄節，單于沒辦法，只能在氈帳外面接見楊信。楊信見到單于後，告訴他：「若單于真想和親，必須要先讓太子到長安當人質。」

單于說：「規矩不是這麼定的，以前的做法是漢朝派一名公主到我們這裡，外加糧食綢緞等一筆嫁妝，匈奴也遵守規定，保證不騷擾漢朝邊境。而如今卻違反約定，讓太子去當人質，哪有這樣的道理？」

很顯然，單于並沒有談下去的意思，雙方會談以失敗告終。楊信回到漢朝後，劉徹才又派了王烏出使匈奴。單于為了騙取漢朝的財物，欺騙王烏說：「我想到漢朝拜見天子，相互締約，結為兄弟。」

王烏回來後向朝廷作了彙報，劉徹高度重視，專門在長安城選了一塊地，為單于修了一處官邸。

這個時候，匈奴那邊又提出條件了：「漢朝要派出一名尊貴之人充當使者，要不然免談！」

當然，匈奴這邊也派了一位高官出使漢朝，大概是到了長安後水土不服，生了病。朝廷派了醫療專家為其診治，可是最終還是不治身亡。

為此，朝廷派了路充國佩帶二千石的印信出使匈奴，帶著豐厚的禮金，護送這位匈奴高官的靈柩。結果匈奴那邊又耍花招了：「路充國？這是哪根蔥？沒聽過。你們害死了我們最尊貴的使者，必須付出代價！」

就這樣，匈奴扣留了路充國，還派了軍隊入侵漢朝邊境，製造衝突。消息傳到長安城，劉徹終於看清楚單于的伎倆。「既然談不攏，那就繼續打吧！」於是，雙方再次翻臉，在邊境上展開了對峙。

時間一晃到了元封二年（西元前 109 年）。

這一年，帝國的朝堂上發生了一件事，一個叫涉何的外交官出使北韓，回來時手裡提著一顆血淋淋的人頭，引發了軒然大波。這個掉了腦袋的人，是北韓的一個小王。

一個出使外國的使者，怎麼就殺了別國的貴族呢？

關於這個故事，還要從遙遠的商朝說起。

話說商紂王喜好奢靡，不理朝政，太師箕子如何勸說都沒有用，只能裝瘋賣傻。紂王以為箕子真瘋了，將他關了起來。

隨後周武王滅商建周，命召公釋放箕子，向箕子請教治國之道。箕子不願當周的順民，帶著一批五千多人的遺老遺少不遠萬里遷到了北韓半島，建立了政權，史稱「箕子北韓」。

西周坐穩江山後，分封諸侯，由於箕子跑得比較遠，中央根本管不著，所以順水推舟，予以加封。

戰國時代，箕子北韓當了燕國的手下。秦滅六國之際，有個叫衛滿的燕國人聚集起千餘人出走遼東，取代了箕子北韓，建立了衛滿北韓。

呂后上臺後，為了控制衛氏北韓，遼東太守對衛氏王朝提出了兩項要求：一是北韓繼續與中原王朝維持藩屬關係，負責防守塞外蠻夷；二是周邊蠻夷酋長若想朝見天子，北韓不得禁止。

只要答應這兩個條件，漢朝可以承認衛滿北韓的合法地位。

然而，衛滿卻有自己的小心思，他表面上滿口答應，背地裡卻小動作不斷，收納漢朝通緝的亡命之徒，擴建軍隊；劫掠過往客商、使節，謀財害命。更有甚者，竟然屢次興兵騷擾遼東諸城。

到劉徹繼位的時候，北韓已經是衛滿的孫子衛右渠當政了。他不僅招誘漢朝燕、齊兩地人民逃亡到北韓，而且拒絕向漢朝通貢，還阻止鄰近的小國向漢朝納貢。

衛右渠之所以如此囂張，是因為他斷定漢朝不可能騰出手來收拾自己。原因很簡單，此時漢匈戰爭正打得火熱，漢武帝傾舉國之力北伐匈奴，根本顧不了自己。更何況，北韓半島距長安萬里之遙，漢朝怎麼可能為這麼一個小地方興師動眾？

衛右渠的如意算盤打得很好，如果是前幾任漢朝皇帝，說不定也就這麼糊弄過去了，可惜的是，他遇上了劉徹。

消息傳到長安，劉徹氣得當場拍桌子：「這是赤裸裸的挑釁！一個小國也敢挑戰我大漢的權威！你真以為山高皇帝遠，我治不了你嗎？」

元封二年（西元前 109 年），劉徹在重創匈奴、滅掉南越、平定西南夷、打通西域的道路後，終於可以騰出手來對付衛氏北韓了。

這一年，劉徹派出涉何去北韓興師問罪，並令其臣服。不料，衛右渠根本不吃這一套，當即嚴詞拒絕，涉何只好無功而返。

涉何不甘心！

北韓國王不配合，事情辦砸了，難道就這樣回去嗎？皇帝會饒過自己嗎？

想到這裡，涉何做了一個重大決定，在跨過清川江時，他指使自己的小弟殺死了護送他的一位北韓小王，然後提著他的腦袋一路飛奔，逃回漢朝。

對外，他宣稱是北韓國傲慢，不肯奉詔，自己憑藉機智和勇敢斬殺了他們的一員大將，宣揚了大漢的國威。

這個故事的漏洞很多，很多人將信將疑，劉徹也很清楚，但是他同時也明白，漢朝太需要這樣一場勝利了。

為此，劉徹專門下發嘉獎令，表彰涉何的功績，任命他為遼東郡都尉，負責對北韓事務。

得知這個消息，北韓人民憤怒了：「這樣的凶手還能得到提拔，太無恥了！」

憤怒的北韓人民拿起武器襲擊漢境，殺死了涉何。

不論北韓那邊怎麼看，反正漢朝這邊可是赤裸裸被打臉。這下子，漢朝終於有理由對北韓用兵了。這年秋天，劉徹派出水陸兩路大軍向北韓發動大規模的進攻。

從這次事件的前因後果來看，我嚴重懷疑劉徹提拔、重用涉何，可能就是為了故意激怒北韓，好為自己的出征找一個正當理由。

這次出征，漢軍兵分兩路，左將軍荀彘從燕、代之地徵兵五萬，從陸路進兵；樓船將軍楊僕從山東半島橫渡渤海，直插北韓首都。

很顯然，劉徹是想來個兩棲登陸作戰。

當時漢朝敗匈奴、滅南越、平西南，在東亞地區打遍天下無敵手，國威正盛，正煩惱找不到對手。在劉徹看來，拿下一個小小的北韓，根本不在話下。

願望很美好，但是現實很骨感。

先說荀彘。

荀彘是太原廣武人，雁門附近的邊郡出身，因為趕車技術好，被劉徹提拔為御用車夫之一。後來又升任校尉，跟著大將軍衛青數次出擊匈奴，以軍功起家。

再說楊僕。

楊僕是河南新安人，曾被劉徹派到關東地區治理惡霸、打擊盜賊。由於他做事雷厲風行，敢作敢為，是漢朝十大酷吏之一。在關東任上，楊僕逐漸被皇帝賞識，升遷為主爵都尉，列為九卿之一。

楊僕最著名的一件事是「移關」。

想當初，為了拉攏人心，劉徹把關中的土地分給當朝有功之臣，唯獨沒有楊僕的份。

劉徹告訴他：「你有大功勞，我理當封你為關內侯，可是關內沒有土地了，沒辦法，只好封你為關外侯，你就將就一下到關外去吧！」

所謂關東，指的就是函谷關以東地區。雖然只隔了一個關口，但是兩邊的待遇和地位就是不一樣。老家在關東的楊僕並不情願做一個被人笑話的關外侯，他上書皇帝要求將函谷關東移至今新安縣境。無論如何，他也要享受一次作為關內人的待遇。

劉徹當即拍了板：「准了！」

元鼎三年（西元前 114 年），楊僕帶著他的部下，將陝西函谷關東移到三百里外的河南新安。

荀彘與楊僕，兩個人都有過從軍的經歷，在出征北韓一事上卻都栽了跟頭，兩個人只想著搶功，完全沒有任何默契。

首先是將軍搶功。

楊僕帶著七千人，穿越大風大浪，好不容易才登陸上岸，不等荀彘的主力部隊，就急忙對北韓首都王險城展開進攻，北韓國王衛右渠嚇得要死。

不過，一看漢軍就這麼點人，衛右渠膽氣一下子就上來了，當機立斷下令出城迎戰。

結果，楊僕的海軍陸戰隊一觸即潰，楊僕也躲進山裡，體驗了十幾天的野人生活。

其次是部下爭功。

左將軍荀彘帶著將士抵達北韓戰場後，有個下級軍官求功心切，不待主力集結，自己帶著隊伍衝了上去，結果吃了敗仗。惱羞成怒的荀彘將那個輕敵冒進的軍官就地正法了。

至此，漢軍的兩路部隊首戰皆敗。

荀彘不甘心，指揮主力部隊向北韓的清川江防線發起攻擊，可惜連攻數日，對岸的防線竟巋然不動，而自己這邊卻損失慘重。

荀彘沒招了，只能向劉徹彙報前線的戰況。

接到奏報，劉徹很生氣：「這二人都是有戰場經歷的，原本以為拿下小小的北韓不成問題，結果卻接連栽了跟頭，真是廢物！」

「怎麼辦？繼續派兵嗎？」

劉徹搖了搖頭，這些年的南征北戰，已經消耗了大量錢糧，這次出征北韓的部隊也是由山東等地臨時拼湊的，自己已經派不出更多的兵力了。

既然打仗行不通，那就只能協商解決了。劉徹向北韓開了個價：「只要衛右渠能低頭認個錯，照顧一下天朝上國的臉面，漢朝可以網開一面，對北韓既往不咎。」

被劉徹派去傳話的人，名叫衛山。衛山風塵僕僕地趕往北韓，與北韓國王衛右渠舉行會談。衛右渠表示：「北韓願意降服，他將派遣太子跟隨大漢使節前往長安朝見皇帝，並且獻上軍馬五千，一切糧草由北韓供應，同時調遣一萬軍士護送。」

衛山沒有多想，大筆一揮，簽訂了停戰協議。

直到約定受降那一天，衛山才發現了一個重大問題，這一萬人的護衛隊，陣勢有點大啊！萬一這些人圖謀不軌，自己如何制得住他們？

想到這裡，衛山趕緊向河對岸的衛氏太子喊話：「您跟我去長安，我們就用不著這一萬軍士護送了吧？」

衛氏太子說：「那可不行，我得為自己的安全考慮。」

最後，雙方還是沒談攏。衛氏太子一扭頭，走了。

兩國和談就此破裂，衛山因辦事不力，回到朝廷後被劉徹砍了腦袋。

外交不成，只能繼續硬攻。

荀彘鉚足了勁發起進攻，經過激烈戰鬥，漢軍終於突破了清川江防線，進抵王險城下。

在這裡，他們遇上了吃樹皮和草根的野人楊僕。飽餐一頓後，荀彘圍住了王險城的西北面，楊僕在王險城南紮下大營，兩人合力攻城。

這場攻城戰持續了好幾個月，無論漢軍如何強攻，就是啃不下這塊硬骨頭。

面對這種情況，楊僕的心思開始活絡起來。「既然強攻無效，何不繼續議和？」

楊僕悄悄派人潛入城中，與北韓貴族們接觸。果然，這些貴族老爺們大多都不願意跟著衛右渠，他們早就有了投降的意思，只是苦於沒有機會。雙方一拍即合，開始緊鑼密鼓地協商議和一事。

另一邊，荀彘還在西北面的城牆下硬碰硬。他有些奇怪，自己在這邊賣命，怎麼不見楊僕的影子呢？每一次他派人去和楊僕約期會戰，楊僕都是找各種理由推託。

「這裡頭一定有問題！」

荀彘派人祕密調查，結果發現楊僕這老傢伙果然沒安好心，自己在這邊賣命，他卻在一旁和北韓人祕密談判！

楊僕想坐享其成，荀彘也暗中派人去和北韓接觸。可惜，衛氏只希望和脾氣相對溫和的楊僕談判，不想跟荀彘打交道。

與此同時，遠在長安的劉徹對於兩位將軍終於失去了耐心，他派出濟南太守公孫遂遠赴前線，調查戰場情況。

公孫遂飄洋過海來到北韓，先找荀彘談話。荀彘在公孫遂面前裝出一副憂國憂民的愁容，作痛心疾首狀：「北韓早就可以攻下了，現在還未攻下是有原因的。」

公孫遂問：「哦？什麼原因？」

荀彘回答：「我嚴重懷疑樓船將軍要造反！」

公孫遂嚇了一跳：「有這種事？證據呢？」

荀彘早有準備，他將楊僕如何登陸失敗，如何消極怠戰，不跟自己配合，與敵軍暗中勾搭的事情添油加醋，一股腦兒全倒了出來，最後得出一個結論：「楊僕的謀反已是昭然若揭，如果不立即對他採取措施，恐怕會成為禍害，他必定聯合北韓一起來消滅我軍！」

公孫遂都聽傻了，他沒想到事情已經發展到了這麼嚴重的地步，保險起見，公孫遂通知楊僕前來開會，然後扣留他。

和平計畫再次擱淺。接下來，荀彘接管了楊僕的部隊指揮權，向王險城發起更為猛烈的進攻。

公孫遂對自己的工作很滿意，他覺得是時候回長安城彙報工作了。自己挖出了叛徒，皇帝怎麼著也得獎勵一下自己吧？

不料，劉徹聽完他的工作彙報，大怒，要砍他的腦袋。

公孫遂糊塗了：「怎麼回事？這劇情不對啊！」

其實，劉徹的想法很簡單，打仗的成本太高，他還是希望能透過談判解決糾紛。「派你去前線，就是希望你能協調好各方關係。楊僕雖然不擅長打仗，但是外交談判還是有一套的，眼看著人家都快談成了，結果你一去，抓了楊僕，還把部隊全都交到了荀彘的手裡，這不是蠢，是什麼？」

公孫遂死後，荀彘也開竅了，他終於不再死腦筋，轉而尋求政治協商解決糾紛。其實，北韓人也不願意打仗，他們早就等著這一天了。這邊剛透露出和談的意思，那些威望甚高的北韓元老立刻予以積極回應，有不少高官和將領開始逃奔漢營。

這些人在北韓有著廣泛的人脈和雄厚的基礎，他們策劃了一場刺殺，指揮城內的殺手殺死了北韓王衛右渠。

衛右渠雖然死了，但是事情的進展並沒有預想中的那般順利，有個叫成己的頑固派不願意投降漢朝，糾集了一支武裝力量，繼續作最後的殊死抵抗。

可惜，此時的北韓國大勢已去，荀彘派人入城勸告北韓民眾歸順漢朝。在經歷了一番波折後，叛亂最終被平定，成己被誅殺。

西元前 108 年，衛氏北韓被滅國，漢朝在這裡設定了漢四郡 —— 樂浪郡（平壤）、玄菟郡（咸鏡道）、真番郡（開城）、臨屯郡（高城）。自此，北韓正式納入中央王朝的版圖。

北韓雖然拿下了，但是劉徹對這場耗時多年、死傷慘重的平叛戰役很不滿意，這從他後來的獎罰中就能看出來：荀彘被認定罪大惡極，殺戮甚多卻無尺寸之功，被棄市腰斬；公孫遂盲從荀彘，沒有盡到督戰之職，也被斬首示眾；楊僕被判死刑，後來好不容易花錢保住了一條命，被貶為庶人，潦倒不堪，不久也一命嗚呼。

按理說，一場仗，雖然過程很艱難，但總歸是打贏了，結果還算是好的，劉徹為什麼下手會如此之重？

其實，他內心的潛臺詞也不難猜測：「打一個小小的北韓，還要如此大費周章，真是丟臉，該殺！」

萬里求天馬

前面說過，張騫出使西域歸來後，至少帶來了三樣東西：地圖、情報和種子。

這裡要說一下情報。隨便翻開一份漢朝地圖，讓我們的視線隨著玉門關和陽關往西，一路上都是大漠戈壁，偶爾還會有綠洲點綴其間。過了河西走廊就是廣袤的西域。

在一次閒聊中，張騫向劉徹說起了自己的一次見聞。

那一年，他奉命自長安出發，出使西域，跋山涉水，一路西行，翻過白雪皚皚的蔥嶺，到了一個叫大宛的小國。

翻開地圖會發現，大宛是一個中亞古國，位於帕米爾高原西麓，錫爾河中上游，也就是今天的烏茲別克費爾干納盆地地區。大宛初創於亞歷山大大帝（Alexander the Great）遠征之時，漢朝建立後，西域的月氏人扛不住匈奴的進攻，被迫西遷，引發西洋骨牌效應，使得西域賽人南遷，建立了大宛國。

張騫告訴劉徹，他在大宛城逛街時，見到了一種強健的大宛馬，身材修長，步伐輕盈，耐力和速度都十分驚人，能日行千里，飲一次水可跑一天。

「有這種事？」劉徹半信半疑。

張騫答：「千真萬確。更神奇的是，這種馬在奔跑時，渾身的汗水猶如殷紅血液，所以也被稱為汗血寶馬。」

劉徹本是好馬之人，聽完張騫的描述，一下子就產生了好奇心和占有欲。當時，中原馬無論從速度、耐力各方面，和匈奴馬匹一比，都完敗。

只是，如何才能跨越萬里大漠，找到這種汗血寶馬呢？

很快，機會就來了。

一個偶然的機會，一個敦煌囚徒得到了一匹汗血寶馬，主動獻給劉徹。劉徹得到此馬後，欣喜若狂，稱其為「天馬」，並作歌詠之：

太一貢兮天馬下，沾赤汗兮沫流赭。

騁容與兮跇萬里，今安匹兮龍為友。

沒有戰馬，怎麼征戰馬背上的匈奴？怎麼開疆拓土，擴大帝國版圖？

要知道，漢朝開國時家底單薄，文景時代，朝廷就在西北邊郡大興馬苑，頒行《馬復令》，規定民間飼養一匹軍馬可免三人徭役，以此鼓勵民間養馬。

即便如此，隨著劉徹上位後連年發動戰爭，馬匹的供應還是遠遠跟不上戰爭需要。

劉徹下定決心，一定要得到汗血寶馬。

沉醉在葡萄美酒夜光杯中的大宛貴族或許還沒有意識到，一場因汗血馬而起的戰爭風暴即將爆發。

一開始，劉徹的想法是花錢買。他派出使者，帶了定金，還命人用黃金打造了一匹與真馬一般大小的金馬，跨越萬里之遙，去換大宛的汗血寶馬。

使者帶著財物，歷經千難萬險，終於抵達大宛國。

得知使者的來意後，大宛國王毋寡一時猶豫不定，與貴族們開了內部討論會，最後的結果是：「不！汗血寶馬是我們大宛的國寶，數量不多，不能輕易給別人。」

「花錢買也不行嗎？」

「不行！」

任憑使者費盡口舌，大宛國王始終不鬆口。

其實，拋開上面的理由，大宛還有一層考慮：漢朝雖然強大，畢竟遠在萬里之外，想跨越沙漠又翻越蔥嶺到中亞來打仗，幾乎是不可能的。可匈奴的威脅卻是近在眼前，儘管張騫鑿空西域後，中原與西域交流開始頻繁起來，但是匈奴畢竟經營西域多年，在此地根基深厚，西域各國根本不敢在匈奴的眼皮底下堂而皇之地跟漢朝做生意。

一旦自己把汗血寶馬賣給漢朝，匈奴人秋後算帳，那自己可就玩完了。

使者不甘心，繼續跟大宛王磨。日子一天天過去，貿易談判卻沒有絲毫進展，而使者的耐心也在一天天耗盡。

終於有一天，使者忍無可忍，在大殿上斥責大宛王一頓，然後當著大宛群臣的面，將金馬推倒在地，掄錘亂砸。

大宛群臣眼睜睜看著漢朝使者咆哮公堂，心愛的金馬遍體鱗傷，誰也不敢吭聲。

發洩完畢後，使者只說了一個字：「走！」

看著漢朝使者瀟灑離開的身影，大宛王感覺自己有點沒面子，他砸的可不只是一匹金馬，更是大宛國的臉面！

「我大宛雖然只是一個小國，但是也容不得你如此撒野！」

憤怒的大宛王頭腦一發熱，指揮其手下的郁成王在使者回去的路上設了埋伏，把漢使全殺了。

消息傳到長安，劉徹勃然大怒！「敢殺我大漢的使者，這等同於向我大漢宣戰！我帶著滿滿的誠意去跟你做生意，你拒絕合作也就罷了，竟然還殺害我大漢使者，豈有此理！要是放任這種行為不管，以後西域各國會怎麼看我大漢？要是西域各國紛紛效仿，那漢朝在西域辛辛苦苦經營多年的成果，將一朝化為烏有。對於這種挑釁行為，必須予以徹底反擊！」

劉徹徵詢群臣意見，曾經出使過大宛的使節姚定漢首先發言：「據我了解的情況，大宛國的軍事力量很弱，只要派出三千精兵，配備強弓勁弩，就可以掃平大宛，生擒大宛王。」

姚定漢的表態給了劉徹極大的信心。這些年來，漢朝在取得了河南之戰、漠南之戰和漠北之戰勝利後，自信心開始增長。「雖然大宛離漢朝非常遙遠，但只是西域眾多小國中的一員，搞定這樣一個國家還不容易？既然如此，那麼派誰擔任主將呢？」

想到這裡，劉徹忽然心裡一嘆。這一年已是劉徹登基的第三十七年，放眼望去，朝中良將多已凋零，曾經名震寰宇的衛青、霍去病已去世多年，新一輩的將領中，只有趙破奴表現還行。但是此時的他正在北方前線防備匈奴，脫不開身，該讓誰去呢？

劉徹左思右想，決定把這份功勞留給李廣利。

把時間往回撥一下，當時的李廣利不過是一名民間賣唱藝人。翻遍史書，也難找到李廣利任何從軍的經歷，或許在劉徹看來，打仗這事就不能因循守舊，要勇於打破一切規則，敢闖敢拚，衛青、霍去病就是現成的榜樣。

那麼，李廣利會是下一個霍去病嗎？

我們接著往下看。

太初元年（西元前 104 年），劉徹封李廣利為貳師將軍，趙始成為軍正，王恢為嚮導，並徵發了六千騎兵和數萬犯人，踏上了遠征大宛的道路。

無論從哪方面看，這支隊伍的前途都堪憂。此去大宛，路途漫漫，主將李廣利沒有任何從軍經歷，帶的隊伍也是一支臨時拼湊的隊伍。這些人雖然敢打敢拚，但是問題在於，軍隊不是逞個人英雄主義的地方，一支富有戰鬥力的軍隊，必定有鐵一般的紀律，可這些恰恰是這支隊伍最缺的。

在大漠中行軍，最重要的是飲水問題。出發沒多久，漢軍就沒水了，不斷有人倒下，乾渴而死。

有人要問了，西域不是號稱有三十六國嗎？為何不向他們求助？

李廣利早就想到了，可惜這些西域小國懾於匈奴的淫威，不敢提供物資和水源給漢軍。不僅如此，他們還動不動就偷襲，弄得漢軍疲於應付。

被逼到這個份上，李廣利也是豁出去了，讓士兵們放手搶掠，補充物資和水源。如果遇上一些小的城郭，那就拿下；如果遇上大一點的城郭，只能選擇繞過去。

就這樣，漢軍一路搶劫，一路西進，飽一頓飢一頓，一路走一路減員，經過一番艱難跋涉，好不容易出現在大宛東部的郁成城。

李廣利回頭看了一眼自己身後的這支隊伍，一個個衣衫襤褸、無精打采，哪裡還有半點漢軍的氣勢，簡直就是一群叫化子。

在他們面前，是高大堅固的郁成城。

「這樣一支隊伍，能拿下郁成城嗎？」

李廣利感到很洩氣，可是他沒有退路，只能硬著頭皮試一試。

這一試，漢軍傷亡慘重。

「回家吧，連一座邊關都拿不下來，還怎麼打到大宛國的首都去？就算要死，也要死在漢家的疆土上。」

眼看著軍心開始渙散動搖，李廣利也知道這次出征必定是要失敗了，只得帶著剩下的隊伍往回走。這一來一回，兩年過去了，等隊伍抵達敦煌時，剩下的士兵不到十分之一二。

李廣利很清楚，自己這一次罪責難逃，提前派人到長安向劉徹請罪。

得知漢軍遠征失利，劉徹龍顏大怒：「打了敗仗還好意思回來？」他下了命令：「敢踏入玉門關一步，定斬不赦！」

這段時間以來，劉徹的心情很不好，除了這個不爭氣的小舅子西征失利，還有一件事令他非常生氣：趙破奴在北線戰場上慘敗，兩萬大軍全軍覆沒，趙破奴本人也被俘。

說起趙破奴的失敗，史書亦為之嘆息。他是九原人，以前是跟隨霍去病，在對匈作戰中表現相當出色，被封為從驃侯。後來因獻金成色不足，被撤銷爵位。

此後，為了收服西域小國，劉徹再一次派出了趙破奴深入西域。他帶著七百餘輕騎兵，先突襲樓蘭國，生擒樓蘭王。隨後北上，大破姑師國，因功被封為浞野侯。

這一年，匈奴帝國遭遇了特大暴風雪，牛羊牲畜凍死無數，日子過得很艱難。同年，烏維單于去世，立其子烏師廬為單于，由於年紀小，被稱為「兒單于」。

兒單于雖然年紀輕輕，卻非常殘暴，動不動就殺人，讓匈奴上下人心惶惶，其中就包括匈奴左大都尉。

匈奴左大都尉想廢掉兒單于，派人祕密與漢朝聯繫，請求漢軍接應投降。

接到這個情報，劉徹大喜，為了接應匈奴左大都尉歸降，他下令在塞外修築了一座受降城。

這之後，劉徹又派趙破奴率兩萬騎兵北上，深入兩千里，準備在浚稽山接應左大都尉一起回歸。

然而，匈奴那邊又出了變故，兒單于發現了左大都尉密謀叛逃的事，調集兵力殺掉左大都尉，然後帶著隊伍向漢軍發起進攻。

匈奴有八萬人，漢軍只有兩萬人，四比一，兵力對比懸殊。

趙破奴一看情況不對，立即後撤，匈奴死死咬住不放，最後在距離受降城四百里處包圍了漢軍。

此時的漢軍早已筋疲力盡，更嚴重的是，部隊攜帶的淡水也已用完了。如果找不到水源，不用匈奴來攻，漢軍自己就先亂了。

夜幕降臨的時候，趙破奴親自出營尋找水源。不過很可惜，他的運氣比較差，出門後遇上了匈奴人，被對方俘虜了。

這下子，漢軍開始慌了。漢朝軍法規定，主將被俘，其餘的人就算是逃回去，也會受到嚴厲的清算，中高層將領恐怕性命難保。

怎麼辦？

大夥兒經過商議後，決定投降！

兩萬漢軍集體向匈奴投降，這是自漢匈開戰以來少有的慘敗。

消息傳回長安，劉徹很生氣，再加上李廣利西征失利，兩件事加到一起，劉徹召集大臣，討論帝國的策略方針問題。

有人說：「大宛遠在天邊，匈奴近在眼前，為了避免兩線作戰，應先停止遠征大宛，集中兵力攻擊匈奴。」

按理說，這是一個中肯的建議，可是劉徹根本聽不進去，他力排眾議，決定集中力量對付大宛！

漢帝國的戰爭機器開始全力運轉起來，為了這一次出征，劉徹可謂下了血本，共調集牛十萬頭、馬三萬匹，馱運糧食與武器的驢、駱駝數萬匹。除此之外，朝廷還徵發了街頭惡少、犯人及北線精銳騎兵總計六萬餘人，組成西征的隊伍。

一切準備完畢，漢軍再次出發，一路向西，直指大宛。

六萬漢軍猶如一股洪流，浩浩蕩蕩向西域出發。嗒嗒的馬蹄聲和吱呀的車輪聲，在寂靜無邊的荒漠上響著，在荒涼無涯的戈壁上響著。馬蹄聲和車輪車，敲響了亙古以來的沉寂和靜謐，喚醒這片沉睡億萬年的荒涼的土地。

於是，所有的樹木，所有的草叢，都豎起了耳朵，它們都在傾聽著，等待著，想知道這片廣袤的大地上，將要發生什麼故事。

漢軍聲勢浩大，西域各國大為震驚！

漢軍所過之處，各國紛紛開啟城門，主動向漢軍提供糧食與住處，生怕因為上次的事招來漢軍的報復。

也有不肯配合的，漢軍抵達輪臺時，就吃了閉門羹。李廣利下令攻城，城破後展開了一場大規模屠城行動，為西域各國立了一個很好的榜樣。

「不配合，這就是下場！」

此後，漢軍一路暢通無阻，很快抵達了大宛國的邊境。在這裡，李廣利沒有硬碰硬郁成城，而是派了三萬人馬直撲大宛國都貴山城。

大宛國王一看，漢軍又來了，不過這次對方裝備精良、人馬齊整，遠非上次來的叫化子部隊，只好再一次派軍出城迎戰。

這一次，漢軍弓弩手萬箭齊發，大宛軍傷亡慘重，只好退回城中固守。

李廣利早有準備，他已摸清楚，大宛城雖然堅固，但是水源地都在城外：「只要斷了水，城裡就該喝尿度日了！」

漢軍輕車熟路挖了條壕溝，又截斷了城內的水源，然後坐等城裡的守軍投降。然而，大宛軍民靠著城裡的幾眼泉水，硬是撐了四十多天，就是不肯投降。

漢軍只得再度攻城，經過一番激戰，終於拿下了外城，大宛軍民扛不住，只得退到內城據守。

大宛的貴族們開始慌了，一個陰謀開始醞釀。

貪生怕死的大宛貴族把責任全推給了國王，他們認為漢帝國現在派大軍來攻，就是因為大王當初把汗血寶馬藏了起來，又殺害漢使節團，才招致了大漢的報復。「要想活命，唯一的辦法就是殺掉國王，交出汗血寶馬。如果漢軍仍不退兵解圍，我們再拚死力戰，為時未晚。」

舉手表決，全數通過！

貴族們當晚行動，衝入王宮，殺死了大宛國王。

緊接著，貴族們派出代錶帶著大宛王的人頭，到漢軍大營火線談判。

使者告訴李廣利：「破壞大宛和漢朝友誼的，無非是國王一人。如今國王已死，漢軍如果就此罷手，我們願意將三千匹汗血寶馬悉數贈予漢朝，並報帳漢軍返程的路費開支。」

這態度，可以說是很誠懇了。然而，李廣利總不能立刻就答應了，他問道：「如果我不答應呢？」

「不答應，我們就殺死所有的汗血寶馬，大不了大家拚個魚死網破。何況，我們早已向康居國發出求救信，康居國的援軍即將到達。到時候，我們在裡，康居援軍在外，兩面夾擊漢軍，勝負就不好說了。」

李廣利有些尷尬，不過人家話都說到這個份上了。李廣利接受了大宛貴族的求和建議，下令停止攻城。

見漢軍停戰了，大宛貴族也信守諾言，為漢軍提供了三千匹汗血寶馬，並拿領薪水食供給漢軍。

李廣利心滿意足，正準備返程，不料卻得知：「有支千餘人的漢軍小部隊在路過郁成王的地盤時，慘遭全殲！」

「又是這個郁成王！想當年，郁成王截殺漢使，這筆帳還沒跟你算呢，想不到如今還敢螳臂當車，處處對抗漢軍！」

事情的經過是這樣的：漢將王申生帶著手下一千多人進兵，在走到郁成王的地盤時，由於軍中缺糧，便朝郁成王借。不料郁成王是個反漢分子，不肯借，漢軍就在郁成城下駐紮下來，準備跟郁成王耗下去。

郁成王雖然關上了大門，卻一刻也沒閒著，他派人偷偷偵察，發現漢軍只有一千餘人，於是一不做二不休，盡出城中三千兵丁，半夜潛出城去，包圍城外的漢軍。除了少數幾個逃出的士兵外，其餘漢軍將士全部戰死。

李廣利大怒，命上官桀帶人去報仇雪恨。

郁成城的防禦工事遠不及貴山城，守軍根本不是漢軍的對手，被漢軍打得大敗，郁成王一路小跑逃入了康居國。上官桀緊追不捨，一直追到了大宛國與康居國的邊境上。

前面說過，大宛曾向康居國發出求援信，康居王帶著大軍來幫忙。不過當他到了邊境才得知，漢軍人數眾多，武器精良，感覺自己不是對手，所以按兵不動，靜觀其變。

這一次，康居王聽說漢軍已經打敗了大宛，哪裡還敢把這個燙手洋芋捧在手上，順手將郁成王綁成粽子，送給上官桀。

上官桀命四名騎兵將郁成王押回軍營。路上，四個人覺得就這麼把郁成王押回去，大概就沒自己的事了，索性給了他一刀，拎著首級去覆命了。

戰事結束後，李廣利扶持對漢朝持友好態度的大宛貴族昧蔡為新一任國王，雙方訂立盟約，大宛每年進貢給漢朝兩批汗血寶馬。

李廣利率大軍凱旋，漢帝國終於獲得了夢寐欲求的汗血寶馬。劉徹喜不自勝，稱之為天馬，還寫了一首〈西極天馬歌〉：

天馬來兮從西極，

經萬里兮歸有德。

承靈威兮降外國，

涉流沙兮四夷服。

然而，從玉門關到大宛，又從大宛回到玉門關，這是一條艱難的行程。漢軍第二次西征時，光是戰鬥人員就有六萬多人，這還不包括運送物資的後勤人員，回來時僅剩下一萬多人。

如果說第一次是因為飢渴和疲勞，那麼第二次又是怎麼回事？

《漢書》給了答案：這次的減員不是因為缺少糧食，也不是戰鬥減員，而是李廣利身為主帥，縱容手下將吏虐待士兵。這些士兵大多出身底層，上面的人只想著戰後升官發財，沒有人關心他們的死活。一路走來，許多人體力近乎透支，不少人倒下後，再也無法站起來，最終埋骨黃沙，魂歸異鄉。

在史書中，他們只是一串數字，連名字都沒有。即便他們也有自己的喜怒哀樂，最終都消失在黃沙深處。

換句話說，他們只是一群炮灰。

可是，透過泛黃的史書，分明可以看到這些炮灰背後，是一個個破碎的家庭，他們也是父母的兒子、妻子的丈夫、孩子的父親，他們的家人還在倚門等待，望穿秋水，盼望著兒子、丈夫、父親歸來。

可憐無定河邊骨，猶是春閨夢裡人！

當李廣利受封海西侯，踏上自己人生的巔峰時，他腳下踩的，正是這數萬將士的累累屍骨。

第九章

帝王心術

北方有佳人

李廣利能從民間賣唱藝人一躍成為遠征軍統帥，除了劉徹後期無人可用外，還有很重要的一點：裙帶關係。

具體來說，是他的妹妹李夫人。

李廣利的老家在河北正定，家中兄妹四人，即李廣利、李延年、李夫人、李季，四人皆能歌善舞，都是文藝工作者。在那個年代，這類人的社會地位都很低，為人所輕視，他們有一個專屬名詞：倡優。

兄妹四人中，李延年是最早出來混的。早年不知犯了什麼罪，受了宮刑，到皇宮當太監負責養狗去了。

可別小看狗監這個職務，俗話說「宰相門前七品官」，更何況是皇帝身邊的人。想當初，司馬相如就是在狗監楊得意的推薦下，才有機會受到劉徹的青睞。

李延年出生在一個音樂世家，在音樂上極有天賦，然而，終日混跡狗群，他的音樂又有誰願意傾聽？他不甘心自己的音樂夢就此破碎，於是努力巴結皇帝，只求在劉徹面前多曝光。

有一次，劉徹和大夥兒議事，感慨道：「民間祭祀尚且有專門的音樂，現在朝廷郊祀卻沒有樂章，太遺憾了。」

有人說：「古時祭祀天地都有樂章，這樣才能以禮祭祀神靈。」又有人說：「泰帝使素女彈五十弦瑟，音調悲切，泰帝禁止彈瑟但悲聲不斷，於是破開她的瑟，改五十弦為二十五弦。」

隨著李延年進入劉徹的視線，他充分發揮自己的優勢，為各種歌詞譜曲演唱。

我們都知道，劉徹生平最愛兩樣東西：江山與美人。他一生窮兵黷武，對於土地的渴望從不饜足，後宮裡自然也是美人如雲，卻還不能令他滿意。

這一天，劉徹舉行宴會，大夥兒推杯換盞，興致頗高。李延年唱了一首自己新寫的歌：

北方有佳人，

絕世而獨立，

一顧傾人城，

再顧傾人國。

寧不知傾城與傾國，

佳人難再得。

劉徹聽完，悵然若失，世間怎麼會有如此絕色女子，一切不過是幻想罷了。

一旁的平陽公主卻緩緩站起來說：「有！」

當下便推薦了一人，李延年的妹妹，李夫人。

李夫人挑眉淡掃如遠山，鳳眉明眸，顧盼流離間皆是勾魂攝魄，玲瓏膩鼻，膚若白雪，朱唇一點更似雪中一點紅梅孤傲妖冶，簡直活脫脫一個從畫中走出的人間仙子，何止是傾國傾城，簡直就是驚為天人。她輕歌曼舞一曲，就牢牢抓住了劉徹的心。

論出身，她比當年的衛子夫還要卑賤，衛子夫至少是公主府裡的婢女，可是她呢？她不過是出生於貧寒人家的歌姬罷了。

表面上看，這是一場美麗的邂逅，可是實際上，這是平陽公主精心策劃的結果。

當初，衛子夫入宮就是平陽公主一手策劃的，她入宮後，順利生下了皇子，榮升為皇后，衛氏一門五侯，一時風頭無兩。劉徹對她也是寵愛有加，將後宮一切事務交由她處理。

然而，隨著時間的流逝，衛子夫青春不再，曾經嬌嫩玉潤的臉上也留下了歲月的痕跡。兩個人在一起時，也是客客氣氣，顯得很生疏。

很顯然，她已經留不住劉徹的心了。

都說帝王心易變，在後宮中，如果一個女人不能拴住皇帝的心，結局多半是悲慘的。可是衛子夫不喜歡爭寵：「一切隨緣吧！」

劉徹與衛子夫的關係，都被姐姐平陽公主看在眼裡。眼看劉徹已經對衛子夫厭倦了，平陽公主決定搶先下手，幫助劉徹填補感情的空白。

很快，李延年的妹妹步入了她的視線。李夫人容顏絕色，和哥哥一樣擅長音律和舞蹈，輕而易舉地討得了劉徹的歡心，成為新一任寵妃。

快樂的時光總是短暫的，李夫人產下一子後，自此體弱多病，沒多久便臥床不起。

看著心愛的人病倒，劉徹也是心痛不已，可是他每次去探望，李夫人都用被子矇住頭，拒絕見面。無論劉徹怎樣苦苦哀求，她也絕不肯見面。

隔著被子，李夫人悲戚地說：「妾長久臥病，容貌已毀，不可再見陛下，只求陛下多多關照一下年幼的兒子和兄弟們。」

劉徹央求讓他看一看。只要能讓他見上一面，即可賞賜千金，還封她兄弟做官。

李夫人依舊堅持不肯見面，並表示：「是否授予官爵，都操於陛下之手，不在於與妾見面與否。」

劉徹依舊不死心，非要揭開被子，李夫人趕緊轉身向內，掩面而泣。

任憑劉徹再三請求，李夫人就是堅持不肯露面。她的執著，終於消磨掉了劉徹全部的耐心，劉徹怏怏不樂，拂袖而去。

前來探病的姐妹知道此事，問李夫人：「你想將兄弟和皇子託付給皇上，為什麼不當面跟他說呢？」

李夫人答：「你們哪裡懂得帝王之心？我之所以不想見皇上，正是想將兄弟的事託付給他。我出身寒微，皇上之所以喜歡我，無非因為我的容貌。大凡以色事人，色衰則愛弛，愛弛則恩絕。如今我已病入膏肓，若讓他見到我如此衰敗的容貌，必然心生嫌惡，避之不及，又怎會在我死後善待我的親人呢？

與其如此，還不如讓他永遠記得我最美的形象，這樣皇上才不會忘了我，我死後，也才會關照他們。」

短短一番話，李夫人就說出了帝王的心思。後宮從來都是鶯飛蝶舞、美女如雲，亂花漸欲迷人眼，皇帝多情本屬自然，見一個愛一個更是稀鬆平常。那句「以色事人者，色衰而愛弛」本是戰國時期呂不韋對華陽夫人說的話，千百年來被無數人引用，又被無數人證實。

世上多的是痴男怨女，像李夫人這樣，將皇帝看得透徹的，她的智慧絕對和平常人不一樣。她死後許多年還能讓劉徹念念不忘，除了她的容貌之外，更在於她做人極有分寸，不會因為皇帝的寵幸就忘乎所以。

李夫人去世後，劉徹日夜思念，無限傷感。坐在空蕩蕩的宮室之內，他滿腦子都是李夫人的影子，她的音容笑貌，彷彿就在眼前。

「魚沉雁杳天涯路，始信人間別離苦。這相思，永無止境！」

為此，劉徹還為她寫了一首〈落葉哀蟬曲〉：

羅袂兮無聲，玉墀兮塵生。

虛房冷而寂寞，落葉依於重扃。

望彼美之女兮，安得感余心之未寧？

夏蟬無聲，宮殿積滿塵埃。繁華的宮殿寂寥冷靜，落葉飄飄而下層層堆疊。曾經那個美好的你已然不在，讓我如何心安？

李夫人去世後，劉徹日夜思念，他讓畫師畫了一幅李夫人的畫像，掛在寢宮中日夜緬懷，以解相思之苦。或許是因為思念過甚，有一次，劉徹夢到了李夫人。夢中的李夫人帶著淺淺的笑意，一雙眼睛如星辰如明月，滴水櫻桃般的朱唇，完美無瑕的瓜子臉嬌羞含情，嫩滑的雪肌膚色奇美，身材輕盈，脫俗清雅，一如舊日的模樣。

劉徹瞬間淚目了，他想擁她入懷，卻撲了個空。

美夢終究是夢，一切都只是虛幻。

劉徹因思念深重，久久無法釋懷。齊地有個江湖方士叫李少翁，稱他有辦法讓皇帝再見到李夫人。

劉徹將信將疑：「此話當真？」

李少翁說：「人死不可復生，但是我有辦法可以招來魂魄一見，前提是只能遠望，不能接近。」

劉徹答應了。

這天夜幕降臨後，李少翁在李夫人住過的寢殿內點上蠟燭，拉上幔帳，請皇帝在帳帷外觀望。

寂靜的夜晚，燭光搖曳中，劉徹滿懷期望地等待，就在他等得快心焦時，一個窈窕的身影出現在幔帳上，那身姿、那動作，與李夫人一模一樣！

然而，還沒等劉徹看個仔細，那道倩麗的身影卻已經遠去了。

劉徹看著那個熟悉的身影，都有些看痴了：「是你嗎？我起身觀看，為什麼你姍姍來遲呢？」

李少翁說，自己是招來了李夫人的魂魄，但是我們都知道，這世上是沒有魂魄的。可能是李少翁讓人扮作李夫人樣子，又或是用皮影戲在紗幕上再現了她的形象，以緩解劉徹的相思之苦。

失魂落魄的劉徹還為此寫下了一篇悼文——〈悼李夫人賦〉。

這是文學史上的第一篇悼亡賦。

漢朝是辭賦鼎盛的時代，也是大咖輩出的時代，〈上林賦〉、〈子虛賦〉寫得天花亂墜，細讀之下卻是味同嚼蠟。唯有這篇〈悼李夫人賦〉寫得情真意切，讀來讓人潸然淚下。

一代帝王，能用情如此，也是難得。

白居易曾寫過一首〈李夫人〉：

漢武帝，初喪李夫人。
夫人病時不肯別，死後留得生前恩。
君恩不盡念未已，甘泉殿裡令寫真。
丹青畫出竟何益，不言不笑愁殺人。
又令方士合靈藥，玉釜煎鍊金爐焚。
九華帳深夜悄悄，反魂香降夫人魂。
夫人之魂在何許，香煙引到焚香處。
既來何苦不須臾，飄渺悠揚還滅去。
去何速兮來何遲，是耶非耶兩不知。
翠蛾彷彿平生貌，不似昭陽寢疾時。
魂之不來君心苦，魂之來兮君亦悲。
背燈隔帳不得語，安用暫來還見違。
傷心不獨漢武帝，自古及今皆若斯。
君不見穆王三日哭，重壁臺前傷盛姬。
又不見泰陵一掬淚，馬嵬坡下念貴妃。
縱令妍姿豔質化為土，此恨長在無銷期。

生亦惑，死亦惑，尤物惑人忘不得。

人非木石皆有情，不如不遇傾城色。

李夫人的死，在劉徹的心中留下了難以磨滅的痛。班固在《漢書》中寫道，為了彌補心愛的女人，劉徹大力提攜她的家人，她的兩個哥哥，李廣利被封為貳師將軍、海西侯，李延年被封為協律都尉，都得到了重用。

乍一看，李廣利、李延年之所以得到重用，是因為李夫人死了才得到的，但是事實並非如此。翻開史書，李廣利被任命為貳師將軍是在太初元年（西元前 104 年）八月之前，因為要帶兵攻打大宛；而李延年為協律都尉，也當是在李夫人被劉徹寵幸之時，都不是在李夫人死後。

班固為何要這樣寫？這與李夫人唯一的孫子劉賀有關。而劉賀，將在下一本書中登場。

很顯然，李廣利這個將軍當得有點窩囊，幾乎從來沒打過一次像樣的仗。但是，劉徹仍然認為他是最優秀的，因為他是李夫人的哥哥，是她臨終前的囑託！

這裡要說一下李夫人的兄弟李季。他仗著李夫人弟弟的身分，經常出入鶯聲燕語的後宮，結果和一個宮女擦出了火花，並使其懷孕。穢亂宮廷是一件大事，讓皇家蒙羞。劉徹震怒之下，將李氏一門滅族，唯有李廣利因西征，僥倖逃過一劫。

蘇武牧羊

天漢元年（西元前 100 年），一支百餘人規模的漢朝使團，正行進在塞外寒冷的草原上。

使團的領隊是一個大名鼎鼎的人物：蘇武。在他身後，是副中郎將張勝和常惠。他們此行的任務是向新繼位的匈奴且鞮侯單于賀喜，同時交換被扣押的人質。

這一年，蘇武已經四十歲了。然而，熟悉蘇武故事的人都知道，他的苦難一生才剛剛開始。

這些年來，漢朝和匈奴的關係時好時壞，自從漠北大戰後，匈奴那邊消停了好些年，但是這並不代表漢朝讓匈奴服輸了。這之後，烏維單于死，兒單于立，喜怒無常，肆意殺人，導致草原各部族不安。

即便如此，兒單于還是打贏了漢朝，也就是生擒趙破奴的那一仗。還沒等他高興多久，就一命嗚呼了，繼位的是他的叔父 —— 呴犁湖單于。

呴犁湖貪婪無度，上任後沒事就南下騷擾，漢匈邊境上的摩擦糾紛不斷。不料，新上任的呴犁湖單于命不好，不到一年就撒手歸西了。

隨後繼位的是兒單于的另一位叔父，且鞮侯。

與此同時，漢軍剛剛結束第二次西征，搞定了大宛，威震西域。劉徹此時豪情滿懷，他終於可以騰出手來，好好跟匈奴算帳了。

劉徹專門寫了一封信給單于：「想當年，高祖皇帝被你們冒頓單于困在白登山七天七夜，呂太后也被你們單于寫情書調戲，這件事朕可沒忘！」

單于一看，心想：「這是什麼意思？難不成也想找我報仇？匈奴這些年一直被漢朝壓著打，要是再來一次漠北之戰，那可就慘了。算了，還是忍忍吧！」

單于忍氣吞聲回了封信給劉徹：「您是爺，我是兒子還不行嗎？您就高抬貴手饒了我吧！」

不僅如此，單于還將以往扣留的路充國等人，全部釋放送回漢朝。

劉徹一看，高興死了，雙方硬碰硬了這麼多年，這還是匈奴人第一次向自己服輸呢！「既然匈奴這麼聽話，那就不打你屁股了，給顆糖吃吧！」

天漢元年（西元前100年）春，劉徹以蘇武為中郎將，攜帶厚禮，祝賀且鞮侯繼位，同時護送被扣留的匈奴使團成員回國。

這就回到了開頭那一幕。

蘇武使團歷經千辛萬苦，好不容易到了匈奴的地盤，但是單于對他們的態度卻與信中判若兩人。

就在蘇武到訪的同時，一場政變的陰謀正在醞釀。

匈奴緱王、漢降將虞常等人湊在一起，準備除掉漢奸衛律，然後帶著這份功勞回到漢朝將功贖罪。

那麼問題來了，衛律是誰？

此人原本是胡人，當過漢使，與漢朝協律校尉李延年混得很熟。靠著這層關係，衛律得到了一次到匈奴出差的機會，不料辛辛苦苦出了一趟差，剛回來就聽說李延年被滿門抄斬的消息。衛律反應很快，扭頭就朝匈奴跑，到匈奴謀了個差事，混口飯吃。

衛律做事也很賣力，經常出謀劃策對付漢朝。匈奴單于非常信任他，令他常在左右，封他為丁靈王，專門管理匈奴境內的漢朝降人。

虞常等人的計畫是這樣的：趁著單于外出打獵的當下，發動政變，殺掉大漢奸衛律，然後劫持單于的母親逃回漢朝。

方案確定了，但是總覺得還差點什麼，虞常等人決定拉漢朝使團一起。不過，他沒有去找團長蘇武，而是去找了副團長張勝。

張勝一聽：「鋤奸？這絕對是大功勞啊，一起去一起去。」然後也沒跟蘇武打聲招呼就答應了。

機會終於來了。

一個多月後，單于外出打獵，只有閼氏和單于的子弟在。虞常糾集了七十多人準備起事，不料造反團夥中有一個人臨陣退縮，偷偷跑去向對方揭發了虞常的陰謀。

聽聞有人要造反，這些匈奴貴族很激動，他們立刻抄起傢伙，跟虞常硬碰硬。由於事起倉促，包括緱王在內的七十餘人悉數戰死，唯獨虞常被生擒。

得知這個消息，張勝感覺天都快塌下來了，在匈奴人的地盤上造反，而且還被人家團滅了。虞常被捕，單于一定會嚴刑逼供，到時候自己參與叛亂的事肯定會被抖出來。

「怎麼辦？」

張勝只好找到蘇武，告訴他實情。

蘇武聽完，沉默了半晌，道：「事已至此，使團必遭殃及。我難逃一死，但是若死在匈奴刀下，不僅有辱外交使命，更有辱國體，不如現在死個痛快些。」

說完，蘇武拔出刀來，就要往脖子上抹。

一旁的張勝、常惠趕緊搶上去奪下了刀：「老大，你不能死，我們先看看情況再作決定。」

匈奴人並沒有讓使團等太久，在嚴刑拷打之下，虞常很快就供出了張勝這個同夥。

單于大怒，召集貴族商議，準備除掉漢使。

單于的手下說：「殺死他們有何意義？不如說服他們投降，這樣對我們更有利。」

傳喚的任務就交給了衛律。

一看是這個大漢奸審訊，蘇武知道這一次躲不過去了，他對常惠說：

「屈節辱命，即使活著，又有什麼面目歸漢！」

說完，蘇武拔刀自刺。

衛律大驚，他沒想到蘇武竟然如此剛烈！趕緊上前扶住蘇武，派人騎快馬找醫生。

匈奴的醫生用了一個辦法，先在地上挖一個坑，在坑中生火，把蘇武放在坑上，將淤血排出。蘇武昏死過去，過了大半天才醒過來，總算撿回了一條命。

單于聽聞了蘇武的事，為其氣概所折服，越是這種有血性的漢子，單于越是喜歡。

等蘇武傷勢好轉，匈奴人又來逼降，領頭的還是衛律。他當著蘇武的面殺了虞常，然後把刀架在張勝脖子上，道：「漢使張勝參與謀殺單于近臣，按律是死罪，但是我們單于仁慈，給你一條寬大政策，投降可免一死！」

張勝一聽這話，立刻就降了。

不過，招降這樣一個投機分子，沒有任何挑戰性，匈奴人的目標只有一個：蘇武！

衛律說：「副使張勝參與謀反，你作為正使，也要連坐！」

蘇武回答：「我沒有參與叛亂，又不是他的親屬，他犯罪，我為什麼要跟他連坐？」

衛律拔出劍，作勢要砍蘇武，蘇武泰然自若，連眼皮都沒眨一下。

衛律只好收起劍，換了一副面孔，道：「蘇兄啊，我以前逃離漢朝投奔匈奴，受到單于的重用，封我為丁靈王，擁眾數萬，馬畜滿山，也算是富貴了。蘇兄今日如果投降，明日也會跟我一樣。否則的話，你的身體腐爛在野草之上，又有誰能知道呢？」

蘇武一聲不吭。

衛律以為蘇武心動了，繼續勸降：「你要是順著我投降了，我還能和你做兄弟。今天不聽我的建議，以後就算想再見我，也沒這麼容易了。」

聽到這裡，蘇武火氣上來了，衝著衛律就開罵：「你為人臣子，不顧恩義，背叛君主和父母，投降蠻夷去做俘虜，我見你做什麼？」

衛律臉上一陣青一陣白。

蘇武繼續罵：「單于信任你，讓你來審理此案，你不秉公處理，反而將我們這些與案件無關的人員扣押威脅，企圖挑起漢匈兩國的戰爭，自己坐觀成敗。南越擅殺漢朝使者，結果自己被肢解為漢朝的九個郡；大宛截殺漢國使者，大宛王首級被掛在漢朝都城的北門；北韓擊殺漢朝使者，很快遭到滅國之災。現在只剩匈奴還未遭報復，你明知我不會投降，卻來逼迫我，不過是為了挑起兩國的戰爭。既然如此，匈奴的覆滅就從我開始吧！」

「你——」

衛律氣炸了：「一個俘虜還這麼囂張，別忘了這是匈奴的地盤！我收拾不了你，自會有人收拾你！」

單于聽說蘇武堅決不投降，心中不由得肅然起敬。紙老虎他見得多了，這樣的鐵血漢子還是第一次遇到。他很清楚，要從肉體上消滅一個人很容易，但是要想在精神上戰勝，無異於登天。

偏偏蘇武就是這樣一個打不倒的人。

即便如此，單于還是對蘇武產生了極大的興趣。

人就是這麼奇怪，蘇武越是不投降，單于越是想降服他。

為了擊垮蘇武的意志，單于將他囚禁在冰冷的地窖中，拒絕提供水和食物。

蘇武原本一心求死，匈奴人的威逼卻激發了他的鬥志。這個世界上，死亡是最容易的事，活著才是最難的。如果自己死了，只會被匈奴人視為怯弱與逃避，唯有活下去，才能繼續抗爭。

時值隆冬，塞北的草原大雪紛飛，寒冷徹骨。

冰冷的地窖內，他將滿口氈毛與草皮，就著雪一塊兒艱難嚥下，渾身的熱血卻沸騰著一個至死不渝的信念：

「活下去！一定要活下去！」

靠著這種信念，蘇武硬撐了好幾天，當單于再一次看到蘇武時，他知道，自己終究是輸了。

但是單于還不甘心，他將蘇武流放到貝加爾湖去放羊，一直到公羊能擠奶，再讓他回來。

朔風凜冽，他與冷月作伴，拒絕了匈奴人高官厚祿的引誘；胡笳幽怨，他與孤塚為伍，把那群枯瘦的羊群定格為一段不朽的歷史。

每次想到蘇武，我總會想起小時候常聽的一首歌：

蘇武留胡節不辱，雪地又冰天

苦忍十九年，渴飲雪，飢吞氈

牧羊北海邊，心存漢社稷，旄落猶未還

歷盡難中難，心如鐵石堅

夜坐塞上時有笳聲，入耳痛心酸

轉眼北風吹，雁群漢關飛，白髮娘

望兒歸，紅妝守空幃，三更同入夢

兩地誰夢誰？任海枯石爛，大節不稍虧

終教匈奴心驚膽碎，拱服漢德威。

春去秋來，北雁南飛，這一晃，就是十九年。

茫茫北海，無邊無垠，地凍冰寒，人跡罕至，當年的蘇武早已變成鬢髮斑白的老者，與瘦弱的羊群相伴。他揮動羊鞭，耳畔彷彿縈繞著故鄉的歌聲。他堅守了十九年，羊鞭換了又換，手中的那支旄節也脫落殆盡，那顆赤子之心卻未曾褪色！

「生是大漢人，死是大漢魂！」

蘇武被囚禁後，漢匈關係立刻跌入冰點，匈奴右賢王磨刀霍霍，準備跟漢朝開戰。

天漢二年（西元前 99 年），也就是蘇武被囚的第二年，劉徹再一次派出李廣利，率領三萬人馬從酒泉出發，進擊匈奴右賢王部。

漢軍雖然經歷了長途跋涉，可是依然鬥志高昂，在天山與右賢王部展開正面廝殺，匈奴軍隊不敵，損失了一萬多人。

首戰告捷，李廣利準備班師回朝。如果戰爭到此結束，那麼李廣利肯定會成為衛青、霍去病之後的名將。

然而故事沒有結束。

前線的戰場形勢很快就發生了變化。

得知右賢王吃了敗仗，單于緊急派了援軍支援右賢王，匈奴人急行軍，斜插到李廣利回師路線的前方，將漢軍包圍了。

匈奴人多勢眾，李廣利幾次突擊，都沒能突破匈奴人的防線，而漢軍的糧草也在逐漸耗盡。四周全是敵人，不斷有人向他報告傷亡數字，再這樣下去，遲早要全軍覆沒。

「必須要想辦法找到一條出路！」

就在李廣利的內心備受煎熬的時候，代理司馬趙充國站了出來，主動請纓：

「如果任由匈奴圍困，我等必死於此地！為今之計，只有強行突圍，才能有一線生機！我願帶領一支敢死隊，為大軍殺出一條血路！」

這裡要介紹一下趙充國。

他是隴西人，善於騎射，常年居於邊境，熟知少數民族的風俗習性，因此在軍中頗有名氣。

李廣利一看：「這才是真正的勇士啊！所有士兵任由你挑選，只要能突出重圍，我第一個為你請功！」

趙充國選了一百名死士，然後頭也不回地殺向匈奴人。

號角吹起，戰馬齊鳴。

羯鼓轟響，強弩上弦。

「殺！」

敢死隊狂飆突進，彎弓搭箭，火力全開，匈奴人還沒有從驚慌中回過神來，已經倒下了一大片。面對如潮水般湧來的匈奴人，趙充國沒有絲毫畏懼，他手中的長矛威勢十足，臉上、身上、手臂全都受了傷，可是他渾然忘掉疼痛，勇不可當。

趙充國率領敢死隊在匈奴軍陣中左衝右突，身披二十餘創，好不容易為主力部隊殺出了一條血路。李廣利帶著剩餘的士兵擴大缺口，跟隨趙充國逃出天山。

這一戰，漢軍先勝後敗，兩萬人戰死沙場，損失不可謂不重。趙充國一戰成名，成為漢軍的一面旗幟。

劉徹親自接見了趙充國，仔細察看趙充國的傷勢，觀者無不動容。劉徹十分感動，找來最好的大夫為其治療，並拜趙充國為中郎將。

將軍百戰身名裂

就在李廣利出酒泉征伐匈奴時，李陵也登上了歷史的大舞臺。

李陵是名將李廣之孫。李廣有三個兒子，分別是李當戶、李椒與李敢，李當戶死得早，所以李陵是遺腹子。軍人世家的環境，決定了李陵從小就喜歡打仗，他自幼善騎射，勇猛過人，頗有祖父李廣之風。

李陵曾率領八百騎兵過居延塞，深入匈奴境內兩千餘里，探查匈奴的軍事情報。這次任務完成得相當出色，劉徹隨後提拔他為騎都尉，帶著從荊楚之地招募的五千豪傑在酒泉、張掖一帶集訓，以防備匈奴。

李廣利在五月出擊右賢王部於天山，劉徹總是有點不放心，想讓李陵幫忙李廣利，負責大軍的輜重糧草。

不料李陵立功心切，並不甘心當個後勤運輸隊長，他主動找到劉徹說：「臣麾下將士，都是荊楚之地選拔上來的勇士，臣願帶領麾下士卒為一支偏師，兵出蘭於山，分散匈奴的兵力，以減輕貳師將軍的壓力。」

劉徹的臉上閃過一絲不快，說：「你是不願聽從李廣利將軍的管制吧？你想獨當一面，可惜軍中馬匹都已經分給別人了，沒有多餘的馬留給你。」

李陵說：「我不用騎兵，只要五千步卒，足以踏平單于王庭！」

這番話說得相當霸氣，劉徹也被李陵的豪情所感染，爽快地答應了他的請求。對於選人用人，劉徹一向是不拘一格，衛青和霍去病就是他發掘的兩個軍事天才。也許在他的心中，也隱隱期盼著李陵能夠創造奇蹟，證明自己沒有看錯人。

當然，為了保險起見，劉徹還是安排了強弩都尉路博德配合李陵作戰，在半路上接應李陵。

說起來，路博德也算是一員老將了，他是平定南越的功勳宿將，曾是響噹噹的伏波將軍，如今卻要聽命於一個後輩，不可能！

為此，路博德主動上書，坦陳自己的想法：「現在正是秋高馬壯的季節，匈奴人的馬匹多且壯，不宜在此時開戰。不如把李陵的兵團留駐居延，等到明年開春，我與李陵各率五千騎兵，兵分兩路，進擊浚稽山，到時必定可以將匈奴單于手到擒來。」

不料，劉徹看了這封上書，心想：「這是什麼意思？莫非是李陵現在反悔了，膽怯了，不想帶兵出塞，找你這老將來說情了？」

憤怒的劉徹當即下令，要求路博德立即率騎兵出塞，不再接應李陵；李陵於九月分率領五千步兵出遮虜障，至東浚稽山的龍勒水一帶，沿途搜尋匈奴騎兵，若不見匈奴，則到受降城進行休整。

涼秋九月，塞外草衰，李陵帶著五千步兵出發了。從一開始，李陵的部隊就注定是一支孤軍，沒有任何支援。

大軍一路北上，沒有看到匈奴人的影子，有的只是寂靜和荒涼。經過一番艱難行軍，部隊終於抵達了浚稽山，李陵命人繪製了沿途詳細的地形圖，讓部將陳步樂快馬馳回長安，獻給劉徹。

劉徹頗為滿意，陳步樂也為自己的上司李陵捧場，說他治軍有方，將士用命。劉徹聽後十分高興，封陳步樂為郎官。

雖然沿途沒有遇到任何匈奴人，李陵的神經卻是高度緊張。他很清楚，五千漢軍深入大漠，而且是一支步兵隊伍，進軍速度緩慢，匈奴人不可能沒有察覺。對方一定是在集結兵力，準備與自己大戰一場！

李陵的預感很準確，不多日，單于率三萬精騎晝夜奔馳，抵達浚稽山，將李陵圍困在兩座山之間。

單于早就打探清楚了一切：「區區五千人的步兵，怎麼經得住我騎兵部隊的碾壓？」

這一切，李陵早有準備，他鎮定自若，下令將輜重車圍成一圈，作為一個簡易工事，士兵一手持盾，一手持長戟，在戰車構築的大營前列陣，後排還有弓弩手拉滿弓，引而不發。

李陵下令，全體將士鼓響前進，鳴金止步。

匈奴一看漢軍數量少，又都是步兵，大膽發起了衝鋒。

看著匈奴人衝鋒的背影，單于的臉上露出一絲得意之色。騎兵的衝擊力遠遠大於步兵，只要匈奴騎兵一陣猛衝，肯定會衝垮漢軍的陣形。

李陵則是不慌不忙，沉著應對，待對手進入射程後，千弩齊發，匈奴人應聲而倒。

實戰證明，這種由車兵、步兵和弩兵組成的環形陣地令匈奴騎兵集團的衝鋒效果大打折扣。

匈奴人嚇了一跳，想不到漢軍的強弩如此之強，紛紛向山上的營寨撤退。漢軍果斷追擊，殺死數千敵兵。

漢軍初戰告捷，但是李陵很清楚，這只是匈奴人的一次試探，自己深入茫茫大漠，根本耗不起。為此，他立即下令大軍徐徐撤退。

單于不敢貿然發動進攻，立即徵調了匈奴左、右部騎兵，繼續緊咬不放，兵力一下子達到了八萬人。反觀李陵這邊，只有不到五千步兵了。

敵我相差懸殊，李陵只好且戰且退，最後退到了一處山谷之中。

匈奴人不斷發起進攻，雖然屢屢被漢軍擊退，但是漢軍的傷亡也越來越嚴重，沒辦法，只能硬撐著。

本著輕傷不下火線的原則，李陵下令：「受三處傷者可以坐在車上，受兩處傷者負責推車，受一處傷者繼續戰鬥。」

即便如此，漢軍的士氣還是很低落，戰鬥力衰減嚴重。

「怎麼回事？」

經過仔細摸查，李陵意外發現，軍中竟然藏了不少女人！

這些將士們大多是荊楚勇士，紀律性自然差一些，此次出征，他們將自己的相好偷偷藏在了車上，白天與匈奴人硬碰硬，晚上就和這些女人鬼混。

李陵大怒，將搜出來的女人全部斬首。

經過短暫的休整，漢軍第二天繼續開戰，殺傷匈奴三千餘人，然後向東南方向撤退，到了一處蘆葦叢中。

匈奴人發起狠來，在蘆葦叢中放了一把火，逼得漢軍不得不繼續向南部的山區撤退。

匈奴單于縱馬登至山頂，親自在高處指揮，派了自己的兒子死死咬住不放。

漢軍全部是步兵，在山地上沒有優勢，李陵果斷命令軍隊撤向樹林中，以強弓勁弩反擊，殺死匈奴士兵數千人。

這場叢林之戰，漢軍占盡了地形優勢，在反擊中，漢軍還看到了高處督戰的單于，李陵果斷調來連弩瞄準射擊，差一點要了單于的命。

這一仗打下來，漢軍還抓了一名俘虜，問匈奴那邊什麼情況。

俘虜告訴漢軍：「單于很焦慮，有一次還問大夥兒，這一定是漢朝的精兵，我們硬碰硬了這麼多天，還是沒占到任何便宜，反倒被對方引到了漢匈邊境，前面該不會有伏兵吧？」

大夥兒答：「單于親率數萬人，圍攻數千人的漢軍，要是這一仗都打不贏，以後還怎麼混下去？從這山谷再往前四五十里，就是平地了，那時如果還打不過，再說撤兵的事兒。」

很顯然，經過連續數日的激戰，匈奴那邊也已經是強弩之末，快要堅持不下去了。而漢軍，隨著傷亡人數越來越多，士氣越來越低，更嚴重的是，箭矢的庫存也開始告急！

這是一場意志力的較量。

就在匈奴人準備放棄的時候，轉機出現了。

李陵手下有個人，在軍中受委屈，索性投降了匈奴，他帶來了一條重要情報：「李陵孤軍深入，外無援兵，且箭矢即將用完，現在只有李陵與韓延年麾下各八百人，建制還算完整。只要單于再加把勁，用精銳騎兵猛攻李陵與韓延年，李陵兵團只能束手就擒了。」

「此話當真？」

「當真！」

單于立即速令騎兵繼續追擊。

此時的李陵兵團早已疲憊不堪，只能邊打邊退，輾轉到了一處山谷。匈奴人從山上往下射箭，矢如雨下，漢軍只能被動仰射還擊。這一仗打得異常激烈，就在這一天，漢軍所有的箭矢全部用盡！

此時的漢軍僅剩三千人，已經陷入了絕境！

三千步兵，面對數十倍於己的對手，沒有援軍，沒有武器，有的只是一腔孤勇和殺敵報國的決心。

他們只能孤軍奮戰。

李陵依然不肯認輸，他下令將輜重車丟棄，輕裝前行。沒了箭，士兵們便拆了車的輻條作為兵器，一路退向鞮汗山的峽谷。匈奴很快又追了上來，從山上將巨石推向峽谷，堵住了去路。

漢軍最後一線希望，像風中之燭一樣，滅了。

北方的夜晚異常寒冷，戰場上沒有硝煙，沒有吶喊，沒有刀戈相撞的鏗鏘，沒有進軍咚咚的鼓聲。

李陵愁腸百結，無法入眠，他獨自一人出了大營。身邊人想跟著去，李陵說：「你們不必跟隨，我一個人潛入匈奴營地生擒單于。」

沒有人知道李陵到底去了哪裡，面臨如此絕境，李陵一個人想獨自刺殺單于，顯然是鬼扯。

過了很久，李陵返回營中，長嘆一聲：「兵敗如此，唯求一死！」

部下趕緊勸他：「將軍威震匈奴，何必一心求死呢？想當年趙破奴將軍兵敗被俘，後來逃回漢朝，陛下仍以禮相待，更何況是將軍您呢？」

李陵搖搖頭說：「不必說了，我不死，非壯士也！」他下令斬盡旌旗，把值錢的東西埋入地下。

做完這一切，李陵扼腕嘆道：「如果再有幾十支箭，或許有機會突出重圍。可是現在我們沒有武器了，天一亮，必定成為匈奴人的俘虜，所以必須要連夜突圍。從現在起，大家各自逃命去吧，如果能僥倖殺出重圍，再回報朝廷。」

說罷，李陵愴然淚下。

李陵與韓延年率十餘名勇士，向南突圍。匈奴人發現後，出動了數千騎兵緊咬不放，韓延年和身邊的勇士全部力戰而死。

李陵被匈奴人團團圍住，走不了了。

「怎麼辦？要不要投降？」

李陵的內心陷入了天人交戰中。

一個聲音說：「李陵，你李家三代世受國恩，如今戰敗，你有何面目去見皇上？不如一死了之，還能贏得身後之名！」

另一個聲音說：「生命誠可貴，死有什麼用？不如留著有用之身，將來有機會再為漢朝盡忠！」

夜如墨，風如剪，星光黯淡，李陵正面臨人生中最重要的一次選擇。

生與死，只是一剎那之間的事，死很容易，活下去則需要更多的勇氣。他不能一死了之，他肩負著太多沉重的東西。

終於，他扔下了手中的長矛，長嘆一聲：「我無顏面去見皇上了。」

一滴英雄淚，飄落在涼涼的夜風中。

李陵兵團出征時有五千人，最後逃回來的僅有四百餘人。

這是一場大敗，前所未有的大敗！

李陵兵敗的地方，距離漢朝邊境僅有一百多里的距離。消息傳回長安，劉徹簡直不敢相信：「什麼情況？先是趙破奴全軍覆沒，然後是李廣利大敗而歸，接著又是李陵兵團全軍覆沒，這還是曾經所向無敵的漢軍嗎？」

劉徹還特意將李陵的母親和妻子接到宮中，一起等待最新消息。

時間一天天過去，就在劉徹等得心焦的時候，邊境傳來準確消息，校尉韓延年在突圍中戰死；而主帥李陵投降了。

劉徹憤怒了！

這是背叛，赤裸裸的背叛！

人的一生之中，難免會遭遇種種背叛。有些背叛，讓人覺得可笑；有些背叛，讓人覺得可恥；有些背叛，讓人覺得可憐；而有些背叛，卻讓人感到徹骨的寒冷。

李陵的背叛，不同於趙信、衛律的背叛，他們身上本就流淌著匈奴的血液，投降於同族人尚且可以理解，可是你李陵是什麼人？

「你李家從秦將李信開始，就是朝堂上的股肱之臣，你的祖父飛將軍李廣終其一生都在北方邊境與匈奴人硬碰硬，到你頭上，竟然能做出變節這種事？是可忍孰不可忍！

陳步樂，你當初在朕面前誇李陵如何帶兵有方，如今呢？」

陳步樂羞愧得無地自容，被迫自殺。

劉徹在朝堂上大發雷霆，所有朝廷官員齊聲討伐李陵。

這是一場醜陋的表演，在劉徹嚴厲的目光審視下，所有人都爭相往李陵身上造謠，一個個義正詞嚴、慷慨激昂，大叛徒之類的詞彙不絕於耳。

一片謾罵聲中，只有一個人靜靜地站在角落，冷眼旁觀著這一切，眉頭緊鎖，不發一言。

劉徹很快就發現了角落裡的這個人。「太史令司馬遷，你來說說吧！」

所有人的目光望向司馬遷。

司馬遷輕咳一聲，站出來為李陵說話：「李陵平素對親人孝敬，對士人誠信，為了國家能奮不顧身，有國士之風。現在李陵出了問題，那些平日裡貪生怕死，只知道保全自己身家性命的臣子，就跳出來大肆汙衊他，誇大他的罪行，太讓人痛心了！那些無能之輩，你們有什麼資格在這裡指責李陵，你們又為這個國家做了什麼？

李陵率領五千步兵，深入匈奴之地，對戰匈奴八萬騎兵，殺敵萬人，傷敵無數。匈奴以傾國之兵追擊，轉戰千里，直到李陵矢盡路窮，將士們仍然頑強苦鬥，拚死一搏，能讓士卒如此效死的將軍，即便是古代名將也未必可以做到如此。他雖然兵敗陷入敵營，但是其功績足以光耀千古。

他之所以沒有慷慨赴死，不過是想留下有用之身，尋找適當的機會，再次報效朝廷罷了。」

司馬遷的發言頗有道理，但是正在氣頭上的劉徹哪裡聽得進去？惱羞成怒的劉徹判處司馬遷死刑。

這是中華歷史上的一樁冤案。讀史之人讀到此處，無不扼腕嘆息。

劉徹雖然暴戾，卻不糊塗，李陵絕非貪生怕死之人。冷靜下來後，他開始反思自己，後悔沒有為李陵提供援兵：李陵出發時，自己本來要路博德率領騎兵前往接應，沒想到路博德這個老狐狸竟然使出奸詐手段，不肯出兵，這才導致李陵全軍覆沒。

為了消解心中的愧疚，劉徹派出使者慰問賞賜了李陵的殘部。

一年後，劉徹派公孫敖領兵出征，目標只有一個：解救李陵。

公孫敖晃了一圈，無功而返，卻把責任推到李陵身上，他告訴劉徹：自己抓到幾個匈奴俘虜，根據俘虜的供詞，李陵投降後，一直在幫單于練兵以對付漢軍，所以這次出征，一無所獲。

劉徹大怒，將李陵全家斬首示眾。

遠在匈奴的李陵聞訊，慘叫一聲，當場吐血暈死過去。

隴西李氏家破人亡，身敗名裂，李陵的最後一點退路，也被斷絕得乾乾淨淨。

幾年後，漢朝使者出使匈奴，李陵聲淚俱下：「我身為漢朝將軍，率步兵五千，橫行匈奴，只是因為沒有援軍，以至於落敗，我沒有做什麼對不起大漢的事，皇帝為何要誅殺我全家？」

看到李陵泣不成聲，使者亦為之動容，告訴他：「只因公孫敖將軍說你教授匈奴人防備漢軍的戰法。」

李陵大聲說道：「那是李緒，不是我！」

李緒原本是塞外都尉，後來戰敗投降匈奴，單于很看重他的能力，位置在李陵之上。

憤怒的李陵隨後刺殺了李緒。

真相，終於大白。但是那又如何呢？

李陵殺李緒後，匈奴大閼氏，也就是單于的母親極為震怒，放出話要殺李陵。單于愛惜李陵的才華，將他藏到北方，等大閼氏死才回來。後來，單于還將自己的女兒嫁給李陵，封他為右校王。

如果李陵當年戰死，他會成為一個千古流芳的英雄；又或者，全心全意歸附匈奴，做個名副其實的「漢奸」，倒也樂得自在。

但是他選擇了一條終日承受良心煎熬的不歸路。

投降匈奴九年後，李陵奉單于之命，率三萬匈奴精兵迎戰漢軍，作戰地點就是他當初兵敗投降的浚稽山。

此情此景，李陵感慨萬千。他對浚稽山再熟悉不過，而他的對手商丘成不過是一個御史大夫，並不擅長打仗。然而，就是這支驍勇善戰的匈奴騎兵，竟然沒能打贏漢軍疲憊之師，最終無功而返。

很奇怪對不對？

合理的解釋或許只有一個：李陵不想打。

漢昭帝即位後，輔政大臣霍光和上官桀以前都是李陵的好朋友，二人派了李陵的老朋友任立政出使匈奴，勸說李陵回歸漢朝。

單于設宴招待任立政等人，李陵和另一名降將衛律作陪。任立政有一肚子話想說，可是這種場合下又不便說，只能使眼色給李陵，手握刀環，又俯下身去摸自己的腳。意思是，是時候回來了。

李陵默然不應。

幾天後，李陵和衛律回請漢使，兩人皆身穿胡服，將頭髮結成胡人的模樣。酒過三巡，當著衛律的面，任立政仍無法直言，只好旁敲側擊：「漢朝已經實行大赦，當今皇上年富力強，霍光和上官桀兩位大臣輔佐朝政，正當顯貴。」

李陵沉默無言。

很久，他摸著自己的頭髮說：「我已經習慣穿胡服了。」

過了一會兒，趁著衛律上廁所的機會，任立政對李陵說：「少卿您受苦了！朝廷想請您歸漢，為漢匈和解作出貢獻啊。」

李陵答：「回去不難，但是，回去不也只是徒然再受一次侮辱嗎？還能如何？」

任立政還是不甘心，他問李陵：「你真的決定了嗎？」

李陵說：「大丈夫不能再受辱！」

一句話徹底斷絕了李陵回歸漢朝的可能。

當初李陵藏身漠北時，與好友蘇武近在咫尺，但是一直覺得無顏面見。過了很久，單于派李陵去看望蘇武，試圖勸降他。

李陵說：「單于聽說我與你交情一向深厚，所以派我來勸你。你蘇家很多人死於皇帝之手，包括你的哥哥、弟弟在內。我離開長安的時候，你的母親已經去世，你的妻子也已改嫁，家中只有兩個妹妹，兩個女兒和一個男孩，現在又過去了這麼長的時間，還不知道他們過得怎麼樣。人生不過像早晨的露水，及時行樂也就是了，你又何必自苦如此？

當初我剛剛投降時，也是痛苦萬分，幾乎要發狂，感覺自己對不起漢朝。我不想投降匈奴之心，恐怕不亞於子卿兄，加上老母、妻兒都被關押，我當時的心情也是壓抑得不行。皇帝老邁昏庸，朝令夕改，大臣無罪被夷滅全族的多達數十家（公孫敖、公孫賀、劉屈氂、李廣利、趙破奴等），連太子和皇后都不能倖免。你又何必為他守節？不如投降算了。」

蘇武搖了搖頭，說：「我蘇武父子沒有什麼功勞，能有今天，全賴皇上的信任與提拔，哪怕讓我為之去死，我也毫無怨言。臣子效忠君王，就像兒子效忠父親，兒子為父親而死，哪有什麼怨恨？你不要再說了。」

李陵又勸了蘇武好幾天，蘇武的態度還是很堅決：「我料定自己已經是個死人了，看在你我舊交的份上，我才和你一起吃飯敘舊，以後不要再說這種勸降的話。你如果一定要讓我投降，就請停下今日的歡宴，讓我死在你面前！」

李陵長嘆一聲：「仁義之士啊！我李陵與衛律的罪惡，這輩子怕是洗不清了。」

多年以後，蘇武歷經劫難，最終得以回國，李陵置酒相送，灑淚分別：「子卿兄，你此番歸國，揚名於匈奴，功顯於漢室，古代英雄人物也不超過子卿兄！李陵雖然駑怯，但倘若漢室寬宥陵的罪過，保全老母妻兒，陵願意忍辱含垢，奮起武士之心，效法齊魯曹柯之盟中的曹沫，劫持匈奴單于以歸漢室，這是李陵往昔的夙願。可是漢室竟然誅殺我家室，屠戮之慘狀，陵每思之，心中滴血，痛心疾首，我還有回頭路嗎？」

說罷，又立身起舞，唱道：

徑萬里兮度沙漠，

為君將兮奮匈奴！

路窮絕兮矢刃摧，

士眾滅兮名已頹！

老母已死，

雖欲報恩將安歸！

李陵的聲音漸漸顫抖，兩行渾濁的淚水無聲滑落。

他不是不想歸，實在無家可歸！

李陵的一生注定是個悲劇。

他的身上糾結了太多的命題：家和國，軍人和文人，背叛和守節。李陵投降匈奴，在後世引發了巨大的爭議，有人譴責，但是更多的人持同情的態度。

司馬遷不僅認為李陵有國士之風，而且認為他的才能「雖古之名將，不能過也」。班固也在《漢書》中用濃墨重彩描繪了李陵悲劇性兵敗的全過程，並以極其抒情的筆調刻劃了李陵欲報國而不得、留戀故土卻最終不能回歸的孤獨而又矛盾的情感。

同樣是被困匈奴，李陵就是蘇武的另一面，當曾經的凌雲抱負遭遇不自主的命運，一個被放逐，一個將自己放逐。有人說：蘇武不死，適見其忠；李陵不死，終成為叛。

元平元年（西元前 74 年），李陵在匈奴病死，終年六十一歲。這一年，距他降匈奴已經二十五年，劉徹駕崩已過十年，蘇武歸漢也已七年。

史公絕筆

好了，接下來我們隆重請出一位人物：司馬遷。

歷史長河中，總會有極少數的一種人，在自己的領域中，憑一己之力綻放出耀眼的光芒，照亮五千年歷史的夜空。有太多的上古塵封因他而重見天日，有太多的英雄豪傑在他筆下定調。

這個人，是中華歷史，是中華文化，是中華民族的巨大幸運。

他是太史公司馬遷。

我們先從他的履歷說起。

司馬遷的家鄉在陝西韓城，父親司馬談是朝廷的太史令。太史令掌管天文曆法、記事修史，負責管理國家的檔案文獻和各地的文書資料，可以自由出入皇家圖書館。

這種環境下，司馬遷從小就得以廣泛接觸古代典籍，受到了很好的史學薰陶。

每次跟兒子談起祖宗家事，司馬談一臉祖上闊過的自豪：

「我們司馬家族自周開始，一直是世代相傳的歷史學家和天文學家，將來是要大有作為的。否則，如何對得起祖先的這份獨特優勢？」

那麼，司馬談到底有什麼夢想呢？

兩個字：寫史！

他要整理中華民族數千年的歷史，要寫一部規模空前的史著！

如同今天的父母一樣，父親對司馬遷的學習要求相當嚴格，十歲時，司馬遷就已能通讀《尚書》、《左傳》、《國語》、《世本》等書。建元年間，父親到首都長安任太史令一職，司馬遷則留在老家，繼續過著耕讀放牧的生活。

稍稍年長之後，司馬遷離開故鄉，來到了父親的身邊。

在這裡，司馬談一邊親自教育兒子，一邊為他找來了頂尖的老師，一位是老博士伏生，一位是大儒孔安國。司馬遷受到了最好的教育，在當時最繁華的都城開闊了眼界。

當時的漢朝，正在走向屬於自己的巔峰時代，漢家男兒意氣風發，從降服宿敵匈奴，至平亂南蠻、西夷，再至征伐交趾，漢軍鐵騎無往不勝，建功立業，用鐵和血維護了自己的尊嚴。這一切，都深深影響著司馬遷。

司馬談立志後，開始大量蒐集閱讀史料，為修史做準備。不過，真做起來，他才發現這工作不是他一個人能完成的。

要橫跨上千年的歷史長河，串起之前數千年的歷史，需要蒐集閱讀大量的資料。那個時代的很多史料都是口傳心授代代流傳，文字都刻在竹簡上，資料儲存手段極其落後。不像現在，網路上搜尋一下，各類資料應有盡有，根本不需要你四處尋訪。

在兩千年前的漢朝，司馬談要想修這樣一部皇皇鉅著，放眼望去，四下裡一片漆黑。

自己就是那個時代的最高點了。

一想到這些困難，司馬談的內心深處便會生出一股絕望。不過，當他看到一旁讀書的兒子，心中又升起了一股希望。

看著司馬遷一天天長大，司馬談開始有意地將自己正在做的事業逐步交給兒子。他告訴司馬遷：「讀萬卷書，不如行萬里路，書本終究是局限的，沒有溫度的。世界那麼大，你應該走出去看看。」

二十二歲的司馬遷，帶著父親的教誨，就此踏上了行萬里路的征程。

離開長安後，他朝著東南方向抵達南陽，棄車乘船，順長江而下，足跡遍布江淮、齊魯和中原，還到了巴蜀及雲南。

在淮陰，他打聽韓信的故事，傳說韓信的母親逝世後，兒子為她選了個很高的墳地，旁邊可住萬戶人家，他實地一看，果然如是。

從江淮到浙江會稽，那是治水的大禹長眠之地，他聽說大禹住過的地方叫禹穴，歷經千辛萬苦，終於找到那裡。

在汨羅江畔，他看著滔滔江水，緬懷那個志行高潔、悲憤絕望的詩人屈原，又聯想到英年早逝的天才賈誼，不禁灑下兩行熱淚。

在箕山，他踏訪許由的墓，為這位品性高潔的隱士感慨萬千。

在沛縣，他聽曹翁講起漢高祖劉邦的故事，收穫頗豐。

在易水河畔，他獨自漫步，體會荊軻與燕太子丹分別時，耳邊的蕭蕭風聲。

在大梁，他尋訪鄉野之人，了解秦滅魏時水淹大梁的情形，又去參觀信陵君禮待侯生的城門，想像著這位禮賢下士的公子的模樣。

在魯國，他親自到孔子墓前祭拜，與儒生們一起談心，一起騎馬，一起射箭。

他不只是來看風景，發點思古之幽情就算了事，他要實地考察。為了一個細節，多方求證。

多少次，他一個人站在蒼涼的古戰場上，遙想過往的金戈鐵馬，思考歷史，打量人生。

在行走的過程中，那些名山大川和燕趙俊傑激盪著他的心胸，解放了他的性情。遊歷中的所見所聞，讓司馬遷形成了自己對事物的見解和判斷。

讀萬卷書，行萬里路，司馬遷用實際行動踐行了這句話。

在外遊歷七年後，他風塵僕僕地回到長安，到宮中做了郎中，從此成了皇帝身邊的一個小跟班。

當時的司馬遷意氣風發，很想有一番大作為。有一次，他被派往巴蜀地區，解決之前遺留的西南問題，並在第二年回朝向劉徹覆命。

與此同時，劉徹也在準備一件大事：封禪！

元封元年（西元前 110 年）春天，劉徹東巡渤海，返回的路上在泰山舉行封禪大典。可惜的是，作為參與制定封禪禮儀的司馬談卻因病未能繼續前行，錯過了這場盛會。

得知父親病重，司馬遷匆匆返回，趕到了父親的病榻旁。

彌留之際，父親牽著司馬遷的手，告誡他：

「我們司馬家的祖先在周朝就任太史之職，典天官之事，後來衰落了，這傳統可不能斷送在我這裡！如今天子接續大統，承先帝偉業，驅除匈奴，功蓋四海。泰山封禪，而我不得從行，這是命中注定啊！

人間孝道起於侍奉雙親，立於事君，終於立身，揚名於後世，光耀父母，此孝之大也。

天下稱頌周公，是說他能夠歌頌文王、武王的功德。幽王、厲王後，王道衰落，禮崩樂壞，孔子整理《詩》、《書》，著《春秋》，直到今天，大家仍以此為法則。

聖人五百年才出一個，周公死後五百年才出了孔子，孔子卒後至今也有五百年了，應運而生的人，捨你其誰？

你一定要出任太史令，完成我的願望啊！」

司馬遷說：「您放心，我雖然不夠聰明，但是一定完成您的願望！」

著史是司馬家的傳統，如今，這一棒交到了司馬遷的手上。

後面的事情便順理成章了，司馬遷接替父親擔任了太史令一職。在這裡，他可以隨時查閱皇家藏書和檔案，分析對比各類史料，準備《史記》的前期工作。

在此期間，他還參與了曆法改革，創立了有名的「太初曆」，把過去的十月為歲首改為以正月為歲首，以適應農時的需要。

與此同時，他終於提筆，寫下了《史記》的第一個字。

就在他的創作進行到第六個年頭時，意外不期來臨。

天漢二年（西元前 99 年），李陵戰敗，投降匈奴。

名將陣前降敵，讓劉徹很沒面子，大臣們開始對他口誅筆伐，罵李陵該死。

只有司馬遷是例外。

他認為：「李陵不是貪生怕死之輩，他之所以投降匈奴，一定是為了想辦法活下去，他一定還想將功贖罪來報答陛下。」

不料，司馬遷的一番慷慨陳詞，卻引得劉徹大怒，命他下獄判處死刑！

依漢朝法律，死刑並非只有死路一條，要麼交五十萬錢，要麼接受宮刑。

這是司馬遷人生中最大的一道關卡。

五十萬錢，對於司馬遷這樣一個小官，是絕對湊不出來的，親戚朋友們既沒有幫他出錢的，也沒有幫他求情的。

面對這種情況，絕大多數人都會選擇去死，很少有人會苟且偷生，變成太監。原因也很簡單，辱及祖先，無顏面對世人。

生與死，這是個兩難的問題。

如何抉擇？

這一年，司馬遷已經四十七歲了，他不怕死。

但是——

孔子說過一句話：「君子疾沒世而名不稱焉！」

他沒有忘記父親對他的囑託，《史記》還沒寫完，他要親自完成這部縱橫三千年的皇皇鉅著！

那些偉大的作品，都是作者在痛苦與糾葛中寫就的。蓋西伯拘而演《周易》；仲尼厄而作《春秋》；屈原放逐，乃賦〈離騷〉；左丘失明，厥有《國語》；孫子臏腳，《兵法》修列；不韋遷蜀，世傳《呂覽》；韓非囚秦，〈說難〉、〈孤憤〉；《詩》三百篇，大抵聖賢發憤之所為作也。

他喜歡項羽的決然與壯烈，也欣賞勾踐的隱忍與堅韌。用他自己的話說：「人固有一死，或重於泰山，或輕於鴻毛。這之間的區別在於，看你做了什麼。現在要是死了，根本不會有人注意到自己，與螻蟻有什麼區別？」

「活下去！為了未竟的事業，一定要活下去！」

無數個不眠之夜，司馬遷在黑暗的監牢中，生生熬過那刺穿身體的痛，體會著難以忍受的痛苦和折磨。

三年後，劉徹大赦天下，司馬遷出獄了。

陪伴司馬遷一起跨出監獄的，除了滿身傷痕，還有他在獄中寫的一摞摞竹簡。那本史書，已經完成了大半。

雖然重新獲得了自由，司馬遷此後的人生卻始終活在汙垢和恥辱中。用他自己的話說就是：「腸子在肚中一天多次迴轉，在家裡恍恍惚惚，好像有什麼東西丟了一樣，出門不知道往哪兒走。每當想到這件恥辱的事，冷汗就從脊背上冒出來，沾溼衣襟。」

或許是心中過意不去，劉徹替出獄後的司馬遷升了官，任中書令。

在普通人看來，這是一個令人豔羨的職位，一旦當上了中書令，不僅可以掌管機要文書，還可以成為皇帝身邊的親近侍從。

然而，司馬遷卻不這麼看，他始終懷著一種刻骨銘心的恥辱感，把中書令一職看作是「閨閣之臣」。自己表面上是皇帝近臣，實則近於太監，為士大夫所輕賤。所以，他不但絲毫不以此為榮，反以為是莫大的羞辱。

因此，任職以後，除了應付必要的公務外，他杜絕了一切社交活動，集中心思和精力寫作《史記》。每一個孤獨的夜晚，伴著一盞油燈，那些或孤寂或偉大的心靈，穿越千年的時光，與他心靈相通。

征和二年（西元前 91 年），經過十多年的艱苦努力，司馬遷終於完成了他的不朽鉅著 ——《史記》。

全書共一百三十篇，五十二萬六千五百餘字，分為十二本紀、八書、十表、三十世家、七十列傳。在這部書中，司馬遷寫了從黃帝到漢武帝三千年間的歷史，不僅寫帝王將相，還寫了游俠、商人、醫生、倡優、農民起義領袖等下層人物，被魯迅譽為「史家之絕唱，無韻之離騷」，列為前「四史」之首，與《資治通鑑》並稱為「史學雙璧」。

下面談談我的理解。

《史記》是二十四史之首，但凡看過書就會發現，這部書與其他史書有著顯著的區別。

什麼區別呢？

首先，《史記》是一部真正寫人的書，筆下的人物是有血有肉、生動豐滿的。上自帝王將相，下至三教九流、市井小民，通通都可以是主角。換句話說，司馬遷真正做到了「不為帝王唱讚歌，只為蒼生說人話」。

其次，司馬遷在《史記》中傾注了大量的主觀情感。

以往史家寫史，如同驗屍官檢查解剖屍體，只是冷靜地作出分析，寫出屍檢報告即可。可是司馬遷不一樣，他懷著滿腔的情緒，撫屍痛哭，為歷史招魂！

他筆下的文字，和貝多芬（Ludwig van Beethoven）指下黑白分明的琴鍵異曲同音，那情感、那氣勢、那力量，像奔湧的潮水，直抵肺腑。

寫完《史記》，司馬遷終於可以放下一切顧慮，再也不用委曲求全地活著了。

在此之前，朋友任安一直寫信給他，希望他能幫忙推薦自己，可是司馬遷遲遲沒有回信。直到任安被打入死牢，他才寫了一封〈報任安書〉。

在這封信中，司馬遷激憤地講述了自己遭受宮刑的前因後果，並強調，相比歷史上的那些「死節」之士，他之所以選擇含垢忍辱地活著，是因為那部偉大的《史記》尚未完成，即使一時被人誤解，他也在所不惜。

而如今，他終於可以傾吐內心鬱積已久的痛苦與憤懣，大膽揭露朝臣的自私，以及劉徹的刻薄寡恩。

有人或許會問，回信給一個死刑犯，內容還這麼大膽而直白，難道就不怕被劉徹看到嗎？

他知道，可是他還是這麼做了，唯一的解釋是，他不怕被劉徹看到。或者說，這封信其實是寫給劉徹的！

他要控訴劉徹！「你可以迫害我的肉體，但是我的精神依然高貴！我以一人之力，究天人之際，通古今之變，成一家之言，完成了這部史書，我無憾了。而你，劉徹，你雖然貴為皇帝，功越百王，但是你也不過一介凡人。總有一日，你劉徹也將在九泉之下，淪為螻蟻之糧，終與塵壤合體。肉體可消，唯文不朽！」

寫完《報任安書》，司馬遷在歷史中消失了。

一個偉大的著史者，他為那麼多人寫下了完整的一生，而他自己，則隱在歷史深處，我們甚至都不知道他是哪一年去世的。

不過，好在還有《史記》。

他知道自己的這部書犯了諸多天家忌諱，為了流傳下去，他另謄抄了一份副本，留在首都長安，等待呈送給劉徹審查。原稿則被祕密送往女兒司馬英的婆家 —— 華山腳下的楊家珍藏。

事情果然不出司馬遷的預料。進呈給皇帝的副本後來不知所終，司馬遷至死都沒有等到《史記》流傳天下的那一天。

司馬英的丈夫叫楊敞，生了兩個兒子，一個叫楊忠，一個叫楊惲。漢宣帝時，楊惲因告發權臣霍光後人謀反有功，受封平通侯，位列九卿。

楊惲在才學上非常像外祖父司馬遷，他才情很高，精通歷史。同時，他也是最早看到《史記》手稿的人，從小時候起，他就看過母親悉心儲存的《史記》，對外公欽敬有加。在得到皇帝的信任後，楊惲藉機呈上了外祖父的《史記》，希望它能重見天日。

而此時，距離司馬遷離世已有二十餘年，漢宣帝並沒有因為曾祖父漢武帝曾反感此書而否認該書的價值，他只是刪除了其中幾篇文章，隨後傳抄公示天下。於是，這部塵封了幾十年的皇皇鉅著才得以重見天日，當世之人及今之人，才有幸見到《史記》的本來面目。

想必，司馬遷如果泉下有知，看到自己一輩子的心血代代流傳，當無憾矣！

第十章

荒唐晚年

向道求仙

人類有三大夢想：飛翔、長生不老、預知未來。

作為皇帝的劉徹，在登上權力的最高處後，也有自己難以言說的遺憾。這個遺憾，是古今帝王共同的遺憾，那便是：長生不老。

隨著歲月的流逝，劉徹明顯感覺到自己的精力已經大不如前，時光染白了頭髮，留下了幾道深深的皺紋，他的生命和凡人一樣脆弱。回顧一生，他內強皇權，外服四夷，完全有資格睥睨古今、顧盼自雄。

然而，將空前的偉績、不世的功勳，建立在生命的脆弱基礎之上，豈非是一種悲哀？如果自己能夠長生不死，那該有多美妙！

古人云：「死生亦大矣，豈不痛哉！」

在這之前，齊威王、齊宣王、燕昭王也有過求仙訪藥的經歷，而且都以失敗告終。劉徹卻不以為意，這三人不過是一方諸侯而已，豈能和自己相比？

想當初，秦始皇也曾狂熱地迷上了長生不老，四處籠絡招攬術士，開出高薪資助他們為自己去尋訪仙人和不死神藥，可惜卻被身邊的一群術士糊弄了。始皇大怒，殺死四百六十餘名術士。始皇帝直到死前也沒能如願。

可是劉徹偏偏不信邪。

秦始皇橫掃六國、一統天下，功業無可比擬，可是秦帝國的暴政也是被所有人痛恨的，他一手創立的帝國二世而亡，成為後世的反面典型。

嬴政做不到的，不代表他劉徹也做不到。

而要尋找不死神藥，只能寄希望於那些方士。

方士們自然高興，在這世上，哪裡還能找到比劉徹更有錢的贊助人？劉徹也同樣高興，將成仙之事拜託給這些專業人士，只有兩個字：放心。

方士的歷史源遠流長，他們自稱能訪仙煉丹以求長生不老，服務的對象也很固定，那就是皇帝。但是同時，方士又是一個風險極高的職業，因為不死神藥本就是虛妄的，所謂仙丹，除了少數是滋補藥外，大部分都是重金屬混合物。這就使得他們只能不斷用謊言來編織一個個虛幻的夢想，而一旦被戳穿，等待他們的只有死亡。

早在漢文帝時期，就有個叫新垣平的方士站出來，說他發現了一隻天降玉杯，獻給皇帝，杯上刻有「人主延壽」四個字。文帝非常高興，隨即改元，以示慶賀。但是沒多久，朝廷就查出這隻玉杯是新垣平私下刻的假貨，根本不是什麼祥瑞。

文帝大怒，夷新垣平三族。

劉徹與方士第一次接觸，那還是在他二十三歲的時候。

那年冬天，劉徹來到雍城的五峙原祭祀上天。也許是命運的安排，少年天子遇到了他求仙道路上的第一個人 —— 李少君。

李少君絕對是個神祕人物，沒有人知道他是哪裡人，也沒有人知道他的經歷。他自稱七十歲，號稱自己從先秦時期著名的方士安期生那裡得到了長生不老藥的祕方，但是苦於沒有錢購買那些昂貴的原料，所以四處遊歷，尋找贊助商。

李少君無妻無子，因為很會吹牛，諸侯爭著送錢給他。在那個沒有網路的年代，你講得越玄，人們就對你越敬仰。普通人不知內情，還以為他真是神仙，於是更加崇拜，爭先恐後地侍奉他。

李少君糊弄的終極目標，就是皇帝劉徹。

他向劉徹表示，自己有一項神奇的技能，可以從丹砂中煉出金丹，吃了金丹就能成仙。自己還曾在海上漫遊，見到了秦始皇時代的仙人安期生，他給過自己一顆棗吃，那棗像瓜一樣大。安期生是仙人，來往於蓬萊島的山中，跟他投緣的，他就出來相見，不投緣的就不見。

劉徹對此深信不疑，賞了他不少好東西。

有一次，李少君參加當時的國舅田蚡的酒宴。在賓客相談甚歡的時候，李少君卻獨獨盯著一位白鬍子老頭，問了他的姓名，然後說：「我認識你，我曾跟你的祖父一起吃過飯，那時你還小。」

此話一出，舉座皆驚，大夥兒紛紛轉過腦袋看向老頭，沒想到老頭搔著光禿禿的腦門兒想半天，說：「我幼年時確實跟祖父在南山打過獵，還一起吃過飯。」

經此一事，李少君神人的名頭就徹底傳開了。

還有一次，李少君覲見劉徹，劉徹給他看一個銅器，李少君說：「這個銅器是齊桓公十年陳列在柏寢臺的。」

劉徹讓人尋找銅器的銘文，果然是齊桓公時代的。在場的人全部驚呆了，以為李少君確實是活了幾百歲的老神仙。

就這樣，李少君成了劉徹身邊的首席顧問，專門負責為皇帝尋找不死神藥。

雖然是方外之人，但是李少君還是不忘時時提醒劉徹：「陛下如果不能除掉驕奢淫逸的惡習，仍然貪圖美女，縱慾無度，到處征戰討伐，喜怒無常，使冤魂流落在荒野，讓城市裡常有殺頭的重刑，那就絕不能煉成仙丹，修成大道。」

某天夜裡，劉徹夢見自己和李少君一起登上了河南的嵩山，半路上有個神仙騎著龍從雲中降下來，說太乙真人請李少君前去赴約。從睡夢中驚醒後，劉徹立刻命人去探視李少君，還對身邊的人說：「我昨夜夢見李少君離我而去了。」沒過一會兒，派去的人回報說李少君死了。

劉徹不相信：「李少君怎麼會死呢？他一定是登了仙界了。」

李少君全身而退，但不是所有的方士都有他這份智慧。譬如，李少翁就屬於搞砸的典型代表。

自從為李夫人招魂成功後，劉徹就封了個文成將軍給李少翁，還給了很多的賞賜，然後提出了進一步的要求：「朕不但想見鬼，還想見神仙！」

李少翁聽後，一下子就頭大了，只好支吾著說：「見神仙也不是不可以，陛下要有耐心！」

劉徹很有耐心地等，一晃半年多過去了，結果連神仙的影子都沒看到。劉徹很著急，就去問李少翁。李少翁安慰劉徹說：「神仙畢竟不同於一般的亡靈，沒有那麼容易就顯真身。如果要請他們下來，就要選擇吉時吉地作法，方有成功的可能。依我看，甘泉那地方不錯，人傑地靈，神仙是有可能駕臨的。可以在那裡建一座宮殿，放上祭品祭具，以備召喚之用。」

劉徹言聽計從，耗巨資建造甘泉宮，專門讓李少翁在此作法。

甘泉宮建成了，可是神仙還是沒有現身。

劉徹坐不住了，又去問李少翁。

李少翁自然也知道情況不妙，為了盡快證明自己，他不得不想了一個很俗套的方法。

這一天，李少翁指著一頭牛說：「這頭牛的肚子裡有奇書。」

劉徹不信，命人把牛宰了，果然從肚子裡找到一副帛書，只是帛書上寫的內容怪誕晦澀，沒人看得懂。

「牛的肚子裡怎麼會有帛書？」劉徹百思不得其解。

趁著劉徹愣神的當下，李少翁趕緊賣力糊弄：「恭喜陛下，賀喜陛下，這是神仙回信啦！」

劉徹倒是保持著難得的冷靜，他越看帛書上的字，越像是李少翁的筆跡，不由得猛然醒悟，隨即就變了臉色：「朕那麼信任你，想不到你竟然拿這種小兒科的把戲來騙朕！朕雖然沒見過天書，但是好歹也認識你的字，你這是在侮辱朕的智商嗎？」

憤怒的劉徹立即讓人把李少翁拖出去砍了，對外則宣稱誤食馬肝被毒死了。

李少翁事件後，劉徹暫時遠離了這類方士。

然而，對仙人和不死神藥的渴望，讓劉徹無法斷絕念想。如果真的沒有神仙，如果真的沒有不死神藥……劉徹幾乎不敢再往下想。

沒過多久，一個叫欒大的方士進入了劉徹的視線。

欒大自稱是李少翁的同門師兄，是個標準美男子，而且彬彬有禮。劉徹問他有什麼專長，欒大一開口就誇誇其談，天上地下胡謅，唬得劉徹一愣一愣的。

欒大說：「我曾出海遨遊，和安期生、羨門等著名仙人相見。這些仙人身分是何等高貴，認為我身分低微，我說什麼他們都嗤之以鼻，根本不相信我。我曾為膠東王劉寄求藥方，他們覺得劉寄只不過一個小小的諸侯，有什麼資格讓他成仙？堅決不給。我老師指點我說：『黃金可成，而河決可塞，不死之藥可得，仙人可致也。』只是現在風聲不好，自從文成將軍死後，大家都怕步他的後塵，所以越發不敢把仙方拿出來了。」

劉徹有點尷尬。「文成將軍是吃馬肝死的，你不要聽信外面那些謠言。這樣吧，你會什麼法術，露一手給大夥兒看吧！」

對於劉徹的懷疑，欒大早有準備，他事先將雞血、鐵屑和磁石摻在了一起，搗碎後塗抹在棋子上面。到了表演的時候，他將棋子放在棋盤上，嘴裡面唸唸有詞，棋子因為受磁力的作用，自相撞擊，看得人眼花撩亂。

劉徹很震驚：「這欒大果然有特異功能，法力無邊啊！」

激動的劉徹先是將欒大封為五利將軍，後來覺得不夠氣派，又加封為地士將軍、天士將軍、大通將軍。

不僅如此，劉徹還封欒大為樂通侯，把孀居的長公主嫁給他，恩寵之盛，無人能及。

一個混江湖的神漢，搖身一變成了駙馬，這對社會上的其他方士是很大的刺激。「大家都沒真本事，靠糊弄混口飯吃，憑什麼他能一夜暴富，我就不行呢？」

於是，在方士的小圈子內，傳遞著這樣的消息：「此處皇帝人傻錢多，速來。」一時間，到處的方士雲集長安城。劉徹倒也是多多益善，來者不拒，只要方士提出一個主意，馬上就能得到一筆龐大的經費。

那年頭，你要是不會點魔術，或者說自己沒見過神仙，出門都不好意思跟別人打招呼。哪怕劉徹後期也已經覺得方士很煩了，但還是止不住這個趨勢。

此時的欒大已然迎娶富家女子，走上了人生巔峰。可是他也很清楚，劉徹給他這麼高的待遇，是希望他能為自己尋訪到仙人，找到長生不死神藥。

可是問題在於，什麼仙人、金丹，本來都是欒大逞一時口舌而吹的牛皮，他是全然沒能力實現的。皇帝越執迷不悟，欒大的壓力則越大。如果一旦劉徹意識到自己被騙，他將展開怎樣的報復？要知道，劉徹可不是一般的笨蛋皇帝，他是絕不會吃悶虧的。

為了維繫皇帝對他的信任，他只能把這個謊言繼續編下去，一旦哪天編不下去了，自己離死也就不遠了。

眼看劉徹三不五時要他出海去請神仙，欒大急得抓耳撓腮，折磨了半年多，才整頓行裝，到東海找師父去了。

結果可想而知。欒大到渤海邊繞了一圈，轉而去泰山蹓躂，一路上大把地花五銖錢，反正都是公款。回來以後，他寫了一份報告給劉徹，聲稱自己見到仙人了，仙人有很多仙方，還是不願意拿出來。

他沒想到的是，劉徹早就在他身邊安插了內線，一路跟隨著欒大，所以他的所作所為，劉徹是一清二楚的。欒大壓根沒見到什麼仙人，所謂的仙方只是欒大信口胡說而已。

謊言被揭穿，劉徹氣得暴跳如雷：「事到如今，你還想繼續欺騙朕？當下就把欒大拖出去砍了。」

劉徹連續被騙兩次，但是他依然沒有從求仙問神的迷夢中清醒過來，他對神仙之說的痴迷，已經到了瘋狂的程度。他還說，如果能成仙，自己的老婆孩子都可以不要。

很快，第三個不怕死的方士登場了。

有個巫師在汾陰主持祭祀時，挖出了一隻鼎，大夥兒都說是土地爺顯靈。地方官一看：「好寶貝啊！」把這隻鼎當作祥瑞呈獻給了劉徹。

劉徹大概是上當太多次了，第一反應是懷疑，他派人把巫師抓起來嚴刑拷打，問：「是不是假的？」巫師打死不承認。

劉徹於是把鼎迎入甘泉宮，像祖宗一樣供了起來。

「萬一這鼎是真貨呢？」

有個叫公孫卿的得知消息後，動了念頭，他胡編亂湊了一本書，說是仙人申公給他的。書裡的內容荒誕不經，卻偏偏很合劉徹的胃口。

為了迎合劉徹求仙的心思，他寫了一封信給皇帝：「陛下得到寶鼎和黃帝得到寶鼎都是在冬至那一天。這絕不可能是偶然，而是上天的造化。

既然黃帝成了仙，那麼陛下也應該趁此機會，趕快去封禪，進而通神，然後就能成仙登天了。」

劉徹大喜，封公孫卿為郎中，讓他準備封禪求仙之事。

這年冬天，公孫卿聲稱自己在河南發現了仙人的蹤跡，還有個像山雞一樣的神物，往來於城上。劉徹很激動，興沖沖地趕過去，卻是一場空歡喜。

失望之餘，劉徹決定拿公孫卿出口氣，不料公孫卿不慌不忙地回答：「陛下，仙人不來太正常了，畢竟是陛下有求於仙人，而並非仙人有求於陛下。所以，我們得有耐心，放寬心，誠心禱告，神仙才會露面。」

劉徹聽完，貌似有幾分道理。

好吧，誰讓自己有求於神仙呢？劉徹只得下令各郡縣諸侯修繕宮觀，各地名山大川祭神的所在都要修葺一新，等待仙人的駕臨。

與此同時，劉徹封禪泰山的準備工作也在進行中。由於古代典籍被項羽一把火燒了，早已散失殆盡，有關封禪的儀式誰也說不清楚，聚集起來的儒生各說一套，莫衷一是，弄得劉徹非常生氣。

他下令罷黜了所有籌備封禪的儒生。

沒過多久，劉徹跑到緱氏城，準備了祭神之禮，帶著隨從官員上山。不少官員說，他們彷彿聽到山頂有喊「萬歲」的聲音。等劉徹一行人下山後，問皇帝，皇帝不言，問隨從登山者，也不言，事情恍惚難辨。皇帝和隨從越不說，事情就顯得越發神祕。

公孫卿還編了個故事給劉徹：「甘泉宮原本是黃帝祭祀神靈的地方，神仙沒事就來這裡跟黃帝聊聊天、喝喝茶、擺擺龍門陣。後來採銅鑄鼎，鼎鑄成後，上天派了一條龍來迎接黃帝。黃帝乘巨龍上了天，順便還帶走了後宮及大臣七十多人。其他人也想上天，就拽住龍的鬍鬚不撒手，結果龍鬚扯斷好幾根，還掉下一些官員，摔得鼻青臉腫。」

這種故事荒誕不經，可抵不上劉徹喜歡聽。

這之後，劉徹外出巡遊，路過上郡的橋山，看到黃帝的墳墓，不由得疑慮又起：「黃帝不是當神仙去了嗎，此地怎麼會有他的墳呢？」

這對公孫卿來說就是在考「腦筋急轉彎」，他答道：「黃帝騎神龍登天成仙後，群臣十分想念他，便把黃帝的衣帽埋在這裡，這只是黃帝的衣冠塚而已。」

「好吧，貌似也能說得通。雁過留聲，人過留名。將來朕昇天成仙後，群臣們恐怕也要把朕的衣冠埋在茂陵了。」

見不到神仙，劉徹只好自己出門去找。

有一次，劉徹到了山東，當地人紛紛表示自己見過神仙，或者身懷奇異方士，可惜沒一個經得起驗證的。劉徹於是招募了龐大的求仙隊伍，派出數千人乘船出海尋找蓬萊仙人，可惜最終還是一無所獲。

滅了南越後，有人告訴劉徹：「越人有信鬼的習俗，他們祭祀時都能見到鬼。從前東甌王敬鬼，活了一百六十歲，後世子孫怠慢了鬼，所以就衰微下來。」

「有這種事？」劉徹大為振奮，命越地的巫師建立越祠，祭祀天神百鬼。

這之後，公孫卿又提出了新的結論：「仙人不難見到，陛下每次求仙的時候總是太倉促，所以見不到。仙人喜歡住樓閣，陛下不如修建一座臺閣，擺上祭品，這樣才會吸引仙人。」

此時的劉徹已經走火入魔了，他來不及問究竟，便在長安、甘泉一帶大造高樓，等待仙人的降臨。

在大興土木的同時，劉徹又三次親赴萬里之外的東海邊求仙，但是都毫無結果。

作為帝王，他自信已經極盡謙卑，足以令天上的神靈滿意。

然而，神靈始終未曾降臨。

「難道，這世上真的沒有不死神藥？難道，以我的帝王之尊，也只能向死神卑躬屈膝？」

巫蠱之亂

都說上有所好，下必甚焉。劉徹求仙歷經數十年，且對方士大肆封賞，導致朝野風氣大變，時人莫不以談仙論道為加官晉爵之路。

更有甚者，京中、宮中方士術士雲集，魚龍混雜，拉幫結派，弄得烏煙瘴氣，最終誘發了「巫蠱之亂」。

我們先從公孫敖說起。

前面說過，公孫敖的發跡，離不開衛青的提拔。當初陳阿嬌的母親館陶公主對衛子夫懷恨在心，綁架了衛青。好友公孫敖得知消息後，第一時間帶著弟兄們去營救衛青。

此後，衛青帶著他幾次出擊匈奴，公孫敖因戰功受封合騎侯，食邑一千五百戶。

有一次，公孫敖與貳師將軍李廣利出征匈奴，可惜運氣不好，與匈奴左賢王交戰失利，兵員戰損過多，回來後被判了個死罪。

為了活命，公孫敖詐稱自己已死，逃亡到民間數年，可惜法網恢恢，疏而不漏，最終還是被捕。

這下好了，好好吃牢飯吧，可是他的夫人卻惹了事。那年頭，巫蠱事件三不五時就發生，民間很盛行這種迷信。公孫敖的妻子也信這個，結果被抓了，公孫敖受到妻子的牽連，腰斬而死，全家被滅。

時間永不停歇，挾持著所有的人和事，滾滾奔流，轉眼到了征和元年(西元前 92 年)。

這一年，劉徹六十四歲，太子劉據三十六歲，幼子劉弗陵兩歲。這一年，注定是無法平靜的一年；這一年，注定是雲譎波詭的一年。

新年伊始，劉徹在建章宮度假，遠遠看見一個男子帶劍穿越中龍華門，肆無忌憚地闖了進來。

劉徹的第一反應是：「有刺客！」

他當即派人去捉拿，可這名劍客功夫確實了得，竟然逃了。

劉徹派人去問保全，保全說自己一直勤於職守。「沒看見有人進出啊！」

劉徹怒了。「刺客在建章宮裡來去自由，你竟然連影子都沒看見，還敢說自己勤於職守？」當即將砍了保全。

緊接著，劉徹下令全城通緝：「一定要找到那個刺客，掘地三尺也要將他找出來。」

問題是，長安城這麼大，該從何處搜查呢？劉徹早有準備，他的第一個目標是上林苑。

上林苑地跨長安、咸陽、周至、戶縣、藍田五縣境，縱橫三百里，是劉徹打獵遊玩的獵場，絕對是藏身的好地方。

除了上林苑，劉徹還對長安城實行戒嚴，挨家挨戶搜查。可惜查了半天，連個影子都沒找到。

「堂堂帝國首都，竟然找不到一個刺客，底下人到底在做什麼？」

劉徹越想越鬱悶。

雖然刺客沒找到，但是劉徹心中其實已經有了一個嫌疑人：陽陵大俠朱安世。

劉徹有證據嗎？

沒有。

既然沒有證據，劉徹為何就鎖定了朱安世？

原因在於他的身分：俠。

前面說過，在統治者眼裡，儒以文亂法，俠以武犯禁。俠的能耐太大，又常遊走在國家法度之外，對皇權構成了威脅，所以朝廷對游俠的打壓從未停止。

秦朝對游俠始終保持高壓態勢，漢帝國建立後，沒有對游俠趕盡殺絕，而是留了一條生路和尊嚴給他們。劉徹繼位後，實施中央集權，三次啟動「徙陵」政策，將郡國豪傑及家財三百萬以上者，遷去守茂陵。大俠郭解一介布衣，卻可以將關係託到大將軍衛青這裡，可見其能量不一般。

朱安世就是一個游俠，讓劉徹不放心的游俠。

就在劉徹鬱悶的當下，有一個人主動站了出來，說：「不就是找朱安世嘛，我有辦法！」

這個人，正是當朝宰相公孫賀。

公孫賀可以說是武帝一朝元老級的大臣，早在劉徹還沒有登基的時候就跟著太子混飯吃了，後來更是屢受重用，幾次出兵都立下了功勞，劉徹還讓他娶了衛子夫的姐姐為妻。

說起來，衛氏家族真不簡單，三個女兒，老大衛君孺嫁給了當朝丞相；老二衛少兒的兒子是冠軍侯，驃騎大將軍霍去病；老三衛子夫是皇后，生下了太子劉據；衛青則是長平侯大將軍，堪稱頂級豪門。

石慶去世後，丞相一職空了出來，劉徹想讓公孫賀接任，但是當公孫賀聽到這個消息時，突然變得緊張起來，連忙向劉徹致歉，說自己當不了丞相。

要知道，丞相可是位列三公，百官之首，地位最尊崇，對於臣子們的誘惑力極大。多少人夢寐以求，公孫賀為何要推辭？

那是因為，武帝一朝，丞相這飯碗實在不好端。

當時的帝國正值多事之秋，劉徹又對丞相的要求非常嚴，動不動就斥責他們無能，在他手底下做官的風險極大，一有不慎就掉腦袋的比比皆是。

劉徹在位五十四年，共任命了十三位丞相，平均四年換一個，這些丞相的下場都很悲慘。自公孫弘老死任上之後，繼任的李蔡、莊青翟、趙周皆因罪自殺，前任丞相石慶雖然是個老好人，做事小心翼翼，但是也常受到劉徹的批評和苛責。

在這個當下接任丞相，無異於是把自己架在火上烤。

劉徹封公孫賀為丞相那天，公孫賀嚇壞了，急得跪在地上不停地哭，就是不接受印。老頭一邊哭，一邊說：「臣不才，出身卑微，只會彎弓射箭，戰場殺敵，實在擔不起丞相這份責任啊！」

公孫賀哭得稀里嘩啦，劉徹的眼角也有點溼潤了，但是他的態度依然堅定，對左右說：「扶丞相起來。」

公孫賀還是不肯起。

開玩笑，這丞相是那麼好當的嗎？

劉徹看公孫賀不肯起來，索性拂袖而去。

這下子，公孫賀沒轍了，皇帝動怒，如果自己再不識抬舉，恐怕會落得家破人亡的下場。他只能叩頭謝罪，拍拍身上的灰塵，顫顫巍巍接過丞相的印。

事後，同僚問他為何不願做丞相，公孫賀憂心忡忡地說道：「陛下賢明，眼裡容不得沙子，只怕我以後的處境危險了。」

公孫賀升遷後，太僕之位空缺，劉徹又將公孫賀的兒子公孫敬聲擢升為太僕。

太僕，也是九卿之一的高官，掌管宮廷車馬及牲畜事務。

與老爸的如履薄冰、謹小慎微不同，公孫敬聲個性張揚，他是皇后衛子夫的外甥，老爸又是丞相，依仗這層身分驕縱不法。為了撈錢，他甚至將手伸到了軍隊中，擅自挪用北軍軍餉一千九百萬錢，並因此而入獄。

兒子被扣，公孫賀很著急，他找到劉徹，決定做個交換：如果他能抓到紅色通緝令上的朱安世，請陛下赦免兒子的罪。

劉徹說：「成交！」

公孫賀動用自己的人脈，費盡千辛萬苦終於抓住了朱安世。得知丞相抓他是為了贖回自己的兒子，朱安世笑了：「丞相這次是要禍及宗族了。終南山的竹子寫不盡我要告發的罪狀，斜谷裡的樹木也不夠製作被牽連的人所用的刑具。」

那一笑，頗有些山雨欲來風滿樓的意味，讓公孫賀脊背發涼。

朱安世沒有說謊，他在獄中寫了一封信，舉報公孫敬聲和陽石公主私通。陽石公主，是劉徹和衛皇后生的女兒。

朱安世還說：「公孫敬聲知道皇帝經常去甘泉宮，所以在馳道中間埋了木偶，詛咒皇帝。」

劉徹半信半疑，讓人立即徹查，結果真在馳道中間找到了不少木偶。

這還得了？劉徹大怒，誅殺公孫賀全族。不僅如此，劉徹的女兒陽石公主、諸邑公主，乃至衛青的兒子衛伉，也在此次巫蠱案中受到株連，人頭落地。

公孫賀雖然小心翼翼地在丞相位子做了十一年，最終還是沒能逃過劉徹的誅殺。

這裡面其實有很多疑問，比如，朱安世一介布衣，怎麼可能對深宮中的祕事了解得一清二楚？他一個死囚，是如何繞過丞相公孫賀，將舉報信直接呈到皇帝面前的？公孫敬聲在馳道中埋木偶，詛咒皇帝的動機何在？這其中有很多問題根本說不通！

關於這些問題，先賣個關子，我後面會分析。

公孫賀娶的是衛皇后的姐姐，陽石公主和諸邑公主是劉徹與衛皇后生的女兒，衛伉是衛青的兒子。

有沒有發現什麼？

沒錯，他們都是衛氏家族的人。

劉徹手起刀落，衛氏家族血流成河。

公孫賀父子的死，並不是結束。一場以巫蠱為由頭的災禍，即將在長安城掀起血雨腥風！

想當初，衛青與霍去病抗擊匈奴，基本瓦解了北方匈奴勢力，為漢帝國立下了赫赫戰功，衛氏一門五人封侯，衛氏家族可謂是如日中天。可是如今，衛青、霍去病相繼離世已過十七年，就剩衛子夫一人苦苦支撐，而她所依靠的，不過是劉徹對她的寵愛而已。

都說帝王心易變，何況如今衛子夫已經陪伴了劉徹近半個世紀，早已是人老珠黃。從來以色事人者，色衰而愛弛，這是亙古不變的道理。劉徹也老了，可是他的那顆心卻依然火熱。他是皇帝，是天下人的君父。那些嬌嫩眩目的女子，新鮮得都尚未完全長成，卻足以讓劉徹顛倒動心。

很顯然，劉徹已經移情別戀了。

這就能解釋劉徹為何要廢掉衛氏勢力了，因為他寵愛的人已經變了，而且為他生下了一個皇子。

這個人，正是鉤弋夫人。

那一年，劉徹在外面視察工作，路過河北河間時，隨行方術大師望了望天，告訴劉徹：「此地天上雲彩不同尋常，必有奇女子。」

「當真？」

劉徹一聽有奇女子，一顆蒼老的心瞬間活了過來，立即下詔派人尋找。

果不其然，一會兒的工夫，隨行官員就找到了一位年輕女子。只見她烏髮如漆，肌膚如玉，美目流盼，一顰一笑之間流露出一種說不出的風韻，又宛如一朵含苞待放的牡丹花，美而不妖，豔而不俗，千嬌百媚，無與倫比。

劉徹對她一見傾心。

隨行人員告訴劉徹：「這名女子姓趙，據說此女天生雙手握成拳狀，雖已十多歲了，卻一直打不開。」

「有這等奇事？」

劉徹喚此女過來，見其雙手果然是緊握拳狀。

這麼漂亮的女子，怎麼就握著兩拳不放呢？他決定親自試一試。

劉徹握住她的手，只輕輕一掰，少女的手便被掰開了，掌心裡緊緊地握著一隻小玉鉤。

「竟有這等奇事？」

劉徹很激動，看來自己就是她一直在苦苦等待的真命天子啊！隨後，他將趙小姐帶回長安，號稱拳夫人，也被稱作鉤弋夫人。

趙小姐如願以償，成了劉徹的夫人。

這段戲可謂是精采絕倫，劉徹這一手「開雙拳取玉鉤」的本領，堪稱「神醫」了。這個故事被班固記在《漢書》中，但是在我看來，這場戲中刻意的痕跡太明顯，絕對是有人精心策劃的。

趙夫人的老爸當初不知犯了何罪，被處以宮刑，做了宦官，職務是中黃門，任務就是替皇帝站崗。劉徹的巡視路線，趙老爹應當是知道的，方術大師也應當是早就收買了的。至於兩隻拳頭長期緊握，手握小玉鉤，明顯就是撒謊。

然而，更神奇的還在後頭。

鉤弋夫人入宮沒多久就懷孕了，十四個月後，生下了一位皇子，取名劉弗陵。

是的，你沒看錯，鉤弋夫人懷胎十四個月！

為什麼不是懷胎十月？那是因為，傳說中有一個人，也是懷胎十四月而生，這個人就是堯帝。

劉弗陵出生後，激動的劉徹索性將趙夫人居住的鉤弋宮改為堯母門。

明眼人都看出來了，劉徹想換太子了。

劉徹共有六個兒子，長子劉據，六歲被立為皇太子；次子劉閎，生母是王夫人，封齊王，可惜英年早逝，年僅十八歲，謚號懷，史稱齊懷王；三子劉旦，生母是寵妃李姬，封燕王；四子劉胥，生母是寵妃李姬，也就是劉旦同母弟，封廣陵王；五子劉髆，生母是寵妃李夫人，封昌邑王；六子即是劉弗陵。

照這個順序來看，劉弗陵要想越過五個哥哥繼承皇位，按照正常邏輯，基本上沒有可能性。

可是歷史的迷人之處就在於，它往往不會按照你預期的劇本演下去。

劉徹二十九歲才有了劉據，對於這個孩子，劉徹如同掌上明珠一般寵愛。劉據成年後，按規矩應該搬到太子宮中去住，劉徹專門為劉據在長安城南劃了一塊地，建了一座苑囿，稱為「博望苑」，取廣博觀望之意。

劉徹不喜歡大臣結交賓客，但是太子劉據例外，他可以完全按照自己的興趣喜好做事、結交賓客，劉徹也從不約束。

劉徹晚年的時候喜歡外出遊歷，經常把國家大事交給劉據代管。待劉徹回來後，劉據挑重點的上報，劉徹基本沒有不同意的，有時候甚至都不過問太多。

然而，隨著時間的流逝，後宮的女人們為劉徹陸續生下了其他皇子。加之皇后衛子夫逐漸老去，武帝對皇后的寵愛逐漸衰退，衛子夫和劉據心裡開始變得不踏實。

當時的衛氏家族正是如日中天，為了安撫衛子夫和劉據，劉徹找來劉據的舅舅，也就是大司馬、大將軍衛青，對他說了這樣一番話：

「我大漢有很多事都還處於草創階段，周圍外族對邊疆百姓也是侵擾不斷。朕如不變更制度，後代就將失去準則依據；如不出師征伐，天下就不能安定，百姓們也會因此而遭罪。但是倘若後代也像朕這樣去做，就等於重蹈了秦朝滅亡的覆轍。

你們儘管放心，朕不會隨便換太子的。朕之所以用武力討伐天下，是為了將來創造一個好的環境給太子。如果將來太子都像朕這樣尚武無度，那漢朝還能經受得了折磨嗎？」

劉徹的意思很明顯，他不會選一個愛折磨的人接自己的班，劉據的太子之位穩得很，你們大可放心。

衛青聽完後叩頭感謝，並轉告衛皇后，衛子夫特意摘掉首飾向劉徹請罪。後來每當太子勸阻征伐四方時，劉徹就調侃道：「難辦的事都交給朕來處理，輕鬆的工作留給你，不也挺好嘛！」

劉徹最大的性格特點是冷血、自私、暴戾，而太子劉據生性仁厚，有儒者之風，跟老爸剛好相反。

劉徹對這個仁厚的太子越看越不滿意，尤其是在寵愛的鉤弋夫人生下皇子劉弗陵後，逐漸有了廢太子的心思。

這一幕，有沒有覺得很熟悉？

還記得嗎？當初劉邦一意孤行，執意要廢掉劉盈，立劉如意為太子，原因是劉盈的性格一點也不像自己。要不是張良出主意，請來了商山四皓為劉盈站臺，恐怕漢朝的歷史又是另一番模樣了。

而如今，歷史再一次重演。

中山惡狼

這一次，劉據能保住太子之位嗎？

廟堂之上，從來不乏善於鑽營、揣摩人心的人。隨著衛青去世，以及衛子夫逐漸失寵，不少居心叵測之人認為現太子失去了依靠，害怕新太子即位後對自己不利，開始挖坑給太子。

朝廷的風向也開始悄然轉變。

有一次，劉據進宮去見母親衛子夫，待得時間久了些。有個叫蘇文的宦官便向劉徹告狀，抹黑劉據，說他調戲宮女。

劉徹聞言，心中很是惱怒，直接撥了兩百名女子到劉據宮中。劉據有些糊塗：「父皇這是什麼意思啊？」

後來經過打聽才知道，原來是蘇文在誣陷自己，劉據由此將蘇文拉入了黑名單中。

為了扳倒太子，蘇文和同夥常融、王弼經常一起商量大事，到處找太子的碴，然後再添油加醋一番上報劉徹。

衛子夫擔憂這樣下去終會釀成大禍，便讓劉據請示劉徹，處死蘇文這些人，但是劉據卻覺得：「身正不怕影子斜，且父皇一向聖明，自不會信那些人的讒言！」

有一次，劉徹身體有點不舒服，命人召見太子。過了一會，小黃門常融回來說：「太子面帶喜色……」

劉徹聞言，半天沒說話，內心卻是五味雜陳。「我還沒死呢，你就著急想上位了？」

等劉據到了，劉徹仔細觀察劉據的表情，才發現劉據臉上隱有淚痕，只不過是在強顏歡笑而已。

經過一番祕密查問，劉徹才明白是常融在糊弄自己，隨後便將他處死。

一次兩次，劉徹還能裝作不介意，可是誣告的次數多了呢？在水深火熱的朝堂鬥爭中，這樣的信任又能維持多久呢？公孫賀家族全族被誅，劉據在朝中僅剩的支撐已然倒塌，他的太子之位，還能立得穩嗎？

與此同時，一個叫江充的人登上了歷史舞臺。

江充原名江齊，是趙國邯鄲人。

他通曉醫術，有個能歌善舞的妹妹，人長得標緻，後來嫁給了趙國的世子劉丹。靠著這層關係，江充成了趙王劉彭祖和劉丹的座上賓，在趙國混得也算風生水起。

可惜，這種舒服日子沒過幾天，江充忽然得知一個消息：劉丹要殺他。

為何？江充長期跟在身邊，知道太多劉丹的祕密。劉丹平日裡荒淫無度，和自己的親姐姐及父王嬪妃通姦，劉丹害怕江充將他的這些齷齪事說出去，故而起了殺心。

無論什麼時候，一個人知道的祕密越多，越不安全，因為總有人對你不放心。能讓他放心的辦法只有一個：讓你永遠閉上嘴。

江充得知後，連夜逃走，一路跑到了長安，還改了自己的名字。劉丹沒有抓到江充，索性將江充留在趙國的家人全部殺死。江充一怒之下，直接向劉徹告狀，說：「趙國太子劉丹除了與姐姐及父王的嬪妃亂倫外，還跟地方豪強勾結，圖謀不軌。」

劉徹看到江充的告發後大怒，馬上派人調查，結果發現全中！

劉丹被捕入獄，移交魏郡判決，最後的結果是：死罪！

得知這個結果，劉彭祖慌了。

趙王劉彭祖是劉徹的異母兄，為了救兒子一命，他豁出去了：「江充只是個受緝捕而逃亡的小嘍囉，現在隨便耍弄奸詐，就讓陛下氣惱，想借您的威嚴以報私怨。我願派遣趙國的勇士到前線抗擊匈奴，只求贖回兒子一命。」

劉徹這才赦其死罪，只是這世子之位已然廢了。

江充則一告成名。

劉徹很好奇，這個敢扳倒趙國世子的江充究竟是何許人也，便命人召見了他，見面的地點選在了上林苑犬臺宮。

江充自然不會眼巴巴地乾等著，為了這次會面，他對自己從頭到腳來了個全方位的包裝。

次日，當劉徹看到面前的江充時，眼睛都看直了！

只見江充穿了一件他自己設計的輕薄華服，頭戴紗帽，紗帽上還裝飾著幾根鳥羽，走起路來搖曳生姿。更難得的是，江充本就身形偉岸，長得很好看，配上這身衣服，相當瀟灑！

劉徹當即脫口而出：「燕趙多奇士也！」

兩人一番交談，江充皆對答如流，留給劉徹不錯的印象。

有一次，江充請求出使匈奴，劉徹問他：「有何打算？」江充說：「不作打算，以敵為師，隨機應變即可。」

江充所言，正中劉徹下懷。

不久之後，江充到匈奴，隨後安全返回。沒有人知道他這一趟有什麼收穫，只知道他歸來後，劉徹給他一個特別的官位 —— 直指繡衣使者。

直指繡衣使者，是西漢侍御史的一種，皇帝派出的專使，負責緝捕活躍在京城的匪盜、監察官員和王公貴戚的違制行為，又有調動軍隊的權力，可以誅殺地方官員。

江充走馬上任後，第一個要收拾的，就是長安城那幫貴戚子弟。

這些人仗著自己的身分，在長安城胡作非為，使得百姓雞飛狗跳。江充在拿到足夠的證據後，一一舉報彈劾，並強烈建議沒收其踰越規定的車馬，將這些人抓起來，送入北軍大營，將來攻打匈奴時，讓這些人做先鋒、敢死隊。

劉徹龍顏大悅，大筆一揮：「可！」

江充立刻將皇帝的批覆傳達下去，並督促趕快展開抓捕行動，並且告知保全禁止那些權貴之子隨意出入宮廷。

這下子，貴戚子弟們慌了，皇帝這次是認真的，萬一真的被送到前線跟匈奴人面對面對決，自己大概就離死不遠了。

於是這些人紛紛挖關係、找後門，跑到皇帝那裡叩頭哀求，表示願意交錢贖罪。只要不被送到北軍大營去參軍，花多少錢都行。

這一次行動，朝廷得了數千萬錢，劉徹很激動。當初跟匈奴人硬碰硬，朝廷花費了無數錢糧，國庫為之一空，逼得劉徹只能放大招，弄了算緡令和告緡令，結果使得全國的中產階層全數破產。早知道還有這撈錢的方法，也不用搞得天怒人怨了。

很快，江充又盯上一個人：館陶公主。

有一次，館陶公主出門時占了皇帝專用的車道，被江充撞見了。江充立刻攔阻下來，館陶長公主解釋說：「我有太后特詔，所以才占用了馳道。」

江充說：「太后的特詔那也是給公主殿下的，只有公主可以上路，其他人都不行。」

隨後，江充沒收了館陶公主隨從的車馬，全部充公。

我們都知道，館陶公主劉嫖，那可是竇太后的親女兒、劉徹的親姑姑兼丈母娘，地位無人能及，就連劉徹都要給她三分薄面的，更何況其他人？江充敢捋館陶公主的虎鬚，其膽量可見一斑。

除了館陶公主，太子劉據也在馳道上栽過一回跟頭。

當時，江充陪著劉徹前往甘泉宮，正巧遇上皇太子劉據的家臣坐著車馬在馳道上行走。「一個家臣，誰給你的膽量占用皇帝的御道？」結果就被江充扣留了。

太子劉據得知後，派人向江充求情：「這事是我疏忽了，我不是心疼那些車馬，只是不想讓陛下知道這事，以免引起誤會，說沒管好家臣，希望您網開一面，寬恕一次。」

正常人都知道，這正是和太子交好的絕佳機會，而且這事毫無風險。更何況，此時的劉徹年事已高，太子劉據隨時都有接班的可能，多好的為自己留後路的機會啊！換作一般人，都知道該怎麼做。

可是，江充偏偏就選擇了公事公辦，不講絲毫情面。

面對劉據的道歉，江充不理不睬，秉公上奏，把這事捅到了劉徹那裡。明察秋毫的劉徹看到了江充的忠心，只回覆了一句話：「人臣當如此！」

連太子的面子都不給，這下子，江充名噪一時。因為劉徹的寵信，以及繡衣使者的特權，江充威震京師，權臣貴戚們無不懼怕被江充揪住錯處。

當然，江充也因此和太子劉據有了仇隙。

那麼江充真的如他表現的那樣剛正不阿、大公無私嗎？

未必！

按照《漢書》的記載，江充後來被派到地方任職，擔任水衡都尉，就開始大肆為自己的家族、好友謀私利，後來被人舉報，官職被撤。

當然，以江充的本事，沒過多久就回到了劉徹身邊，繼續當皇帝的手下。

時光如逝水，不捨晝夜，侵蝕一切，毀滅一切。

劉徹老了。

感性命之不永，懼凋落之無期，死亡的陰霾和詛咒，將劉徹折磨得心力交瘁，艱於呼吸。

一個人，最難消除的慾望是淫慾，最難擺脫的恐懼是死亡。當他能清楚地預見到自己的死狀，則死亡便顯得尤其具體而恐怖。對於劉徹而言，更是如此。

因為害怕死亡，劉徹對很多事變得非常敏感，比如：巫蠱。

巫蠱是一種用來加害仇敵的巫術，起源非常古老，最常用的手段是扎小人。《漢書》裡說，巫蠱來自胡巫，源自北方少數民族所信仰的巫術，也就是後來的「薩滿」。漢朝時，巫蠱之術盛行，當初陳阿嬌就曾使用巫蠱之術詛咒情敵衛子夫，被劉徹發覺後遭到廢黜，女巫楚服及宮女被牽連殺掉的有三百多人。

劉徹雖然對巫蠱零容忍，但是從另一方面來講，也給了很多心懷不軌的人一些「靈感」。

有天晚上，劉徹做了個夢，夢見有幾千個木頭人拿著棍子要揍他，醒來之後，劉徹感覺自己的身體明顯變得很差。此後相當長一段時間之內，劉徹噩夢頻頻，醒來滿身大汗，渾不知身之所在。

劉徹本就懷疑有人用巫蠱之術害他，這下更加確信了：「總有刁民想害朕！」

江充知道，自己苦心等待的機會來了。

他極力鼓動劉徹：「肯定是有人在扎您小人，只有將害陛下犯病的人找出來，方可痊癒。」

劉徹也覺得只有巫蠱才會讓自己這般精神萎靡，當下命江充為使者，全權負責調查此事。

江充大權在握，此後，便是一場狂風暴雨般的大清洗，讓帝國一時間血流成河。

他召集了一些胡人巫師，到處掘地尋找木頭人，並逮捕了許多使用巫術、自稱能看見鬼魂的人。找不到木頭人怎麼辦？好辦，讓人事先在地上灑點血，然後把附近的人當作嫌疑犯抓起來。若被捕之人不認罪怎麼辦？燒紅的烙鐵往人身上一印，準讓人三魂出竅，七魄離體。嚴刑拷打之下，大夥兒為求自免，互相揭發，乃至不惜編造，牽引誣告。

對獄吏來說，拿雞毛為令箭，改小罰用大刑，固是常事。這樣一來，從長安到各地各郡國，受牽連的多達數萬人。

江充的原則是寧可錯殺絕不放過，只要能沾上邊的，一律關進監獄，然後殺之。

江充為什麼要擴大打擊範圍，製造冤獄？很簡單，因為只有這樣，才能加劇劉徹對巫蠱的驚懼，讓劉徹更加懷疑有人要謀害他。也唯有如此，江充才能有更大的把握將矛頭指向那個終極目標：太子劉據！

是的，江充玩了這麼多障眼法，繞了這麼大一圈，就是為了扳倒太子。

眼見劉徹還未治癒，江充又趁勢派胡人巫師對劉徹說：「皇宮之中也有巫蠱之氣，不剷除的話，於陛下身體不利。」

劉徹不假思索，當即給了江充通行令，命他進宮搜查，同時還派了好幾位助手給江充，分別是按道侯韓說、御史章贛、黃門蘇文。

這是一個奇妙的組合，因為蘇文正是幾次三番構陷太子劉據的那個宦官。

江充帶著人，先從最不受寵的妃子房間查起，依次搜查，最後終於搜到了衛子夫和太子劉據的房間。

江充的搜查相當仔細，將房間地面挖了個底朝天，到最後，衛子夫和劉據連放張床的地方都沒有了。

終於，在太子的宮殿內，江充如願以償找到了他所期待的木頭人，還有寫了咒語的帛書。緊接著，他板著臉說了一句話：「太子宮中找到的木頭人最多，還有寫有太子謀逆計畫的帛書，應當立刻稟明皇上！」

繞了一大圈，江充終於將目標對準了太子劉據。

劉據不解：「這是陰謀，一個天大的陰謀！」

巫蠱案發

此時的劉徹因為身體不好，又懷疑皇宮中有人要害他，並沒有住在長安城的皇宮中，而是在距離長安城一百八十里的甘泉宮度假療養。

面對眼前的「鐵證」，劉據百口莫辯，他知道這事解釋不清楚了，更何況父皇還不在長安城中。情急之下，劉據只能求助於老師石德：「現在怎麼辦？」

事實上，石德比劉據還要慌亂，因為太子劉據一旦被定罪，他這個太子太傅也脫不了關係。

石德告訴劉據：「前丞相公孫賀父子，還有衛皇后生的兩個公主，甚至衛青大將軍的兒子，就是被來路不明的巫蠱害死的。如今江充從宮中挖出了木頭人，不管是誰放的，事實就擺在眼前，你能解釋清楚嗎？

唯一的辦法是，你假傳聖旨，先下手為強，逮捕江充那夥卑鄙小人，待審問出真相來，再向皇上證明。」

劉據的內心還在天人交戰：「我怎能擅自誅殺大臣？不如前往甘泉宮請罪，或許能僥倖無事。」

石德急了，說：「皇上目前正在甘泉宮養病，您和皇后派去甘泉宮問安的人一直沒能見到皇上，皇上是生是死都不知道，而奸臣竟敢如此，難道您忘了秦朝太子扶蘇之事了嗎！先下手為強，後下手遭殃！」

劉據還是下不了決心。

畢竟，隨意誅殺大臣乃是大忌，他相信自己的父親。這其中一定有什麼誤會，他準備親自前往甘泉宮，當面向武帝說明情況。

然而，江充根本不給他這個機會，他先一步派人去了甘泉宮，想方設法攔阻劉據和劉徹見面。

看著江充步步緊逼，劉據生怕再拖下去，自己的處境會更加糟糕，最終決定採納石德的建議，派遣自己的門客冒充皇帝使者逮捕了江充等人。

韓說懷疑使者是假的，不肯接受詔書，被劉據門客殺死。

江充沒想到太子還有這一手，當即被逮了個正著，帶到劉據面前。

隨後，劉據親自將江充殺死：「你這個趙國的奴才，先前害趙國父子還不夠，如今又來害我們父子！」

江充被就地斬殺，劉據還將江充找來的那些胡人巫師全部燒死在上林苑內。

陰謀家江充就這樣死了，但是事情並沒有就此結束。

緊接著，劉據又派門客到未央宮，將相關情況告訴了母后衛子夫，希望能得到母后的支持。

衛子夫久居深宮中，知道的事情並不比劉據多，只能聽從兒子的意見。衛子夫動用皇后印信，幫劉據調動了長樂宮的衛隊，取了武庫的兵器。

有人要問了，既然江充都已經伏誅了，劉據為什麼還要冒風險去調動軍隊？直接去向劉徹說明情況，主動請罪，消除誤會，豈不是更好？

他在害怕什麼？

如果我們仔細分析當時的情況，不難發現，劉據與劉徹這對父子的關係早已大不如前，雙方的隔閡日漸加劇。

劉據起兵的理由之一是：「父皇病重，無自主能力，且有奸人在側。」

誰是那個奸人？肯定不只是江充，劉據能明顯察覺到，江充只是對方推到臺前的一個代言人，背後另有其人。

誰是那個幕後玩家？劉據顯然心裡有底，我們接著往下看。

劉據對劉徹得了重病是深信不疑的，而且出於種種原因，他無法靠近父皇，這又讓他認為，父皇是被奸人控制的。如果什麼都不做，那等待他的結局只有一個：劉徹死後，自己也會被殺。

為了應對可能的變故，劉據只能武裝起一批忠於自己的衛士，擁兵自保。

而此時，宮中早已是一片混亂。大夥兒見太子劉據突然調動了宮中兵馬，心中開始猜測：「太子難道是要造反？」

就在一片混亂之際，黃門蘇文卻悄悄逃了出去，跑到甘泉宮，告訴劉徹一個重磅新聞：「太子劉據反了！」

蘇文以為劉徹會大怒，然後發兵平叛，不料劉徹聽完，表情很是淡然：「太子肯定是害怕了，又恨江充等人，所以才發生這樣的變故。」

劉徹雖然老了，但是頭腦還沒糊塗，自己的兒子是個什麼人，他還是很清楚的。太子為人寬厚，行仁孝之道，不可能做這種事。唯一的可能是，他被江充逼急了。

「眼下這種情況，叫劉據過來，當面問問不就知道了嗎？如果他不肯來，多半是心裡有鬼，到時候再作決定也不遲。」

劉徹派人去了長安城，召太子前來。

結果派出去的使者怕被太子殺掉，根本不敢前去見太子，只在外面逛了一圈，就跑回來向劉徹彙報：「太子真的造反了！」

這下子，事情就變得有些嚴重了！

與此同時，長安城內的丞相劉屈氂聽到劉據正在調動軍隊，抽身就逃，連丞相的官印、綬帶都丟了，還派了長史去向劉徹稟報京中的情況：「太子確確實實造反了！」

劉徹有些惱怒，問道：「長安城大亂，丞相在做什麼？」

長史答：「丞相封鎖消息，不敢發兵，第一時間向陛下告知情況，請陛下裁決。」

劉徹一拍桌案：「事情已經鬧得沸沸揚揚，還有什麼祕密可言！丞相沒有周公的遺風，難道周公能不殺管叔和蔡叔嗎？」

三人成虎。

劉徹對劉據造反的事情，已然深信不疑。

當下，劉徹賜了詔書給劉屈氂，告訴他：「捕殺叛逆者，朕自會賞罰分明；用牛車作為掩護，不要和反賊短兵相接，以免殺人太多；緊守城門，絕不能讓叛軍衝出長安城！」

此時的長安城還在混亂中，文武百官人人自危。為了穩定人心，劉據告令百官：「皇上因病困居甘泉宮，我懷疑發生了變故，奸臣們想乘機叛亂，這才不得不自保。」

劉屈氂離開後，劉徹左思右想，心裡還是覺得不踏實。

太子造反，這是大事，無論真相如何，自己必須親臨現場。

從甘泉宮出來後，劉徹住進了長安城西的建章宮。

在這裡，劉徹遙控指揮，徵詔京畿附近各縣的軍隊，與太子的兵馬遙遙對峙；中央所有兩千石以下官員將領，交由丞相劉屈氂調派。

城中的百姓們都糊塗了：「這是怎麼回事？太子不是說皇上被困、生死未知嗎？但是皇上分明就在城外指揮軍隊啊！」

長安城外，劉徹帶著部隊蓄勢待發，失望而憤怒；長安城內，劉據擁兵自守，驚惶而無措。

天幕低垂，烏雲密布。這是一個沉悶的黃昏，雙方隔著長安城遙遙對峙，父子之間最後僅存的一絲情義，也隨著漏刻中的水滴一點一點地流逝……

事到如今，劉據要想回頭，已然不可能了。

「父皇，對不住了。」

劉據來到北軍軍營，將北軍將領任安召出，頒與符節，命令任安發兵。任安收下了太子送來的符節，卻返回營中閉門不出。

劉據無奈，只能將長安城中監獄內的囚徒全部釋放，並強行徵調長安市民組成民兵。

一邊是訓練有素的正規軍隊，一邊是臨時抓來的民兵，這場戰鬥還沒開打，結局就已注定。

小小的長安城內，雙方展開廝殺，五天之內，數萬人因此而死，街道上屍橫纍纍，鮮血像水一樣流入街邊的溝渠，空氣中滿是難聞的血腥味，哀號哭叫聲不絕於耳……

五天之後，戰鬥終於落幕，劉據兵敗而逃。

能去哪兒呢？劉據逃到了南邊的覆盎門，司直田仁正率兵把守城門，不願逼迫太急，選擇了放水。

劉屈氂得知劉據從覆盎門出逃後，欲殺田仁，御史大夫暴勝之攔住他說：「司直為朝廷二千石大員，理應先行奏請，怎能擅自斬殺？」

劉屈氂只得將田仁釋放。

不料，劉徹聽說後大發雷霆，將暴勝之逮捕治罪，責問他：「司直放走的是造反者，丞相殺他是秉公執法，你為何要擅加阻止？」

「好吧，是我錯了。」暴勝之被逼無奈，選擇了自殺。

椒房殿內，惶恐不安的衛子夫終於等來了最新的消息。然而，這個消息卻讓她心碎！

宗正劉長和執金吾劉敢來了，二人攜帶劉徹的諭旨，收回了皇后的印璽和綬帶。

衛子夫心如死灰，選擇了自刎。

縱然她已經在這深宮中獨處了四十多年，縱然劉徹對她早已沒有了當初的寵愛，她也永遠記得多年前的那一天，她在舞臺中央翩然起舞，他走上前來，握緊了她的手，攜手望天下。

當時彼刻，他的眼中只有她，即使她知道，他的眼中，更多的是那廣闊天下和無盡疆土。

「那便夠了，只要當初擁有過，就已經足夠了。」

亂局已定，接下來就是秋後算帳的時候了。

北軍將領任安，因為沒有及時支援劉徹的部隊，坐觀父子相殺，被判腰斬。

守城官田仁，在劉據兵敗之後，私自將劉據放出城，被判腰斬。

御史大夫暴勝之，因維護田仁被劉徹斥責，憤而自裁。

太子的所有門客，因為曾出入宮門，都被判死刑；所有跟隨太子參與叛亂的人，都以謀反罪被滅族；所有被劉據脅迫的，一律放逐到敦煌郡。

劉據很快就成了帝國的頭號通緝犯。

父子相殘，這在任何時代都是悲劇，可此時的劉徹仍在氣頭上，誰也不敢在這個時候勸諫。

就在眾人焦慮的時候，一封來自山西壺關的信寄到了長安，擺在了劉徹的案頭上。

這封信出自壺關三老令狐茂之手。三老，是掌管當地教化的鄉官，類似於後世的鄉村老先生。

劉徹覽卷，但見其書曰：

「我聽聞，父親就好比是天，母親就好比是地，兒子就是天地間的萬物，只有上天平靜，大地安然，萬物才能繁茂；只有父慈母愛，兒子才能孝順。太子是陛下的嫡長子，本將繼承大統，擔負祖宗的重託，而江充只不過是一個地方混混，陛下卻讓他顯貴，使他有機會打著天子的旗號來迫害太子，糾集了一幫人渣，極盡詐欺陷害之能事，使陛下與太子雖為父子，卻無法溝通。

太子進不能面見陛下，退則被亂臣陷害困擾，獨自蒙冤，無處申訴，忍無可忍，怒斬江充，卻又害怕陛下降罪，被迫逃亡。太子是陛下的兒子，兒子盜用父親的軍隊，不過是為了自救罷了，臣以為並無險惡用心。

《詩經》上說，綠蠅往來落籬笆，謙謙君子不信讒。否則讒言無休止，天下必然出大亂。陛下如今不加以調查就定罪於太子，派軍隊追捕太子，對與太子有關之人概不寬恕，人人驚惶不敢進言，我深感痛惜啊！

我冒死進諫，已經做好了隨時獻出性命的準備。希望陛下放寬心懷，平心靜氣，不要苛求自己的親人，不要對太子的錯耿耿於懷，立即結束對太子的征討，不要讓太子長期逃亡在外！」

一個遠在山西的老先生，怎麼會主動寫這種信？很顯然，朝中還是有比較明理的大臣，不敢觸劉徹的霉頭，找他來勸諫皇帝，作為一種臣僚與皇帝之間的緩衝。

奏章遞上去，劉徹內心有所觸動，但是並沒有立即頒布赦令。

就在劉徹猶豫的當下，從河南傳來一條消息：太子劉據死了！

劉徹只覺得眼前一黑，當場就昏了過去。

「什麼情況？」

劉據逃離長安後，一路到了湖縣，躲在泉鳩的一戶人家。此地西距潼關三十里、長安三百里，東距函谷關八十里，緊靠當時貫通關內關外的交通驛道，又隱藏在峽谷中，位置非常險要。

主人家貧，靠織賣草鞋來奉養劉據。劉據有個老相識住在湖縣，家中還算富有，派了人去聯繫，結果行蹤就被洩露了。

幾天後，地方上的捕快包圍了劉據。主人為了保護劉據，在格鬥中被殺，劉據知道這一次難以逃脫，回到屋中自縊而死，兩位皇孫也一同遇害。

一切，都不可挽回了。

劉據雖然死了，但是事件的調查一直在祕密進行中。一年後，隨著調查的深入，劉徹發現長安城中那些互相告發別人使用巫蠱的，多為不實，而太子劉據當初是被江充逼迫，惶恐不安才不得不起兵自衛的。

換句話說，是自己逼死了兒子。

劉徹開始後悔了，可他畢竟是皇帝，需要一個臺階。

適逢一個守衛高祖廟的郎官田千秋進言：「臣夢見一白髮老翁，教我上奏說，兒子擅自動用父親的軍隊，應該鞭打；皇帝的兒子即使犯錯誤殺了人，也罪不至死，受點懲罰就行了。」

劉徹親自接見了田千秋，感慨道：「我們父子之間的事，一般外人很難插言，只有你知道其中的不實之處。可見，這一定是高祖皇帝的神靈讓你來教導我的，我虛心接受。你就留在我的身邊，隨時提醒我吧！」

劉徹於是提拔田千秋為大鴻臚。

這裡的大鴻臚，是負責掌管禮儀的高官，屬於九卿之一。

田千秋可謂一步登天。

封賞了田千秋之後，劉徹又下令將江充一家滿門抄斬，將江充的幾個助手和曾經對太子刀兵相向的人也一併殺之。

可惜，此時的醒悟，已然太晚了。

為了表示自己對兒子的思念和愧疚，劉徹特意在湖縣修建了一座皇宮，起名為「思子宮」，又建了一座高臺，起名「歸來望思臺」，寄託他的悔恨、遺憾和思念。

然而，就是建再多的宮、再多的臺，死去的人也回不來了。

天下人見劉徹如此，既痛恨他殺妻滅子的絕情，又替這麼一個傷心的老人心酸、惋惜，所謂「天下聞而悲之」。

事情就這樣結束了嗎？那個隱藏在幕後的玩家到底是誰？

別著急，真相馬上就浮出水面了。

一年後，恰逢匈奴人入侵，劉徹派貳師將軍李廣利領軍出征。

李廣利出發沒多久，有人告發李廣利和丞相劉屈氂密謀擁立昌邑王劉髆為太子，還稱丞相夫人大搞巫蠱，詛咒皇帝早死。

劉徹大怒！

巫蠱這個詞，已經成了劉徹的敏感點，或者說是逆鱗。龍之逆鱗，誰觸誰死！

更何況，歷來皇帝最忌諱大臣參與奪嫡、繼位之事，因為那代表著拉幫結派，要控制新任皇帝。

劉徹立即將丞相劉屈氂拘押起來，把他裝在囚車上遊街示眾，一番人身羞辱後，劉屈氂被綁赴東城腰斬，妻子兒女被拉到華陽街斬首示眾，李廣利全家悉數被捕下獄。

當時的李廣利正在前線打仗，消息傳來，內心陷入了極度的惶恐與焦慮之中。

「前方戰事正膠著，大後方又傳來不利消息，這仗還要不要打下去？」

沉思良久，他決定賭一把，以一場輝煌的勝利來換得劉徹的赦免。

「這是唯一的希望！必須孤注一擲！」

李廣利揮師北進，深入匈奴，直至郅居水。此時匈奴軍隊已離去，李廣利派護軍率領兩萬騎兵，渡過郅居水，繼續向北挺進，最終與匈奴左賢王的部隊相遇。

這是一場硬仗，雙方廝殺良久，匈奴人死傷無數，被迫後撤。

外敵剛退，內訌便起。

此時，李廣利捲入巫蠱事件的消息已經在軍中傳開。長史心想：「李廣利以全軍安危來求立功贖罪，必然會失敗，不如將其扣押起來，以阻止其盲目冒險。」

李廣利覺察了長史的策劃，先下手為強，將其斬首，然後立即率軍撤退。單于知漢軍往返行軍近千里，所有人都繃到了極點，親自率領五萬騎兵襲擊漢軍，漢軍死傷甚眾。

李廣利原想立功贖罪，卻遭此大敗，心情自然更沉重。狐鹿姑單于派出一支奇兵，趁夜色繞到漢軍後側，悄悄挖掘了一條壕溝，而後於清晨對漢軍再次發起突然襲擊。

漢軍士氣低落、疲憊不堪，幾乎沒有還手之力，而背後那一條深深的壕溝，完全阻斷了他們撤退的路線，進退不得。

李廣利絕望了，按照眼前的情形，就算他拚死突圍回到長安，等待他的也只有死路一條！

走投無路的他長嘆一聲，投降了匈奴。

七萬漢軍將士全部命喪燕然山，竟無一人生還！

劉徹盛怒，誅李廣利全族。

這事對劉徹打擊很大，本來就被巫蠱之事搞得焦頭爛額的他，覺得心很涼。

李廣利投降匈奴後，狐鹿姑單于大喜過望，不僅將自己的女兒嫁給李廣利，還將他的地位提升到李陵與衛律之上。

衛律是最早投降而得到單于的重用，隨著李廣利的到來，他感覺自己在匈奴的地位受到了威脅，決定除掉李廣利。

一年後，匈奴太后病重，衛律藉此機會，買通巫師，定了一條毒計。

巫師一通裝神弄鬼，然後告訴單于，太后之所以得病，是因為前任單于發怒了。緊接著，他假裝靈魂附體，對單于說：「我們之前準備戰爭祭祀時，經常說要活捉漢朝的貳師將軍，殺之以祭天，現在你為何忘了？」

狐鹿姑單于嚇壞了，真以為是自己的父親魂靈降臨來責備自己，忙下令逮捕李廣利，將他綁在祭壇上，塗上牛油羊血，殺之以祭神。臨死前，李廣利大呼：「我死後必滅匈奴！」

想必李廣利也在後悔：「早知今日受此大辱，當初在戰場上就該自刎，豈不痛快！」

直到此時，巫蠱之禍才算是徹底落下帷幕。

下面，就讓我們一層層剝開巫蠱之禍的謎團。

在平常的版本中，江充是一個十足的壞蛋，平時就與太子劉據關係不好，因為害怕劉據上臺後自己遭到清算，所以先下手為強，誣陷太子。而武帝，則是一個有些頭腦發昏的皇帝，因為一時不察，錯信了小人江充，才釀成了悲劇。

真的是這樣嗎？

江充真的有充分的作案動機嗎？

我看未必。

江充與太子的恩怨，頂多算是小摩擦，遠遠不到你死我活的地步。就算他擔心太子的記恨，可是他真的會因為這件事就想殺太子？

要知道，當時的劉徹早已步入遲暮之年，正在甘泉宮休養，所有人都能看得出來，劉據接班是早晚的事，江充又何必冒著天大的風險，非要跟太子硬碰硬到底？

這邏輯，無論如何都說不通。

除非，他背後還有別人。

一個可能的解釋是，巫蠱之禍中，還有其他勢力牽涉其中，而且敵對於太子，江充不過是他們推到檯面上的人物。

那麼這個幕後玩家到底是誰呢？

史書中並沒有詳細的記載。不過，按照誰受益、誰的嫌疑最大的邏輯，這個幕後人物不難猜測。

這股潛藏的勢力之所以對劉據下黑手，無非是為了太子之位，這其中，貳師將軍李廣利最有嫌疑。因為劉徹寵妃李夫人為他生下了昌邑王劉髆，而李廣利恰好是劉髆的舅舅，劉屈氂和李廣利又是兒女親家，二人同屬於一個利益集團。

況且，劉據死後不久，李廣利立刻與升任丞相的劉屈氂很積極，準備把劉髆扶上太子之位。

看到這裡，答案呼之欲出——

李廣利和劉屈氂是此次巫蠱之禍的幕後黑手！

為了讓自己人劉髆接班，兩人聯手布了一個大局，劉徹晚年不喜太子劉據，痴迷於求神問卜，疑神疑鬼，又為他們提供了絕佳的機會。早在公孫賀牽扯進巫蠱之禍時，這場陰謀就已經緩緩啟動。朱安世極有可能也是被劉屈氂收買的，要不然，一介草民，他如何能得知公孫敬聲與武帝女兒陽石公主私通，以及埋藏木偶人詛咒武帝的宮闈祕事？

劉徹雖然老了，但是頭腦並不糊塗。他很快就發現了李廣利和劉屈氂的險惡用心，所以才會果斷出手，嚴厲鎮壓。

功過任評說

秋日的長安城，天高地遠，色調灰冷。

時間永不停歇，挾持著所有的人和事，滾滾奔流。

劉徹老了，他越來越感到力不從心了，巨大的孤獨感和空虛感向他洶湧撲來，將他一次次淹沒。

這幾年，帝國的對外戰爭接連失利，趙破奴、李陵、李廣利全軍覆沒，極大地挫傷了劉徹的自信心。內政方面，一連串的巫蠱事件導致血流成河，帝國重量級的人員一個個死於非命，曾經被他寄予厚望的太子劉據也被人陷害身亡，導致他多年培養的接班人計畫落空。

一波操作猛如虎，劉徹終於成了孤家寡人。

近來，劉徹已別無所愛，唯獨愛上了回憶。他重溫著過去半個世紀的金戈鐵馬和愛恨悲喜，終於開始反思自己的行為是否恰當。

回首往事，他才發現自己已經走得太遠，忘記了自己從何而來，為何出發。

關鍵是，他已經是將近七十歲的高齡了。

征和四年（西元前 89 年）正月，新年剛過，劉徹強撐著病體，赴東萊，臨大海，欲出海求仙。群臣苦諫，可是劉徹根本聽不進去。在經過幾次求仙失敗之後，他依然不肯放棄，他堅信仙人和不死神藥一定就在海上的某個地方，只要他拿出足夠的誠意，一定可以打動仙人，賜下不死神藥。

然而，海上浪高潮湧，天氣多變，根本無法出海。

劉徹停留了十餘日，眼看著希望漸漸破滅，不禁悲不可抑，泫然淚流。

三月，劉徹到齊郡鉅定縣親自下地耕田。一個喜好征戰殺伐的皇帝，如今肯俯下身來，親自示範耕作，其用意不言自明。

從鉅定縣返回長安時，劉徹再登泰山，舉行了封禪典禮。

所謂「封禪」，「封」為「祭天」，禪為「祭地」，之所以要去泰山，是因為大家都認為群山之中泰山最高，一個皇帝如果有足夠的自信，就應該到泰山去祭祀天地，向天地彙報自己重整乾坤的偉大功業，以此表明皇權受命於天。

對於泰山，劉徹並不陌生，自西元前 110 年第一次封禪之後，這已經是劉徹第八次舉行封禪。不過這一次，應該是他最後一次登臨泰山了。

從泰山下來後，劉徹召見群臣，追悔已往之過，說了這樣一番話：

「朕自即位以來，做了許多狂妄悖謬之事，使天下人因此受累，朕後悔莫及。從今往後，凡是傷害百姓、浪費天下財力的事情，一律停辦！」

所有人都嚇到了。

這還是他們印象中的那個武帝嗎？

一生醉心於用武力開疆拓土的劉徹，終於從自己的執念中走了出來，可惜盛世場景卻已是明日黃花。

田千秋見劉徹態度有變，鼓起勇氣提了個建議：「如今很多方士一直談論神仙之事，卻都沒什麼效果，請求陛下將他們全部遣散。」

劉徹感慨道：「先前是我糊塗，被方士所騙。天下哪有什麼仙人？盡是些妖言妄語罷了。要想保持身體健康，唯有注意節食，有病服藥，其他一切都是虛的。」

長久以來，劉徹將尋訪仙人和不死神藥作為個人的終極追求，甚至置於江山社稷之上。而現在，他卻不得不懷疑不死之荒謬、神仙之虛無。

總有一日，他劉徹也將在九泉之下，淪為螻蟻之糧，終與塵壤合體。

原來，自己也與普通人無異。

六月，桑弘羊向劉徹提了個建議：「西北邊境的輪臺地區，有五千多頃土地可以耕種，請陛下下旨移民戍邊屯田，並在輪臺以西修築碉堡線，以震懾西域各國。」

不料，好大喜功的劉徹，卻沒有批准這項軍事計畫。

他下了一道詔令：「上次有人主張每人加稅三十錢作為邊防經費，這次又請派士兵和百姓到輪臺開荒。輪臺在車師以西一千餘里，上次漢軍攻打車師時，雖然取得了勝利，迫使車師王歸降，但是因為路途遙遠，糧草缺乏，數千人死於路途。先前由於朕糊塗，屢次派李廣利出擊匈奴，士兵多戰死，妻離子散，至今朕還深感痛心。現在又請朕派人到遙遠的輪臺築壘屯田，這不是又要擾亂天下、勞苦百姓嗎？朕不想再聽下去了。

當今之務，在于禁官吏之苛暴，廢止擅自增加賦稅之法令，全力務農，對為國家養馬者要免其徭役賦稅，補充這些年戰馬的損失，不使國家軍備短缺即可。」

這就是歷史上有名的「輪臺罪己詔」。

在這道詔令中，劉徹改變了長期奉行的擴張國策，讓百姓得以休養生息，鼓勵發展農業，富實百姓。更難得的是，這是他第一次放下身段，主動認錯。

在皇權至上的時代，皇帝能自省其過，已殊屬不易；而能寫成文告——「罪己詔」，頒告天下，向全天下人認錯，沒有極大的勇氣是辦不到的。

劉徹說到了，更做到了。

司是馬光在《資治通鑑》中說，漢武帝做的事和秦始皇沒多大差別，漢朝延續，而秦朝滅亡，究其原因，一是文、景二帝打下了好基礎，二是漢武帝長壽，在晚年的時候，有機會檢討自己的過失，亡羊補牢，安排好了後事。

這就是後人常說的：武帝有亡秦之失，而免於亡秦之禍。

儘管不想承認，劉徹也知道，自己的生命即將走到盡頭了。眼下困擾他的，只剩最後一個：接班人問題。

劉徹一共有六個兒子，其中長子劉據、次子齊王劉閎和五子昌邑王劉髆已去世，眼下只剩三子燕王劉旦、四子廣陵王劉胥和幼子劉弗陵。

所有人都在猜測，誰將會是繼任者？

我們先將這三人作一比較。燕王劉旦能言善辯，博學多才，喜好招攬游俠門客，屬於才華擔當；廣陵王劉胥力能扛鼎，空手搏熊彘猛獸，屬於武力擔當；劉弗陵是劉徹最小的兒子，年僅七歲。

按照一般的順序，劉旦將是皇位最有力的競爭者。

果然，在劉據去世之後，太子之位懸空，劉旦自恃年紀最長，他幾乎認定儲君之位非他莫屬。心急的他主動向劉徹上書，要求入長安宿衛。

這其實就是在向劉徹討要太子之位。

然而，這個請求卻觸了劉徹的大忌，劉徹立斬來使，回信訓斥劉旦，緊接著又以劉旦「藏匿亡命之徒、違反漢律」的罪名，削其封國三個縣，以示懲戒。

劉旦被否定了。

那麼廣陵王劉胥呢？

他是劉旦的同母弟，雖然有拔山舉鼎之力，能空手搏殺熊、野豬等猛獸，但是為人驕橫跋扈，奢侈無度，且無法無天，行為舉止毫無法度。這樣一個四肢發達、頭腦簡單的混世魔王，顯然也不適合做接班人。

劉胥也被否定了。

那麼，只剩下幼子劉弗陵了。

但是，將偌大的帝國交給一個七八歲的孩子，行嗎？

當然不行，一個小孩，根本沒有能力擺平深不可測的漢朝官場。因此，他手裡的皇權，必須由輔政大臣暫時接管。

這個輔政大臣可不好選，既得有治國理政的能力，還得能在小皇帝長大後，心甘情願地將權力交出來。

這是一個艱難的選擇。劉徹挑來選去，最終把賭注押在了霍光身上。

霍光是霍去病同父異母的弟弟，在劉徹身邊做了幾十年下屬。而如今，他終於被命運垂青，即將走上人生的巔峰。

劉徹讓宮中畫師畫了一幅「周公背成王朝諸侯圖」，賜給了霍光。

周公原名姬旦，是周武王的弟弟。武王建立周王朝後因病去世，兒子姬誦繼承王位，這就是周成王。當時的成王才十三歲，由武王的弟弟周公代理天子的職權。

周公輔助成王執政七年，制定了一整套典章制度，到成王二十歲時，周公將權力交回周成王，留名青史。

劉徹這麼做，很顯然是暗示自己要將國家託付給霍光，希望他能像當年的周公對待成王那樣，忠心輔佐自己的小兒子劉弗陵。

見到這幅畫，霍光立即趴在劉徹腳下痛哭流涕，並問：陛下如有不諱（病死），由誰繼承皇位？

霍光絕對在裝傻，他明明知道劉徹想讓劉弗陵接班，可他非要劉徹親自說出來。歷來皇權接替都是最敏感的，他不想，也不敢參與皇帝的家事。

劉徹反問：「你真不明白我的意思嗎？讓小兒子繼位，你像周公那樣代理朝政。」

霍光叩頭：「臣的才幹不如金日磾。」

劉徹揮了揮手：「就你了，無須多言。」

安排好了臣子，劉徹又想到了劉弗陵的母親，自己寵愛的鉤弋夫人。一旦自己駕崩，年紀輕輕的鉤弋夫人必將母憑子貴，尊為皇太后，到時候誰來制約這位高高在上的皇太后？

某天，劉徹召見鉤弋夫人，兩人一見面，劉徹就斥責鉤弋夫人，鉤弋夫人摘去首飾，叩頭請罪。不料，劉徹的態度異常嚴厲，他讓人把鉤弋夫人拉出去，關到掖庭獄（宮廷監獄）。鉤弋夫人向劉徹求饒，劉徹冷冷地說：「快走，你不得活！」

不久之後，鉤弋夫人死於雲陽宮。

風波平息後，劉徹有一次問左右隨從：「外邊對處死鉤弋夫人一事怎麼看？」

隨從回答：「人們都說她兒子即將成為太子，陛下為什麼還要殺他母親？」

劉徹道：「這就不是你們這些蠢人能夠明白的了。古來亂國之事，都是因為國君年幼而其母青春正盛。女主一旦大權在握，就會驕橫不法，荒淫穢亂，為所欲為，無人能夠禁止。你沒聽說過呂后之事嗎？為了劉氏的江山，鉤弋夫人必須死！」

轉眼就到了後元二年（西元前 87 年），春。

二月初，劉徹病重。

天行有常，不為堯存，不為紂亡。光陰無情，不因惡而疾行，不因美而暫停。古人制日晷，今人造鐘錶，希望能以此捕捉時間，然而時間仍是緩緩流淌，永無停歇。無論帝王將相，或是普通百姓，在時間面前，都是那麼卑微而又渺小。

劉徹知道，他剩下的時間已然不多，必須趕緊交代後事。

他強撐病體，最後一次召集群臣，正式下詔立八歲的劉弗陵為皇太子，並擬了輔佐大臣名單：霍光、金日磾、上官桀、田千秋、桑弘羊。

眼尖的你一定已經發現了，田千秋雖然肩負丞相之職，但是他只能坐第四把交椅，霍光才是團隊的核心。

然後，他平臥在大床之上，陷入永世不可沉沒的孤獨。

原本，他只是一個小小的膠東王，可是命運卻讓他一步步接近長安，接近那個至高無上的龍椅。從他繼位算起，至今已過去了五十多年。

回首過往，他在反思，自己做的這一切，到底是對是錯？

由於他的各種折磨，民間怨恨及反抗的情緒一直都很大。到了武帝末年，天下戶口銳減一半，農民起義風起雲湧；文帝和景帝兩代人累積的家底，也在一次次的對外戰爭中消耗殆盡；算緡和告緡，逼得帝國的中產階層全數破產；常年的大規模戰爭，導致民生凋敝，生靈塗炭，海內沸騰。

為什麼要折磨大家？韜光養晦、安安分分過日子不好嗎？

好，當然好，可是，身為劉氏子孫，他又怎能忘記高皇帝在白登山的七天七夜、呂后被匈奴單于調戲的憤怒？

一次次屈辱的和親，換來的又是什麼？

是殺戮，是擄掠，是蔑視！

這是漢朝的屈辱，更是劉徹的屈辱！

劉徹對衛青講過一段話，透露了他的心聲：「漢朝制度不完善、不成熟，何況存在少數民族威脅邊境等問題，不加強制度建設，後世就沒有參照的依據；不出兵征討，天下就不得安寧，不得已而勞民傷財，但是後世之人，要仿照我這樣做，大概就是走秦朝敗亡的老路。」

一代人只能做一代人的事，這事落到他頭上了，他就必須做完，哪怕留下千古罵名也在所不惜。

無論漢武帝生前身後有多少爭議，後世依然要為他讚美！

他這一生，攘夷拓土，國威遠颺，東並北韓，南吞百越，西征大宛，北破匈奴，漢軍鐵騎無往不勝，建功立業，彪炳史冊。漢文化隨著開疆拓土、打通絲綢之路而遠播，成為世界史中最具影響力的文明之一。

他建立了一個國家前所未有的尊嚴，他給了一個族群挺立千秋萬代的自信，他的國號成了一個民族永遠的名字：大漢！

然而，他最終無力跨越人與神之間的界限。一切偉大的事物終將消散，一切美好的事物終將凋零，他帝王的尊貴，也將最終消解為塵埃的卑微。

那麼，就在此時此刻，畫上一個句號吧！

他的呼吸越來越微弱，生命開始進入倒數計時：

滴答，滴答，滴——

後元二年二月丁卯（西元前 87 年 3 月 29 日），劉徹崩於五柞宮，享年七十歲，三月葬於茂陵。

龍種盛世，一個屬於權謀、鐵血與英雄的時代：

開疆拓土 × 獨尊儒術 × 巫蠱之禍……漢武帝的功過交織，漢王朝的盛衰並行，這場王朝盛宴從何開始，又該如何落幕？

作　　者：朱耀輝
責任編輯：高惠娟
發 行 人：黃振庭
出 版 者：複刻文化事業有限公司
發 行 者：崧燁文化事業有限公司
E-mail：sonbookservice@gmail.com
粉 絲 頁：https://www.facebook.com/sonbookss/
網　　址：https://sonbook.net/
地　　址：台北市中正區重慶南路一段61號8樓
8F., No.61, Sec. 1, Chongqing S. Rd., Zhongzheng Dist., Taipei City 100, Taiwan
電　　話：(02)2370-3310
傳　　真：(02)2388-1990
印　　刷：京峯數位服務有限公司
律師顧問：廣華律師事務所 張珮琦律師

定　　價：520 元
發行日期：2025 年 01 月第一版
◎本書以 POD 印製
Design Assets from Freepik.com

國家圖書館出版品預行編目資料

龍種盛世，一個屬於權謀、鐵血與英雄的時代：開疆拓土 × 獨尊儒術 × 巫蠱之禍……漢武帝的功過交織，漢王朝的盛衰並行，這場王朝盛宴從何開始，又該如何落幕？/ 朱耀輝 著 . -- 第一版 . -- 臺北市：複刻文化事業有限公司, 2025.01
面；　公分
POD 版
ISBN 978-626-7620-44-1(平裝)
1.CST: 漢武帝 2.CST: 傳記
622.1　113019711

電子書購買

爽讀 APP

臉書